黄茂荣法学文丛

债法分则之一

让与之债

黄茂荣 著

厦门大学出版社
XIAMEN UNIVERSITY PRESS

国家一级出版社
全国百佳图书出版单位

图书在版编目(CIP)数据

债法分则之一.让与之债/黄茂荣著.—厦门:厦门大学出版社,2020.8
(黄茂荣法学文丛)
ISBN 978-7-5615-6405-9

中国版本图书馆 CIP 数据核字(2016)第 319942 号

出 版 人	郑文礼
责任编辑	李　宁
封面设计	李夏凌
技术编辑	许克华

出版发行 厦门大学出版社

社　　址	厦门市软件园二期望海路 39 号
邮政编码	361008
总　　机	0592-2181111　0592-2181406(传真)
营销中心	0592-2184458　0592-2181365
网　　址	http://www.xmupress.com
邮　　箱	xmup@xmupress.com
印　　刷	厦门市明亮彩印有限公司

开本	720 mm×1 000 mm　1/16
印张	14.75
插页	2
字数	282 千字
版次	2020 年 8 月第 1 版
印次	2020 年 8 月第 1 次印刷
定价	73.00 元

本书如有印装质量问题请直接寄承印厂调换

厦门大学出版社
微信二维码

厦门大学出版社
微博二维码

目　录

绪　论

法律行为与有名契约

一、有名契约之意义

契约,以法律对之是否设有专章加以特别规定为标准,可区分为有名契约与无名契约。当法律将一个契约类型明文地当成一个规范模式(Regelungsmuster)加以规范时,法律为了指称上的方便,势必给予该契约类型以一个特定的名称,所以这些契约类型也便因有法定的名称,而被称为有名契约。其他未为法律所明文当成一个规范模式加以规定的契约,纵使其在实际生活中已定型化地予以应用,也非学说上所称之有名契约,例如融资性租赁。申言之,有名契约乃立法机关所制定之定型化契约;而通常所称之定型化契约则指私人所预为起草供其相对人照章签署的契约而言,其特点在一般契约条款的引用。唯纵使有名契约系立法机关所制定,实际上它也不是为立法机关所创设,它只不过为立法机关所发现,而考虑到该实际已经存在的契约类型中之利益状态及其冲突的情形,或单纯地加以接受,或进一步加以详细规定而已。即使如此,一个既存之契约类型是否被立法机关接受为有名契约仍有其意义,亦即当其被接受为有名契约后,在该契约类型中本来习见之约款中,一部分会被采为强制规定,另一部分则会被采为任意规定。当其被采为强制规定,这些规定便成为该契约类型之不能任意排除的准绳;当其被采为任意规定,则它们便成为该契约类型之补充的规定。反之,假若系争契约类型未被采为有名契约,则其中之约款若未为具体契约所明采,那么充其量只能以交易习惯①的地位,在契约之解释上供为斟酌的标准。

二、有名契约之规范功能

有名契约之规范功能最主要表现在其强制规定对系争契约类型之强制的规整作用,以及其任意规定对系争契约类型之补充的调整作用。由于对债权契约,民法基于契约自由原则并不采债权(类型)法定主义,因此有名契约的制定与胪列并不具有禁止采用无名契约或将两种以上之有名契约加以混合的意义;除非当事人对有名契约之回避,构成脱法行为。② 此外,无论是契约之成立或生效原

---

① 习惯在法源上的地位有习惯法或事实上之惯行两种类型。其概念上的区别在于惯行当地的人对于该习惯有无法的确信。有之者为习惯法,无者为事实上之惯行。唯在权力区分之民主宪政的实务上一个事实上之惯行最终要演变为习惯法,通常需要司法机关在具体案件之裁判中将之宣称为习惯法。这时候司法机关借习惯法之名,等于可以将一定之惯行"公布"为宪法或法律之一部分的条文或规定,其效力与制定法同阶。在习惯法之宣告,司法机关所扮演之角色,虽状似临门一脚,但也不无法官造法的意味隐藏其中。在各种法源中,习惯法之形成可谓是最为接近人民,却也是最为神秘的。由司法机关将一个惯行宣告为习惯法与由立法机关行使立法权将之接纳为制定法,其结果虽可能类似,但司法机关与立法机关在这当中所享有之回旋余地是不同的。司法机关所享有者为认定该惯行是否符合实质意义之法律的要求,以及当地人民对之有无法之确信;立法机关所享有者为一自己之判断参考该惯行制定与之相关之规范的内容。换言之,在惯行之接纳的过程中,如果该惯行已具习惯法之资格要件,司法机关所能做的,只是将之宣告为习惯法而已,并不得改变其内容;反之,立法机关基于其立法权,在习惯法之继受中,并不受习惯法内容之限制或拘束。只要不违反实质意义之法律标准的要求,立法机关还可以修改该惯行之内容,使之更切合其确信之规范上的需要。在本次债编修正中,"立法"机关在参酌民间习惯,增订"合会"("民法"第709条之一以下)这一新有名契约时即对于其所参酌之习惯做了重要的修正,以较好地保护会员。

② 例如"最高法院"1971年台上字第75号民事再审判决:"至再审原告谓吴阿添基于信托关系,委由再审被告出名向林孝钦购买系争土地,其买卖虽系通谋而为之虚伪意思表示,却隐藏信托之法律行为,适用'民法'第541条第2项之规定,再审被告亦应将系争土地所有权移转登记与再审原告,原确定终局判决对此竟恝置不问,为不适用法规,显有错误一节,查林孝钦与再审被告暨再审被告与吴阿添间所订之买卖契约既系通谋而为之虚伪意思表示,目的在规避法律与('大法官会议'释字第78号)解释之限制。有如前述,显系一种脱法行为,不容依'民法'第87条第2项、第541条第2项之规定请求再审被告为所有权移转登记,是原确定终局判决并无适用法规违误之可言,本件再审之诉显非有理由。"

则上也不规定以"要物",亦即不以债务人履行其债务,为成立或生效要件,①此即法定之要物契约。② 是故,罗马法中关于诺成契约与要物契约的区分,在现行"民法"上,应已因契约自由原则之肯认而失其意义,代之而起的区分是要式契约与非要式契约的区别。在广泛承认要物契约之预约的情形,事实上等于任何债权契约基于当事人间之合意,皆得以诺成的方式约定之。

固然"民法"就一些传统的契约类型,例如使用借贷("民法"第464条)、消费借贷("民法"第474条)、寄托("民法"第589条第1项)尚规定为要物契约,以至于人们将当事人间关于使用借贷、消费借贷、寄托之单纯的合意,看成是各该契约之预约。但在这些预约,债权人最后一样地可以对债务人请求借用物或贷与物或寄托物之交付,所不同的只是债权人在为前述之请求前,因其被定性为预约,而被要求必须先提起缔结本约之诉。③ 此外在给付迟延、主观的给付不能之情形,债务人同样地也必须因该"预约"而为全部之损害(迟延损害、履行利益),负损害赔偿责任。换言之,将该等合意定性为预约,于实务上完全没有实益。④

又契约自由原则也排除债法上之类型强制,亦即当事人并没有在法律所规定之有名契约类型中选择适合自己缔约目的之类型的义务;他可以依契约自由原则,选择缔结任何有名或无名契约。不过,依法律所定之类型缔结契约,还是能够获得一些帮助。然纵使当事人选取法律所不规定之类型,在有争议时,与其

---

① 目前"民法"债编明文规定以债务人履行契约为契约之成立要件者例如第379条(买回)、第464条(使用借贷)、第474条(消费借贷)、第589条第1项(寄托)。以之为生效要件者为本次修正经删除之第407条:"以非经登记不得移转之财产为赠与者,在未为移转登记前,其赠与不生效力。"此外,依"民法"第248条规定:"订约当事人之一方,由他方受有定金时,其契约视为成立。"定金之约定亦被定性为"要物行为"。

② 要物的规定仅得以法律定之,而不得以约定的方法定之。盖要物要件属于随意条件,如以约定的方法为之,该契约应论为不成立。

③ "最高法院"1976年台上字第1178号:"当事人订立之契约,为本约?抑预约?应就当事人之意思定之,当事人之意思不明或有争执时,则应通观契约全体内容定之,若契约要素已明确合致,其他有关事项亦规定纂详,已无另行订定契约之必要,应即认为本约,至于为买卖契约之标的物,于订约时是否为出卖人所有,当可不问。""最高法院"1975年台上字第1567号:"预约系约定将来订立一定契约(本约)之契约。倘将来系依所订之契约履行而无须另订本约者,纵名为预约,仍非预约。本件两造所订契约,虽名为'土地买卖预约书',但除买卖坪数、价金、缴纳价款、移转登记期限等均经明确约定外,并于第10条明订'本约之履行,对方愿抛弃先诉抗辩权'等语,非但并无将来订立买卖本约之约定,且自第3条(第1条买卖坪数及单价、第2条交付价金及费用)以下,均为双方照所订契约履行之约定,自属本约而非预约。原判决竟以预约视之,不无误会。"关于要式或要物契约与预约,参见黄茂荣:《民法债编部分修正条文要论(债各部分)》,载《植根杂志》第16卷第1期,第12页以下。

④ Esser, Schuldrecht, 2. Aufl. S.53f..

性质最为相近之有名契约的规定亦势必被引为处理之依据。^① 另当事人所选取之契约类型：(1)假若与其所追求之缔约目的格格不入，其关于契约类型所使用之用语，可能被认为系误用；^②(2)如果相对于其所追求之缔约目的，显得太过于迂回，则其所选取之契约类型也可能因被定型为其他类型，或被视为脱法行为，

---

① 例如"最高法院"1961年台上字第951号："雇佣契约之受雇人仅系以自己之劳力为雇用人服务，其服劳务之结果，无论雇用人有无所得，均须给付一定之报酬。至若一方以土地交由他方耕作，他方须将收益付为耕作之对价，有余时始归自己所得者，则非雇佣而为租赁。本件两造所订之契约虽名为'雇工请负契约'，并有'残余农作物作为工资'等字样，但实系上诉人将土地交由被上诉人耕作，被上诉人除须以收益为上诉人缴纳田赋地价谷肥料谷等外，并须每年缴付上诉人蓬莱谷1000台斤，有余时始归被上诉人所得，与为雇用人服劳务之结果，无论雇用人有无所得均须给付一定报酬之雇佣契约，向不相同。"

② 在不动产之让与担保，其不移转占有者，论为抵押，例如院字第1832号："债务人依当地习惯，以所负债额作为不动产买卖，与债权人订立买卖契约，既不移转占有，并约明于一定期限内备价回赎，则此种契约名为买卖，实系就原有债务设定抵押权，而以回赎之期间为其清偿之期间，此与附期限之买卖有别，自应受'民法'第873条第2项之限制，纵令届期不赎，亦不发生所有权移转之效力。"纵使当事人将之称为质权，亦然。例如："抵押权为对于债务人或第三人不移转占有，而供担保之不动产，得就其卖得价金受清偿之权利，'民法'第860条规定甚明。债务人就其所有之不动产，向债权人设定如斯内容之权利时，虽其设定之书面称为质权而不称为抵押权，亦不得拘泥于所用之辞句，即谓非属抵押权之设定。"(最高法院1939年上字第598号判例)其移转占有者，论为出典，例如司法院1941年院字第2145号解释："当事人之一方，支付定额之金钱，取得占有他方之不动产而为使用及收益之权，约明日后他方得以同额之金钱回赎者，不问当事人所用名称如何，在法律上应认为出典。"虽有移转占有，但同时有租金及利息之约定者，论为抵押，例如"最高法院"1950年台上字第207号："解释契约，原须探求当事人立约时之真意，不能拘泥于契约之文字。检阅存案原契约虽载有出典字样，然核其内容既有月息之约定，又系以一部分租金抵充利息，且原契约之内容与设定典权之要件亦确不相符(未移转占有)。原审斟酌全辩论意旨及调查证据结果，认定系抵押权之设定，于法尚无不合。"

而不生其选择之契约类型的效力。① 在个别约款②或法律行为之定性③或诉之声明④有误用的情形，其解释，亦同。此种解释上之弹性的补救，具有缓和法律规定之过度技术化的意义。

---

① 这种问题通常发生在税捐规划上。例如契约当事人为缩小税基，关于支付名目所作之约定，可能被论为脱法行为，例如"行政法院"1971 年判字第 462 号："再审原告所称之租赁补偿金，纯属变相方式之给付，以遂其逃漏土地增值税之企图。""行政法院"1971 年判字第340 号判决："'凡以迁移补偿等变相方式支付产价，取得不动产所有权者，应照买卖契税申报契约'，为'契税条例'第 66 条前段所明定。原告向诉外人购进楼房，经被告官署查明买卖行为未成立前系由原业主自营委托商行及自用居住，并无与另二诉外人发生租赁关系之事实，原告补偿该二诉外人之迁移费等，纯为产价之变相方式支付产价。""行政法院"1971 年判字第 222 号判决："'实施都市平均地权条例'第 66 条所谓'土地现值'，系指该土地之移转现值。本件土地买卖，镇农会以每坪新台币 700 元之价金及每坪新台币 368 元之补偿金，共 1068 元承买，此每坪增加给付之 368 元实为买卖成立与否之要件，其为土地买卖价之一部分，故本件土地买卖之真正价格，每坪为新台币 1068 元，亦即土地移转之'土地现值'，原告申报土地现值为每坪新台币 700 元，显系虚伪申报，以图隐匿或减少土地涨价，被告官署发现以后，依首开条例之规定，发单补征原告等土地增值税，原处分尚无不合。"此为依法应按实际移转价格计算涨价数额，以课征土地增值税时常见之税捐规划的安排。

② 例如"最高法院"1954 年台上字第 576 号判例："关于延滞利息谷部分，原审以该项食谷债务，既非以支付金钱为标的之债，纵令债务人到期未能清偿，应负迟延之责，亦不容债权人依'民法'第 233 条之规定，请求迟延利息。唯迟延利息原有违约金之性质，如该项契约当事人之真意，其约定债务人给付迟延时，应支付迟延利息，即系关于违约金之订定，自应依'民法'关于违约金之规定，而为实质上之裁判，不得以其契约字面用语为迟滞利息，遽与一概驳回。"

③ 1975 年 5 月 21 日台 1975 年函民决字第 4445 号函："查解释意思表示，应探求当事人之真意，不得拘泥于所用之词句。本件被告致函原告表示没收定金，将契约作废并终止契约，显含有解除契约之意思。本判决竟谓买卖契约无终止之行为，被告之其意仅在没收定金，被告诉讼代理人误以契约已解除为抗辩，无斟酌之必要，其解释意思表示，不能谓无错误。"

④ "最高法院"1974 年台上字第 105 号："本件原审将第一审所为上诉人胜诉判决废弃，改判驳回上诉人之诉，系以确认之诉除确认证书真伪外，应以法律关系为诉讼标的，至契约为法律关系发生之原因，非即法律关系，其有效与否不得为确定之诉之标的，因之上诉人在第一审诉请确认其与被上诉人间之土地赠与契约为无效，自非法之所许，虽上诉人以起诉真意在于确认自己之所有权仍属存在云云为主张，但既与其起诉表示不一致，仍非可采，为理由。唯查当事人如以自己之所有物被订立无效之赠与契约而主张该契约为无效者，揆诸'民事诉讼法'第 247 条之规定其真意显系以自己之所有权不因赠与契约受影响，而请求确认自己就该物之所有权仍属存在，法院自应就其真意加以裁判，从而原审拘泥于起诉状用语，而置上诉人之一再表示其真意为何于不顾，自属欠合。"

三、如何将契约归属于有名契约

(一)应依类型观察法为之

依据民事法之规范架构处理民事关系时,势必要考虑到底系争生活关系究为法定的或意定的法律关系。当其为意定的法律关系,又必须考虑是否为契约关系。如属肯定,又究竟属于哪一种有名契约,混合契约或是一个无名契约,以决定契约的总则规定(债总中关于契约的规定)和契约的分则规定(债各及其他特别法规定,例如"保险法")对之是否有适用性。契约之定性,不仅对任意规定,而且对强制规定之适用皆有其意义。有些强制规定泛就一般之契约(例如"民法"第73条规定:"法律行为,不依法定方式者,无效。但法律另有规定者,不在此限。")为规定,而有些则专就特定之有名契约(例如"民法"第422条规定:"不动产之租赁契约,其期限逾一年者,应以字据订立之,未以字据订立者,视为不定期限之租赁。")为规定。所以若谓在契约法上契约之定性只对任意规定才有意义,是不成立的。不同的只是由于任意规定之大量的补充功能,使得契约之定性对任意规定之引用的重要性较为显著而已。因之,为确定对系争生活事实在契约法上之准据规定,首先必须依契约法认定它究竟是否为契约,以及属于哪一种有名契约。

依一般之认识,常以为这一准据规定之确定的过程属于逻辑上之涵摄过程。唯由于涵摄推论,以有足以供为大前提之定义性概念的存在为前提,而有名契约并非定义性概念,它只是类型性概念。因此涵摄推论显然不能圆满发挥将一个生活事实归类于特定有名契约之功能。固然债各中关于各个有名契约之规定,常常以定义的句式描写所规范之生活事实的特征,而具有定义的外观,但其实这些"定义"只是虚有其表,其所具有者仍仅是描述类型(Der Typus)特征的功能,而未达于描述概念(Der Begriff)所需要之精准的程度。

例如由"民法"第345条第1项规定"称买卖者,谓当事人约定一方移转财产权于他方,他方支付价金之契约",第421条第1项规定"称租赁者,谓当事人约定,一方以物租与他方使用、收益,他方支付租金之契约",第474条规定"称消费借贷者,谓当事人约定,一方移转金钱或其他代替物之所有权于他方,而他方以种类、质量、数量相同之物返还之契约"等规定观之,"民法"似乎分别对买卖、租赁及消费借贷作了定义性规定。但融资性的分期付款买卖,则显然兼具买卖、租赁(及消费借贷)之特征,从而不能单纯地将之涵摄于二者之一。由之可见,"民法"就契约之类型并未真的将之定义化。它事实上仅将之当成类型加以规范而已。

类型与概念间有重要的区别。现代法学方法意义上之"概念"意指:其指称之法律事实的特征已被穷尽地胪列。从而系争法律事实是否得涵摄于某一法律概念下,便可以单纯地通过逻辑的推论加以确定,这种概念便是"确定的法律概念",学说上将之称为本来意义的或狭义的法律概念。

唯事实上法律所运用之用语极少如"确定概念"般之确定,而是或多或少具有多义性。亦即通常之法律用语所负载之消息并未能恰到好处地涵盖所欲指称之对象的一切重要特征,此种用语,法律上称之为"不确定概念"。

由于法律上所运用之概念多具不确定性,因此方法论上谓法律运用之概念几乎都是不确定的。"类型"(式概念)即属不确定概念中之一重要案型,其与狭义概念之区别更可由下列两点观之:

1.人们相应于类型式概念所创之用语无法涵盖人们拟借以描述之对象之一切重要特征。反之狭义概念则不多不少地涵盖了其所指称的对象之一切重要特征。

2.类型式概念之用语所涵盖之特征,在类型式概念中所扮演的角色的分量并非绝对。即其中之一特征也许较其他特征重要,或某特征对该类型而言缺亦无妨。申言之,在类型的判断上由系争法律事实之各种特征所构成的整体面貌是否与法律所预定之类型相符才是决定性的。而在狭义概念中之每一特征均为不可或缺,亦无由评量何者为重何者为轻。

由此可知类型式概念之外延模糊、不确定,因此在操作上就不能以简单的、纯逻辑的方式行之,而须或多或少地做价值判断。

由以上的说明可以发现:通过概念的使用可比较确定地控制推论的逻辑结果。不过,由于人们对其所欲处理之对象的了解,事实上很难达到可以将一切重要的特征尽数胪列,以加以概念化的地步,所以法律上所应用之确定的概念都不免涉及人为的假定,亦即将其所拟处理之对象的某些特征假定为绝对的重要,同时又将其他特征假定为绝对的不重要。例如"民法"第 12 条把自然人之年龄是否满 20 岁假定为绝对的重要,而不再考虑其他特征,规定满 20 岁者为成年人。① 这种处理方式,对法的安定性之提高固有帮助,但对具体案件之衡平的实现则不能一直尽如人意。盖在概念的构成上,其必要之前提(对所处理之对象必

---

① "民法"第 12 条关于自然人之成年的规定,可以说是法律规定中最接近于概念层次的规定方式。因为该规定以利用数字表示之年龄作为成年与否的标准,所以该标准基本上是明确的,误差在 24 小时之内。然正因为其明确,在将之进一步适用至行为能力之有无的认定标准时,在具体案件便会有过或不及的问题。为因应之乃有结婚成年制、禁治产宣告以及限制行为能力的配套规定。

须有完全的了解,以穷尽其特征)事实上既不存在,则人为地通过假定,利用概念式规定加以处理,便不免有削足适履的现象。

反之,通过类型(亦称类型式概念)的使用虽不能逻辑地控制推论结果,但由于类型观察法已忠实地承认人们对其所欲处理对象之了解的不完全性,因此在立场上便不会涉及强不知以为知的虚张假定,可以开放地随着知识经验的累积或甚至随着所拟处理对象之变迁而演进,从而具有处理千变万化之法律现象所需要的规范弹性。或谓这种弹性将减低法的安定性,但它提高了法律对事实之真正的适应能力。至于概念所提供之绝对的法之安定性却常常必须以"恶法亦法"为其代价而牺牲实质的公平。上述之规范弹性在契约法上基于契约自由原则有其必要性;盖由于契约自由原则的运用,当事人事实上所缔结之契约不必然常常与法律所规定之契约类型互相一致,其间或多或少总是有些差距,有时当事人甚至构思出法律所未规定之新契约类型。唯法院却倾向于尽可能利用法律所已规定之契约类型处理当事人所缔结之契约,而忽略其间之差距。[①]

(二)应斟酌的当事人之缔约目的

然则一个具体的契约应如何被归属于有名契约? 由于契约之归类亦为契约解释之问题,故在归类上除应依类型观察法为之外,尚须遵守契约解释之要求,特别是应注意缔约目的在当事人之真意的探求上所具有之功能。例如银行甲急需现成房屋供为设置分行之用,并看上乙所拥有坐落某地之楼房一栋,且乙因急需钱用,拟将该楼房及其定着之土地一并出卖。甲乙双方经过商谈,并就价金达成协议。奈因甲为公营事业,就土地之买卖事先须经其上级机关之核准,而甲乙却分别急需办公用地与金钱,于是双方乃变通地将所欲缔结之买卖契约,以附有五年期限之买卖预约的方式代之,并就该楼房及土地缔结设定典权之契约,典期两年。由于甲乙在五年内并未缔结买卖本约,且乙在典期届满后两年内未以原典价回赎典物,故甲乃经其上级机关之核准,拟依"民法"第 923 条第 2 项主张其已取得典物所有权,请求乙协同办理所有权移转登记;乙主张甲乙所缔结者为买卖预约,至于典权契约之缔结则属通谋之虚伪意思表示,今买卖预约已因期间之经过失其效力,而典权契约又依"民法"第 87 条无效,是则甲并未取得系争房地之所有权,亦不享有请求缔结买卖本约之权利,故甲之主张为无理由。在此双方所争执者,显为系争典权之设定契约,是否为通谋虚伪意思表示,以及其中是否

---

① Larenz, Methodenlehre der Rechtswissenschaft, 3. Aufl. S.285ff.;关于法律概念,参见黄茂荣:《法学方法与现代民法》,台湾植根法学丛书编辑室 1993 年增订 3 版,第 41 页以下。

另有隐藏之法律行为存在。"最高法院"在 1975 年台上字第 438 号民事判决中认为："乙虽谓'虚伪之意思表示设定典权',如果系通谋虚伪之意思表示,则乙不能因此受领典价 160 万元,甲亦不能因此而使用系争不动产,今乙既依约受领典价160万元,甲亦依约使用系争不动产,双方表示均与真意相符,自无通谋虚伪意思表示可言。"唯鉴于甲乙所以迂回地缔结设定典权之契约的理由在甲因系公营事业,未经上级机关允许,不得就房地缔结买卖契约。但基于出典人在典权契约享有回赎权,而不负有回赎义务之特点,且在典期届满后两年内实际上享有通过不行使回赎权,而强使典权人以原典价买受典物的权利。故典权契约之缔结使甲处于比买卖契约更不利之地位。既然如此,设若甲乙当初所以不缔结买卖契约,而缔结买卖预约与设定典权契约之真意在遵守甲方就系争买卖须先经上级机关核准之规定,则甲乙双方所缔结者应非典权之设定契约,而系其他足以满足甲急需办公处所以及乙急需现金之需要的契约类型。是故,甲乙之所为,或者是用错了描写其所缔结之契约的用语,或者是利用设定典权契约之通谋虚伪意思表示来隐藏其真正意图。无论实际上究竟属于何者,其所缔结者应非典权契约。民法所规定之契约类型中最能满足双方之需要者,当推租赁契约与附有抵押权担保的消费借贷契约之对向混合契约。盖这种混合契约不但能使甲能不违反其内部规定,不经上级机关之允许,获得急需之办公用地,使乙获得急需之金钱,尚可使甲对乙所支付之金钱取得必要之担保;至于关于所有权之让与的问题,则已有买卖预约给予必要之处理。以上所述,在说明缔约目的在契约类型之归类上的意义。

四、债法各论中之有名契约

债法各论通常指"民法"债编第二章各种之债所定之有名契约。债各所定之有名契约加上本次债编修正新增旅游(第 514 条之一以下)、合会(第 709 条之一以下)及人事保证(第 756 条之一以下)计 27 个类型。如果再加上债法总论中所定之悬赏广告则为 28 个类型。

以上 28 个类型中大多数可按其主要给付之客体的特征分为:(1)让与之债;(2)用益之债;(3)劳务之债;(4)组织之债。前三者属于流通关系,第四种属于组织关系。兹表述如表 1 所示。

表1

	流通关系				组织关系
	让与之债		用益之债		劳务之债	组织之债
有偿	买卖	互易、交互计算、终身定期金、指示证券、无记名证券①、和解	租赁	消费借贷、合会、出版	雇佣、承揽、委任	合伙、隐名合伙②
无偿	赠与、遗赠	终身定期金、指示证券、无记名证券	使用借贷	消费借贷、出版	委任	

雇佣、承揽、委任为劳务契约之一般的类型,在其下还有更为具体之类型,兹表述如表2所示。

表2

雇佣	承揽	委任
经理人	运送营业、承揽运送、旅游	代办商、寄托、仓库、信托、出版、授信(保证)、人事保证、居间、行纪

基于类型之特征的可塑性或弹性,以上类型的归类皆有一定程度之流动性。然基本上无碍于从较为抽象的类型观察其下位类型时可能获得之触类旁通的统合效益。

当有名契约同属一个基础之债的下位类型,该有名契约一方面有其所以属于该基础类型之共通特征,另一方面也会有其个别的特色。例如让与之债的基本共通特征在于财产权之归属的移转义务。由之延伸出瑕疵担保及危险负担之详细的规范需要。用益之债的基本共通特征在于物、权利或其他不具权利地位之财产之用益权的授予义务。由之延伸出具有类型特色之保管、修缮义务以及

---

①　指示证券、无记名证券之进一步发展为表征社员权、股权之股票、表征金钱债权之各种票据、公司债券以及表彰各种债权之证券。证券之类型特征首先表现于其文义性,而后表现在其无因性及独立性。无因性及独立性可谓为自文义性延伸出来之属性。

②　组织之债之类型的进一步发展为合作社、公司之组织。

被授权人之保护的规范需要。劳务之债的基本共通特征在于他人事务之处理。由之延伸出授权及其范围、如何处理、处理费用之负担、处理利益之归属以及终止之规范上的需要。组织之债的特征在于当事人之多数性及事业之营运机能的维护。由之延伸出决定或决策方法、事务之执行与监督、成员对于团体债务之责任，以及加入与退出之规范需要。根据这些规范上的需要债编各论发展出针对各种有名契约之具体规定。这些规定与债法总论中的规定间的关系大体而论，属于一般与具体，而非普通与特别之关系。但非谓概无构成普通与特别之关系的可能。仍须视具体情形而论。

按"民法"债编第二章"各种之债"中，分 27 节。关于契约如何归属于有名契约，已如前所述。吾人在认定当事人所缔结之契约为何种类型时，首当斟酌当事人之真意，而后将其归属于最适当之契约类型中，如此方不致指鹿为马，而违反当事人合意所要达成之法律效果。

五、货币经济与有名契约

在有名契约之规范的规划上，为使法律规定的规范模型达到最简单的境地，于无偿契约尽可能规划成仅一方当事人负主要的给付义务；在有偿契约，配合货币经济，则规划成仅一方负不以金钱为内容之主要的给付义务，至于他方则单纯地负以金钱为内容之主要的给付义务。但这并非当然禁止当事人约定互负非以金钱为内容之主要的给付义务。只是在前述背景下，此种契约势必兼具两种以上有名契约，或一种有名契约与无名契约的特征，而成为混合契约或契约联立。[①] 唯以物易物，虽属两个买卖契约之对向混合，"民法"在第 398 条至第 399

---

① 混合契约指双方对于他方，皆负非以金钱为内容之主要的给付义务的情形，所以这亦称为对向的混合，例如甲向乙租屋，乙向甲购买家具所构成之房屋租赁与家具买卖之对向混合；契约联立指只有一方对于他方，负非以金钱为内容之主要的给付义务的情形，至于他方则仅负以金钱为内容之主要的给付义务，所以这亦称为同向的混合，例如甲向乙租房屋带买家具所构成之房屋租赁与家具买卖之同向混合。同向混合之交易客体，在竞争法上如经认定为属于无正当关连之交易组合，即构成无正当理由之搭售。搭售从竞争者的利益出发，属于"以胁迫、利诱或其他不正当之方法，使竞争者之交易相对人与自己交易之行为"（"公平交易法"第 19 条第 3 款）（"行政院公平交易委员会"1992 年 8 月 6 日公研释第 035 号），自交易相对人之事业活动的自由出发，属于"以不正当限制交易相对人之事业活动为条件，而与其交易之行为"（"公平交易法"第 19 条第 6 款）（"行政院公平交易委员会"1992 年 7 月 9 日公研释第 020 号）。搭售在具体案件，如有限制竞争或妨碍公平竞争之虞者，违反"公平交易法"第 19 条，事业不得为之。

条还是将之当成一个有名契约规定之。此为例外的情形。[①] 在对向之混合契约,由于双方用来交换之给付的市场价值不一定会恰恰相等,所以有可能发生有一方兼负以金钱及非金钱为内容之主要的给付义务(第399条)。

在货币经济下,利用货币作为交易媒介,本来是交易成本最低,也最为方便之交易方式,然为何还是会有以货易货、以货易劳务,或以劳务易劳务之交易呢?这通常因物资短缺,为了互通有无,或因通货膨胀为了保值。[②]

六、有名契约的规范架构

通常所称有名契约,核其规范内容皆属债之契约。此种契约因有法律所定之主要给付义务的内容,所以法律能以法定之名称名之。从而该主要给付义务的内容也成为该有名契约之规范架构的发展基础,并由之导出其规范架构。此即当为的要求(规范内容)应有事实的基础(存在特征)的道理。因之,关于有名契约之规范架构的探讨,首先自其定义出发,以界定该契约之主要给付义务的内容,而后根据该定义中解析该有名契约之类型特征,发展适合其特征之规范内容。其规范内容可分从双方当事人依该有名契约(可能)享有之权利或义务规定之。关于义务,在有名契约中主要以给付义务及瑕疵担保为其内容,至于债务不履行或保护义务的违反,在有名契约中虽偶有规定,但原则上仍以债总中关于债务不履行或积极侵害债权的规定为依据。此外,有名契约之主要给付义务的履行如有继续性,无论该契约是否定有期限,对之通常会有终止的规定,以规范终止权人,终止事由、方法及终止效力。

---

①　与之类似,但更复杂之同向的混合契约为本次债编修正时新引进之旅游契约。旅游营业人依旅游契约对于旅客所负之主要给付义务包含提供交通、住宿、餐饮、参观景点等服务。这些服务分别皆能够构成一个有名契约。

②　Larenz，Lehrbuch des Schuldrechts，Band Ⅱ · Halbband 1，Besonderer Teil，13. Aufl.，S.6.

第一章

买卖总说之买卖契约之性质

一、让与之债

让与之债，指以移转对于物、权利或其他具有财产价值之利益于他人为给付义务之内容的债务。有偿者，为买卖；无偿者为赠与。因"民法"第345条第1项将买卖定义为："当事人约定一方移转财产权于他方，他方支付价金之契约。"所以约定移转之目标如非权利，便不是典型的买卖。因"民法"第406条将赠与定义为："当事人约定，一方以自己之财产无偿给予他方，他方允受之契约。"所以赠与目标，除物或权利外，可能含非权利之财产利益。

让与之债应与用益之债相区别。在用益之债，不以移转物、权利或其他具有财产价值之利益于他人为给付义务之内容，而以就一定之物、权利或其他财产授权他人使用收益为给付义务之内容。因此，租赁及转租皆是用益之债，而以租赁权之让与为给付义务之内容之债则为让与之债。其效力之区别为，承租人不因转租而脱离原来之租赁关系。而在租赁权之让与，原承租人因让与租赁权而脱离原来之租赁关系。这与一般之债权的移转相同。债权人移转债权于他人后，即不再是该债权之债权人。

二、期货买卖与选择权之发行或买卖

期货买卖之目标通常是大宗农工原料，不过，也可能是证券或外汇。其特色为目标行情变动大之将来的给付。买卖期货而不买卖现货之目的，在于节省仓租、无偿保鲜，或避险，以一定之价格确保将来当季之鲜货。期货买卖与选择权之发行的不同为：在期货买卖，到期时，双方皆有义务为如所约定之交易；而在选择权之发行，选择权人就是否为交易，有选择权。例如甲与选择权之发行人乙约定，在将来一定期日或期间内，甲有权利，而无义务，按约定之价格及数量，向乙购买或售出约定目标(农工原料或证券)。

选择权之发行与选择权之买卖不同。在选择权之发行,双方买卖之目标为选择权之目标,所以,出卖人(发行人)有履行选择权的义务。反之,在选择权之买卖,双方买卖之目标为选择权,所以,出卖人只负移转选择权于买受人,原则上不承担亦不担保该选择权债务。是故,对于买受人不负履行或担保该选择权的义务。此与债之让与效力相同。("民法"第352条:"债权之出卖人,对于债务人之支付能力,除契约另有订定外,不负担保责任。出卖人就债务人之支付能力,负担保责任者,推定其担保债权移转时债务人之支付能力。")

三、买卖契约之性质

在所谓买卖契约的性质中所指称之特征主要为买卖系有偿的债权契约。因之,认为买卖契约具有债权性与有偿性。至于所谓诺成性,论诸实际非买卖契约之类型上的特征,而属于买卖契约之成立要件方面的规定或问题。

(一)债权性

契约之债权性上的分类,为相对于物权性而言。此为民法在建制上将法律行为区分为债权行为与物权行为的结果。债权行为与物权行为之最重要的区别在于其效力。债权行为的效力特征在于使当事人之一方或双方因之对于他方负给付义务,因此,债权行为属于一种负担行为;而物权行为则在于使权利在归属上因之发生改变,或在内容或范围上因之受到限制。在归属发生改变者为移转的物权行为,在内容或范围因之受到限制者为他项物权之负担的设定。

买卖契约之债权性,乃指买卖契约之订立,仅使出卖人负担交付买卖目标物及移转所有权之义务,并不使买受人因契约之作成,立即取得该所有权。买卖契约之债权性,可从物权之无因性和"民法"第348条之规范意旨,探求得之。

1.制度基础:物权行为之无因性

移转买卖目标物所有权之物权行为的无因性乃配合买卖之债权性的规定。基于物权行为之无因性,物权行为独立于债权行为之外。亦即物权法上关于所有权之移转,只有以所有权之移转为内容之物权行为,而无以买卖为所有权移转原因的物权行为。物权行为与债权行为互相分开。因此我们在研讨买卖这一契约类型时,不可将单纯的债权行为与直接使所有权移转之物权行为混淆。① 因"买卖契约与移转所有权之契约不同,出卖人对于出卖之目标物,不以有处分权为必要"(最高法院 1948 年上字第 7645 号)。

2.在买卖法之规范基础

买卖契约之债权性,在第 348 条第 1 项完全表现出来。按第 348 条第 1 项规定:"物之出卖人,负交付其物于买受人并使其取得该物所有权之义务。"该条既明文规定,物之出卖人应负目标物之交付及所有权之移转义务,则依买卖契约之缔结,买受人并不即取得该物之占有或所有权,②买卖契约之债权性,由此可证。反之,其若具物权性,则买受人不待于移转,即可取得该物所有权,也不待于交付,即可取得占有(例如间接占有),从而出卖人也不再负交付、移转之义务。由于在买卖契约尚须经由履行,买受人始能实现其债权,取得作为买卖目标之"权利"或"物之占有及其所有权",所以,在履行上如有障碍事由,致债务人迟延给付或给付不能,即构成债务不履行。其给付不能者,买受人不得再请求履行契约。③ 至于是否因此得请求损害赔偿,除非债务人事先允负担保责任,否则,尚须视其迟延给付或给付不能是否可归责于债务人而定("民法"第 230 条、第 226 条)。

---

① "最高法院"1949 年台上字第 111 号:"买卖契约不过一种以移转物权为目的之债权契约,尚难谓即为移转物权之物权契约。唯经双方合意之债权契约已经成立,上诉人基于买卖契约,请求被上诉人履行物权移转必要程序之义务,如非另有其他情事,尚非无据。"

② "最高法院"1952 年台上字第 1564 号:"讼争土地被上诉人系为出卖人,依'民法'第 348 条第 1 项之规定,固负交付于买受人之义务,唯该条项所谓交付其物于买受人,系指移转其物之占有于买受人而言。"最高法院 1943 年上字第 5605 号:"被上诉人某甲系讼争房地之出卖人,对于买受人即上诉人本有交付买卖目标物之义务,无论其与某乙所定之租赁期限是否尚未届满,苟非将其对于某乙之返还请求权已让与上诉人,仍不得免其交付买卖目标物之义务。"

③ "最高法院"1950 年台上字第 42 号:"物之出卖人应负交付其物于买受人,并使其取得该物所有权之义务,固为'民法'第 348 条第 1 项所明定,唯债之给付不能时,除系因可归责于债务人之事由所致者,债权人得依同法第 226 条第 1 项规定,请求赔偿外,不得仍请求履行契约。"

3.债权性表现在二重买卖之效果

（1）二重买卖及其履行

所谓二重买卖,指出卖人先后或同时以两个买卖契约,将同一个特定物①价卖于两个不同的买受人。在二重买卖之处理上,首先须注意到负担行为与处分行为在台湾地区"民法"是被做严格区分的前置决定。在此基本决定下,由于系争买卖目标物之所有权,并不因买卖契约(负担行为)之缔结,而在归属上发生变动,而仅是使双方当事人,因之负有实现该买卖契约所约定之给付的履行义务而已。② 是故,出卖人能够没有障碍地先后或同时与两个买受人缔结买卖契约,构成二重买卖,不因前买卖契约之存在,而使后买卖契约无效。在不考虑侵权行为

---

① 种类之物的买卖,在经债权人或债务人依法将之集中为特定物之前,其目标因仅以"种类指示"之("民法"第200条),其存在是抽象的,可以有两个以上之物符合该种类之指示,所以无所谓二重买卖的问题。必须直到"债务人交付其物之必要行为完结后,或经债权人之同意指定其应交付之物时,其物(始变)为特定给付物"("民法"第200条第2项)。自此以后,即有二重买卖之可能。唯因出卖人在二重买卖,即便将经集中之物,交付、移转于第三人,还是可能另行交付同种类之物,买受人如要据此坚持主张给付不能的赔偿责任,而不容出卖人另行交付同种类之物,可能被指为滥用权利,违反诚信原则。此为种类之债在履行上特有之问题。其解答应视当事人就集中结果之法律效力具体约定的情形,以及另行交付同种类之物是否会损及买受人之利益而定。苟另行交付同种类之物对于买受人的利益并无明显之影响,且当初买受人就集中之结果无不得替换之特别约定,可能倾向于容许出卖人另行交付同种类之物的看法。

② 买卖契约之缔结仅使买受人取得请求出卖人交付目标物、移转所有权之权利,而非使买受人于缔约时立即取得目标物之所有权。因此出卖人可以先后与二人订立以同一物为目标之买卖契约,甚至与更多之人订立也无碍于契约之效力。如此之见解,在实务上可找到肯认的看法:例如大理院1915年上字第2259号判例谓"不动产二重买卖后,发生债权关系"。"卖主为二重买卖,如前之卖约仅有债权关系,后之卖约已发生物权关系者,前买主不得主张后卖约无效。"(大理院1921年上字第704号判例)(最高法院1930年上字第138号判例意旨同上)在这种情形,"物之出卖人固有使买受人取得该物所有权之义务,唯买卖契约成立后,出卖人为二重买卖,并已将该物之所有权移转于后之买受人者,移转该物所有权于原买受人之义务,即属给付不能,原买受人对于出卖人仅得请求赔偿损害,不得请求为移转该物之所有权之行为"(最高法院1941年上字第1253号判例)。是故,"买卖不动产,虽已书立定约,交付定银,亦不过出卖人与买受人间发生债之关系,若出卖人于未订立移转物权之契据前,将该不动产之所有权订立契据,移转于第三人,第三人即取得该不动产之所有权,最初之买受人,只能向出卖人主张债法之权利,要不得主张出卖人与第三人间之物权移转契约无效"(最高法院1935年上字第935号)。要之,先后买受人间,以物权契约之缔结,决定所有权之归属。唯最高法院1929年上字第2772号判例曾持相反见解谓:"以同一不动产为二重买卖者,其在合法成立契约之买主,当然取得该不动产之所有权。其后之买主,无论是否善意,其契约要不能发生移转物权之效力。"

的情形下,甚至可以说,二重买卖契约根本是两个毫不相干的法律行为。然基于特定物在时空上之存在的唯一性,出卖人无法同时或先后将其所有权移转于两个买卖契约之买受人,而又不发生移转效力互相冲突的结果。因此,在二重买卖最后履行的结果,若非对于其中之一买卖契约导致主观给付不能,即会发生侵害移转在先之所有权的情形。① 其导致主观给付不能者,有该二重买卖对于买受人自第一次买卖契约所取得之债权是否构成侵权行为的问题。

(2)二重买卖与对于债权之侵权行为

基于债权之相对性,引起一个疑问,即债权得否为侵权行为之客体? 按所谓债权之相对性在主体上乃指仅债权人得请求债务人为给付,在客体上指仅得请求为特定给付而言。至于债权有无可侵害性,属于债权之客观特征的问题,应从其事实上有无受侵害之可能论断。鉴于一个债权可能因其债务人受怂恿、遭挟持、受伤害,或客体受侵害而迟延给付、不为给付、不能给付,或虽能给付而会带有瑕疵,所以第三人可能有意利用前述手段,或无心由于前述事由,使债权不能实现,受到侵害。由此可见,债权在客观上具有可侵害性是没有疑问的。有疑问者是:这些债权之侵害的态样是否皆为"侵权行为法"各该规定所要保护的对象? 因之,简单地以债权之相对性为依据,主张其非"侵权行为法"保护之客体显然是不成立的。②

债权之侵害适格的问题,主要为"侵权行为法"上的,而非"法律行为法"上的问题。盖二重买卖之债权人间并无个别之法律关系,其在一般法律关系间所存

---

① 在二重买卖,因出卖人就特定物,只能对于其中之一买卖契约,履行交付占有及移转所有权的义务,所以一为履行,即会使出卖人就尚未履行之另一买卖契约的债务陷于主观给付不能。此为最可能发生之结果。唯倘出卖人对于第一受让人利用占有改定履行其交付占有及移转所有权的义务,且第二受让人根据对于系争目标物之现实占有状态所构成之表见事实,善意信赖出卖人还是该物之所有权人,则第二受让人还有可能依善意取得的规定("民法"第801条、第948条)后来居上,取得所有权。于是,移转在先之买受人受让之所有权便受到侵害。在这种情形可能发生"民法"第368条所定之抗辩:"买受人有正当理由,恐第三人主张权利,致失其因买卖契约所得权利之全部或一部者,得拒绝支付价金之全部或一部。但出卖人已提出相当担保者,不在此限。(第1项)前项情形,出卖人得请求买受人提存价金。(第2项)"

② 债权之侵害是否构成一般侵权行为,在台湾地区"民法"之规范基础上的障碍与《德国民法典》不同。盖台湾地区"民法"第184条第1项前段以"权利",而《德国民法典》第823条第1项之相当规定以所有权及其他权利为被害客体之构成要件。债权为法律肯认的权利之一,而债权是否属于与所有权相类似之其他权利,则有疑问(参见 Esser, Schuldrecht, 2. Aufl. 1960,S.845)。然这不意味着侵害债权之侵权行为依台湾地区"民法"没有成立上的问题。其问题存在于"因果关系"、"违法性"及"有责性"上。

在之利益冲突,应纳入侵权行为法的规范范畴。

债权既为法律上所肯认之权利,亦即为"民法"第 184 条第 1 项前段所称之权利,且债权有可侵害性至为显然,然为何对于债权之侵害要构成侵权行为在具体案件还有困难? 其理由不在于债权本身所具之相对性,而在于一个权利义务关系,若仅停留在债权阶段,则因一方面债权通常不予公示,第三人不易探知,也无探知义务,所以在债权之侵害,加害人常常不知其行为会加害于他人之债权。其结果,在债权之侵害,债权人所受者常属于间接受害而非直接受害。而从侵权行为法保护之法益的范畴来说,其所指之侵害通常限于直接侵害。所以如此之理由,乃为避免因果关系界定上之过于延长或认为此种损害之保护非"民法"第 184 条第 1 项之保护目的所在,从而无"违法性上之关联"(Rechtswidrigkeits-zusammenhang)。[1] 盖当因果关系拉得过长,或损害事件超出法律之保护目的时,如还是课以赔偿责任,则有可能对于行为人在行为时不能预料、识别之损害课以赔偿义务,这在规范上是有欠允当的。这影响到相当因果关系及故意过失之有无的认定。此外,在资源有限,不能满足所有人之交易需要时,自市场竞争机能立论,多数人通过交易活动之努力,而欲获得同一之给付内容(例如在参加竞买之情形),其努力之可非难性受到质疑。这影响到竞争行为之违法性的判断。

然这并非谓侵害债权之行为一概皆不构成违法。就其侵害情节,侵害债权还是可能被论为"民法"第 184 条第 1 项后段所定之特别侵权行为,或"公平交易法"第 19 条、第 24 条所定之违反公平竞争的行为。[2]

加害人倘若以债权作为其直接之加害对象,则在其手段有碍效能竞争,欠缺市场经济下之正当性时,仍可能构成侵权行为。譬如甲卖乙一幅名画,而丙欲求该画而不可得,乃故意在甲将该画交付乙前,撕碎该幅名画。因客体同一,该举动同时加害于甲之所有权及乙之债权。从行为人之目的观之,固以加害于乙之债权为直接目的,但为达到加害之目的,仍必须通过加害于该画,使该画归于灭失,使甲因此陷于客观给付不能。由是可见其手段与目的间仍是有段距离。对照之下,如换成丙是就乙所有之名画加以撕碎,则对乙之损失而言,其加害或因

---

① 详请参见 Esser, Schuldrecht, 2. Aufl. 1960, S.250。

② 这通常指恶意诱使他人违反其对于第三人之契约义务的情形。就此种竞争行为是否构成不公平竞争,"行政院公平交易委员会"以其未违反效能竞争为理由,认为并不违反"公平交易法"第 19 条第 3 款规定者,例如该会 1998 年 5 月 27 日(1998)公诉决字第 076 号诉愿决定书;认为以偏低价格,诱使竞争者之客户改与自己交易,有违反效能竞争者,例如"行政院公平交易委员会"1997 年 6 月 12 日公处字第 076 号处分书。

果的直接性就大得多了。① 基此认识,乃倾向于不以第 184 条第 1 项前段,而以同条项后段为其请求权之规范基础。唯如前所述,在台湾地区"民法"这并非因为债权不能成为一般侵权行为之客体。

　　为克服对债权之侵权行为在相当因果关系、主观要件及其违法性之认定上的困难,有将其主观要件限于故意,以解决因果关系之认定上的疑虑,②盖当引入故意因素(例如行为人在为契约之缔结时,即意图妨碍他人债权之实现),或者可以认为:行为与结果间之因果的相当性便可建立起来,从而满足侵权行为关于相当因果关系之成立要件,或者可以认为在这种情形即不再适用相当因果关系

---

　　①　此为同直接损害与间接损害之区分有关的问题。台湾地区"民法"与《德国民法典》一样并未对于直接损害与间接损害之区分一般地加以规定。德国实务根据因果之相当说的理论原则上认为,只要损害与侵害间有相当因果关系,侵害者即应就该损害负赔偿责任。然后才对于该原则提出若干修正。例如行为人就因其故意行为所生之损害、债务人就迟延中发生之损害、债务人就契约目的保护之利益所受的损害(例如疫苗过敏之损害、保险事故肇致之损害),即便其发生极不寻常,还是应负赔偿责任(Lange, Schadensersatz, 2. Aufl., 1990, S. 99)。直接损害与间接损害之区分的标准不一。有按加害行为之攻击客体划分者,在攻击之客体发生之损害为直接损害,在其他客体发生之损害为间接损害;有从时间之间隔划分者。直接损害与间接损害之区分在有些法律极为重要,例如保险契约利用该划分以界定其承保之危险(保险事故)的范围(Lange, aaO. S.61ff..)。非以自己为直接加害对象,而"民法"明文规定得请求损害赔偿的情形,比较重要者例如"民法"第 194 条规定:"不法侵害他人致死者,被害人之父、母、子、女及配偶,虽非财产上之损害,亦得请求赔偿相当之金额。"第 195 条第 3 项规定:"前二项规定,于不法侵害他人基于父、母、子、女或配偶关系之身份法益而情节重大者,准用之。"

　　②　"按将责任限于相当的损害(adäquate Schäden)之内在理由与人的行为之可操控性有关联。而这与自合法行为产生之责任不相契合。在这里,赔偿义务纯粹系于,系争损害是否因所以课予该责任之危险而发生,以除去受害人所受之损害;而不系于相当因果关系意义下之因果关联的可预见性。"(Lange, Schadensersatz, 2. Aufl., 1990, S.97)"为何因果不相当之损害应排除于赔偿责任范围之外? 相当因果关系说所确信之道为,不应对行为人课以纯粹偶然之损害结果的负担。盖纵为慎思者亦不能操控因果不相当之结果,从而(其发生)与人之自由的自决无关。与之有关之思想为:损害赔偿法具有一般预防性格,而不相当之损害(inadäquate Schadensfolgen)对于赔偿义务人之行为,并没有影响上的着力点。"(Lange, aaO., S.87)属于客观要件之因果关系与属于主观要件之故意过失的问题于是在相当因果关系说相交。这亦可说明为何在无过失之危险责任,其应赔偿之损害,只要求与规定之危险应有因果关系,但不要求其具有相当因果关系说意义下之因果关系。参见 Lange, aaO., S.97ff..

说,而适用;①在客观要件加入其行为须违反善良风俗,以解决违法性上之判断的迷惑。以竞买所导致之二重买卖为例,在市场经济体制下,其伦理上之可非难性一直存有疑义。是故,有必要经由构成要件之调整,提高其可非难性之要求,以在维护市场竞争机能之同时,抑制滥用交易上允许的竞买行为所造成之不正当的二重买卖。在二重买卖有故意侵害和违背善良风俗之情形,依"民法"第184条第1项后段将之论为侵权行为。

　　综合言之,债权与物权一样,在侵害上皆具"绝对性",亦即任何人皆不得直接对于债权加以侵害。是故,倘要借权利之"相对性"与"绝对性"的区分,来否定债权之可被侵害的资格,将会徒劳无功。盖债权之相对性和不具公示性,充其量只影响到对于债权之侵权行为的因果关系、责任要件及违法性之充分,而不影响其被侵害之资格。纵便认为债权不是第184条第1项前段所称之权利,仍有第

---

　　①　在侵权行为之成立要件上,其因果关系所指者固为,因果相当说(Adäquanztheorie)意义下之相当因果关系。但这并不适用于故意引起之结果。"民法"并未对故意加以定义,而沿袭"刑法"对于故意所下之定义。该法第13条规定:"行为人对于构成犯罪之事实,明知并有意使其发生者,为故意。(第1项)行为人对于构成犯罪之事实,预见其发生,而其发生并不违背其本意者,以故意论。(第2项)"第1项所定者为直接故意,第2项所定者为间接故意,亦称为未必故意。无论属于哪一种情形,包含结果之犯罪事实,既为行为人所明知并有意使其发生;或预见其发生,而其发生并不违背其本意,则该结果与其行为间自当视为有规范意义下之相当因果关系。换言之,在这种情形,关于其因果关系之认定,不再需要引用因果相当说,限制其因果发展上的范围。Soergel-Mertens, Kommentar zum BGB, 11. Aufl., 1986, Vor § 249 Rz121.因此,也有学者直称,在这种情形行为人应为其故意行为所引起之不相当的损害负赔偿责任。盖赔偿义务人原则上所以不必对于极不可能之结果负责的道理为,这些损害不属于可预见及可控制之事件。而在这些极为不可能之结果正是赔偿义务人所欲其发生时,这个道理即不再成立(Lange, Schadensersatz, 2. Aufl., 1990, S.99)。这个看法应当也适用于"行为人对于构成犯罪之事实,虽预见其能发生而确信其不发生者,以过失论"(有认识之过失)的情形。反之,如仅属"刑法上之过失,(则)须其过失行为与结果间,在客观上有相当因果关系始得成立。所谓相当因果关系,系指依经验法则,综合行为当时所存在之一切事实,为客观之事后审查,认为在一般情形下,有此环境,有此行为之同一条件,均可发生同一之结果者,则该条件即为发生结果之相当条件,行为与结果即有相当之因果关系。反之,若在一般情形下,有此同一条件存在,而依客观之审查,认为不必皆发生此结果,则该条件与结果并不相当,其行为与结果间即无相当因果关系"("最高法院"1996年台上字第5711号刑事判决、"最高法院"1998年台上字第78号民事判决)。关于相当因果关系,在民事上,"最高法院"于该院1998年台上字第78号民事判决亦采相同见解:"所谓相当因果关系,系指无此行为,虽必不生此损害,有此行为,通常即足生此损害,是为有因果关系,而如无此行为,必不生此损害,有此行为,通常亦不生此损害,即无因果关系之情形。"唯关于"民法"第184条第1项前段所要求之因果关系,也有指"行为与损害二者之间(应)有直接之因果关系(者)"("最高法院"1967年台上字第3080号民事判决)。

184 条第 1 项后段可资援用。

二重买卖的构成以出卖人在先后两次买卖契约之缔约时,均握有目标物之所有权为前提。在第二次缔约时,出卖人如果已不再拥有目标物之所有权,则其第二次买卖,将不是二重买卖,而为他人之物之买卖。基于买卖契约之债权性,其缔约并不使出卖人即刻失去其所有物(买卖目标物),因此只要缔约时买卖目标物之所有权属于出卖人,出卖人即不会陷于自始主观给付不能。二重买卖正是如此。所以二重买卖中之后者不会因为自始的给付不能而归于无效。故倘出卖人后来对于二重买卖中之一买受人履行其给付义务,则对于另一买受人而言,出卖人即陷于嗣后主观给付不能,依"民法"第 226 条应对其他买受人负损害赔偿责任。唯倘第一次买卖契约与其履行行为(物权行为)同时为之,使买受人在买卖契约缔约时,即取得所有权,则对第二买受人,出卖人便自始处于给付不能的状态,但此不能为主观不能,而非客观不能,其法律效力应当如何,仍应视具体情况而定,非当然无效。

由此观之,二重买卖中之第二次买卖契约虽非无效,然若有主观要件(故意)之充分及违背善良风俗之情事,构成竞买违法,则将成为第 184 条第 1 项后段所定之侵权行为。

有疑问者为,在二重买卖,第一买受人乙可否根据第 244 条撤销第二个买卖契约(设出卖人为甲,第二买受人为丙)。对于这个问题过去"最高法院"实务上虽采肯定的看法,但这次"民法"债编关于该条之修正,已基本改变了关于诈害债权之成立要件的规定:"债务人所为之无偿行为,有害及债权者,债权人得声请法院撤销之。(第 1 项)债务人所为之有偿行为,于行为时明知有损害于债权人之权利者,以受益人于受益时亦知其情事者为限,债权人得声请法院撤销之。(第 2 项)债务人之行为非以财产为目标,或仅有害于以给付特定物为目标之债权者,不适用前二项之规定。(第 3 项)"唯即便第一买受人得依该条规定撤销甲丙间之所有权移转契约,但基于买卖契约之债权性,不得撤销甲丙间的买卖契约。盖撤销之,对乙无实益,而对甲丙则有使甲丙失去,为调整其间因该物权契约被撤销而引起之利益冲突,所必要的规范基础。此外,鉴于该条第 3 项关于诈害债权之成立所采之保守的立场,在第一买受人得依该条规定撤销诈害债权之行为时,其是否即得主张第二买受人之所为已构成"民法"第 184 条第 1 项后段所定之侵权行为,仍非无疑义。其关键之要件当还在于该二重买卖是否违反善良风俗。至于"故意"之要件,在此因既已充分第 244 条之要件,自然也已充分。

4.债权性表现在他人之物买卖之效果

(1)其契约并非无效

所谓他人之物的买卖,指以所有权属于第三人之物为买卖目标物。由于买卖之法律性质为债权行为,它不但只使出卖人,①而不使该物之所有权人,依"民法"第 348 条负交付买卖目标物于买受人,并使其取得该物所有权之义务,而且买受人并不依该债权的买卖契约即取得该物所有权。因此他人之物的买卖对于其所有人并无加害能力。是故,以他人之物为买卖目标物,并不会阻止该买卖契约之成立。至于该契约是否因出卖人之主观给付不能②而在效力上受到影响,尚视双方之具体约定如何而定。③ 主观给付不能虽属于债务不履行的问题,但在物之买卖,这仍不属于权利瑕疵担保的问题。盖仅就权利的买卖,出卖人始担保权利之存在,而就物之买卖,则否。

(2)真正所有权人之法律上地位

①债权行为与物权处分行为应分别考虑。鉴于债权行为与"民法"第 118 条所规定之处分行为的法律性质或功能不同,所以它们应被分别对待,不得误引"民法"第 118 条第 1 项认为"以他人之物为目标物之买卖,须经所有权人之承认始生效力",而主张出卖人之债权行为不生效力。盖第 118 条所规范者仅物权(处分)行为,而不及于债权行为。

②第 244 条与第 118 条之问题。在他人之物的买卖,真正所有权人得否依

---

① 买卖契约仅有债权效力,不能对抗契约外之第三人。(最高法院 1931 年上字第 2405 号)此乃由债权相对性所导出之当然结论。申言之,所谓债权之相对性,乃指债权人仅能对特定人请求该债权行为所示之特定给付,即债权人不能请求债务人以外之第三人,履行该债权所指称之给付内容。由此衍申,使得二重负担行为之各债权人间,皆不能依据各该负担行为请求对方履行其内容。从而,二重买卖之各买受人,基于上述之观点,其彼此间亦不得依其分别与出卖人所定之买卖契约,请求他方为给付。至于第一买受人是否得依"民法"第 244 条,以第二买受人诈害债权为理由,撤销其履行行为属于另一个问题。

② "最高法院"1983 年台上字第 471 号民事判决:"以他人所有之物为出卖之目标物,订立买卖契约者,其出卖人须先取得该物之所有权,然后移转于买受人;或使该他人径将物之所有权移转于买受人,如出卖人不履行所有权移转之义务,依'民法'第 353 条之规定,买受人得依关于债务不履行之规定,行使其权利。又'民法'上所谓给付不能,系指依社会观念,其给付已属不能者而言。所有权属于他人之物,出卖人固不能将其所有权移转与买受人,故在出卖人取得买卖目标物之所有权以前,倘无请求该他人将物之所有权移转于出卖人之权利,或径行移转于买受人之权利存在,则移转该物所有权于买受人之义务,即属不能给付。"(《"最高法院"民刑事裁判选辑》第 4 卷第 1 期,第 137 页)

③ "最高法院"1969 年台上字第 3141 号民事判决:"出卖人对出卖之目标物不以有处分权为必要,纵然无处分权之物,亦非不可成立买卖。纵出卖人甲就所约出卖之土地未取得所有权为买受人乙所明知,但公证契约既订明甲负责保证确系完全所有物并无瑕疵,则在甲最后不能履行移转所有权之情形下,对乙要应负违约之责任。"[《台湾地区裁判类编("民事法")》(第 11 册),第 507 页]在该判决中双方之特约超出"民法"第 246 条第 1 项但书所定之程度,出卖人对于买受人就主观给付不能之排除,无论有无过失,负担保责任。这是为何该条但书不能满足主观给付不能之规范需要的道理。

"民法"第 244 条行使撤销诉权,应采否定的见解。盖如上所述,出卖人虽以他人之物为买卖之目标物,然其效力,极其量,仅使出卖人对买受人负获取该物之义务,并不使真正所有权人遭受任何损害。是故,真正所有权人自不得主张撤销该他人之物的买卖契约。何况,"民法"第 244 条以债权,而非以物权之诈害为其规范对象。

又纵买卖双方已为该物所有权移转之合意,根据"民法"第 118 条,只要真正所有权人不予承认,该处分行为即不生效力,既不生效力,则何用撤销?是故真正所有权人在此所得,与所必须主张者,当非第 244 条之撤销权,而是依"民法"第 118 条该处分行为对其不生效力。必要时还得依第 767 条请求返还所有物。唯第 118 条及第 767 条之适用,仍应受"民法"第 801 条和"土地法"第 43 条等善意取得规定之限制。

(二)有偿性

由第 345 条可知,出卖人以交付目标物并移转所有权之义务为代价,换取买受人给付价金之义务;买受人以支付价金之义务为代价,换取出卖人移转目标物之所有权及交付目标物之义务。亦即双方皆须付出代价,以取得相对人之给付义务,此特征通常称之为"有偿性"。因此,买卖契约为一种有偿契约。将一个契约论为有偿契约之实益主要为:与同时履行抗辩有关规定之适用;论为无偿契约之实益主要为:债务人之悔约权及其债务不履行、积极侵害债权责任之减轻。

由于买卖契约是最典型的有偿契约,所以第 347 条规定其他之有偿契约准用之,此种准用学说上称之为"授权式类推适用"。[①] 唯在授权式类推适用,与非明文授权类推适用的情形一样,准用之法律(如买卖),到底只是被类推适用到"拟规范"之案型(如其他有偿契约)。其与直接规范究有不同。明文规范之案型与拟被类推适用之案型仅为相似而不同一,其间有大同中之小异。此小异部分,在法律的适用上每每有重大之意义。是故,必须先相应于此小异部分,将准用之规定,做必要的限制或修正后,方能适用到拟规范之案型。

基于此种考虑,第 347 条但书提醒我们,将买卖契约之规定,准用于其他有偿契约之案型时,必须排除与其契约性质不符之规定内容。

---

① 关于授权式类推适用,参见黄茂荣:《法学方法与现代民法》,台湾植根法学丛书编辑室 2006 年增订 5 版,第 573 页以下。

第二章

买卖契约之缔结

第一节 概 说

关于买卖契约之缔结主要有两点讨论：其一是为其缔结，双方应获致一致之意思表示的范围；其二是其缔结是否应依一定之法定的方式。这皆属于契约之成立的问题。兹分述之。

一、应获致一致之意思表示的范围

关于为契约之缔结，双方应获致一致之意思表示的范围一般规定"民法"第153 条第 2 项："当事人对于必要之点，意思一致，而对于非必要之点，未经表示意思者，推定其契约为成立，关于该非必要之点，当事人意思不一致时，法院应依其事件之性质定之。"然何谓必要之点以及在哪种情形双方就非必要之点亦应有一致之意思表示，契约方始成立？ 关于必要之点"民法"并未明文加以定义。归纳"最高法院"实务上关于一些债权契约类型的见解，[①]可以发现，在契约之缔结上一般以各该契约类型之主要给付义务为当事人应获致一致之意思表示的必要之点。对此，有时"民法"并以明文针对个别之有名契约规定之。例如"民法"第345 条第 2 项规定："当事人就目标物及其价金互相同意时，买卖契约即为成立。"唯法律有时在法定之一定情况下，也容许部分必要之点，由意思表示以外之讯息补充之。例如"民法"第346 条第 1 项规定："价金虽未具体约定，而依情形

---

① 参见黄茂荣：《法律行为与契约》，载《植根杂志》第 17 卷第 2 期。

可得而定者，视为定有价金。"①同条第 2 项还规定："价金约定依市价者，视为目标物清偿时、清偿地之市价。但契约另有订定者，不在此限。"按该规定之内容，在该项所定情形尚不能说当事人关于价金根本没有一致的意思表示。只是其所约定者为法律上认为已可以接受之得确定②的内容而已。

"民法"第 345 条第 2 项规定："当事人就目标物及其价金互相同意时，买卖契约即为成立。"其句法与第 153 条第 2 项前段规定"当事人对于必要之点，意思一致，而对于非必要之点，未经表示意思者，推定其契约为成立"相较，远为肯定，未预留反证该项所定契约在个案事实上尚未成立的余地。

二、缔结是否应依一定之法定的方式

基于契约自由原则中之方式自由，除法律有特别规定或当事人自己约定，其契约之缔结应依一定方式外，原则上只要当事人就法律所定或当事人所约定之点，有一致之意思表示契约即为成立。此即契约在缔结上之诺成原则。此为相对于例外之要式或要物规定的情形。

债各中关于买卖契约并无要式或要物的规定，倒是债总中第 166 条之一第 1 项规定："契约以负担不动产物权之移转、设定或变更之义务为目标者，应由公证人作成公证书。"使以不动产物权为目标之买卖契约成为应经公证人作成公证书之要式契约。唯依"民法债编施行法"第 36 条第 2 项但书规定："'民法'第 166 条之一施行日期，由'行政院'会同'司法院'另定之。"而至今"行政院"尚未会同"司法院"定其施行日期。不过，即便该条规定之施行日期业经订定，并开始

---

① 实务上亦肯认订购数量得确定的契约。例如"最高法院"1969 年台上字第 77 号民事判决"上诉人等填送之订购单，既已指定订购之数量、单价及总金额，即已具备要约之条件，被上诉人在订购单上注明'接受登记'等字样，交还各上诉人时，即系对其要约而为承诺。虽实际可得购买之数量尚未确定，但上诉人等于订购单内既陈明愿遵照预售须知第九点订（定），是实际所得购买之数量，乃将来可得确定之状态，只俟订购日期届满确定后算明而已，双方玉米之买卖，应认被上诉人于上诉人填送订购单注明接受登记交还予上诉人等之时，双方意思表示业因合致而成立"［《台湾地区裁判类编（"民事法"）》（第 11 册），第 17 页］。

② "契约之目标，固以自始确定为必要，但依其情形可得确定者，亦应解为自始确定。"［《台湾地区裁判类编（"民事法"）》（第 7 册），第 251 页："最高法院"1962 年台上字第 2446 号民事判决］所以，"债之目标，于债之关系成立时，如根本无可确定，则其内容即属不能实现，其法律行为固属无效。但如有可得确定之方法，而于履行债务时，债之目标已得确定，则其法律行为仍属有效"［《"最高法院"民刑事裁判选辑》（第 2 卷第 1 期），第 84 页："最高法院"1981 年台上字第 1044 号民事判决］。由此可见，关于契约客体之确定性，实务上只要求到得确定的程度。

施行,还必须注意依该条第 2 项:"未依前项规定公证之契约,如当事人已合意为不动产物权之移转、设定或变更而完成登记者,仍为有效。"此为债之履行治愈其债务契约之方式欠缺的规定。在有要式规定的情形,其他方式之欠缺的效力,就法定方式,"民法"第 73 条规定:"法律行为,不依法定方式者,无效。但法律另有规定者,不在此限。"就约定方式,第 166 条规定:"契约当事人约定其契约须用一定方式者,在该方式未完成前,推定其契约不成立。"前者以法定方式为效力要件,后者以约定方式为成立要件。

关于买卖契约之诺成性,见诸以下实务判决:

最高法院 1931 年上字第 2202 号:买卖契约为诺成契约,一经当事人就目标物及其价金互相同意,买卖契约即为成立。

最高法院 1932 年上字第 2281 号:买卖契约因当事人约定一方移转财产权于他方,他方支付价金而成立,关于田产之买卖,其老契分关之交付,及出卖人族人之到场作中与否,除当事人间有特别约定外,并不以之为成立要件。

最高法院 1929 年上字第 2956 号:买卖之债权契约并非要式行为,除第 166 条情形外,自无须以订立书据为其要件,苟有其他证据方法,足以证明确有买卖事实,则因买卖所发生之债务关系,即不容借口无书据而任意否认。

最高法院 1930 年上字第 335 号:买卖契约非要式行为,除第 166 条情形外,无论言词或书据,只须意思表示合致即可成立,其写立书据者,亦无履行何种方式之必要。若嘱人签字即系授权行为,当然对于本人直接生效。

三、要式规定之功能

所谓要物,乃为要式之极端形态。故可借要式之讨论并予说明。要式规定之主要功能有四。

(一)避免当事人做轻率之决定

"民法"第 74 条规定:"法律行为系乘他人之急迫、轻率或无经验使其为财产上之给付或为给付之约定,依当时情形显失公平者,法院得因利害关系人之申请,撤销其法律行为,或减轻其给付。"立法者只在有乘他人之急迫轻率无经验之情形下,比较双方当事人所约定的财产上之给付与对待给付,若显失公平时,才授权法院在当事人之申请下,对此种乘他人急迫轻率无经验之案型进行介入,此种介入不比寻常之错误、被诈欺、胁迫之情形,因后者未有如第 74 条中段之限制的规定,故原则上只要有错误、被诈欺、胁迫的情形,就可以依各该相关规定撤销系争之法律行为。第 74 条所规定之情形,固不必以表意人之错误、被诈欺或胁迫的存在为必要,但是当事人也非毫无限制地可以主张在缔结契约时,由于急迫轻率无经验而缔结的契约,均可以被随意撤销。盖一个人基于急迫轻率无经验而为法律行为,并不当然构成撤销之适当原因,必也该急迫轻率无经验,亦为相对人所乘,以及其从相对人所可以得到之对待给付与自己之给付显不相当,才可以申请法院依第 74 条撤销该法律行为。

　　除了第 74 条所规范之情形外,在其他某些案型,若其法律效果影响当事人双方权益甚大时,例如以不动产产权之取得、设定或变更为内容之债权契约,对当事人双方财产权之变动有甚大之影响。此时是否必须做比第 74 条更进一步之考虑,亦即是否必须在时间上比较有效地防止当事人之一方,因急迫轻率而被对方所乘。盖第 74 条之规定也许对这些案型的保护并不周到,何以谓不周到?因为第 74 条之要件要求,必须给付与对待之给付显失公平,而到什么程度才显失公平,在台湾地区似尚无明白之解释,由于第 74 条的引用具有对私法自治权加以监护之意义,因此,其引用在私法体制上之代价颇大,此外因第 74 条之规定所带来之协助,就实际情形亦来得太迟,是故,在规范上就应早一点以其他之方式介入此种法律关系,但如何介入呢? 第 73 条所采者可能是一种及时且比较温和的介入方法,即通过对该法律行为的类型,作出法定方式的要求,然后联合第 73 条对之进行介入。在这种设计下,该法律行为若违反法律规定之方式,则除规定该类型之法律条文另有规定外,原则上它将不成立。是则法律所关心之当事人由于急迫轻率无经验而缔结契约之情形,可以通过第 73 条之法定要式的要求,及时地被避免,亦即透过方式之作成,给予当事人双方有再一次慎重考虑的机会,使法律上重大之权益,免因缔约时之急迫轻率无经验而受到影响,此是要式要求之第一个功能。

(二)证据之保存

　　物权行为与债权行为虽然在法律上被分别处理,但并非谓,每一物权行为通过其无因性之功能,即嗣后地,使物权之转移发生终局之稳定,盖一个有效的无因的物权行为,尽管已使财产权发生变动,但可能因作为变动基础之关系,[①]如债权行为有瑕疵,使得已发生变动之物权的归属状态因该债权行为之不成立无效,或被撤销而依不当得利之规定被重新调整,这时必须被探讨的是该基础关系

---

　　① 物权行为与债权行为之区分,使物权行为得独立于债权行为发生效力,亦即不因债权行为之无效,撤销而当然无效。但此仅就其"效力之发生"独立于债权行为之效力而言,并非谓其"效力之维持"一样不受债权行为之自始或无效的影响,盖当其无效,该物权行为所引起之财产利益的移转便成为"无法律上原因",因此利益之移转而受损害者,可依不当得利之规定请求返还。

是否成立生效的问题。在实际操作上,因为这个问题之解决,将决定财产权是否应再做调整,故对债权行为之是否成立生效,每为当事人所争执之问题。于是立法者乃必须考虑,在为与法律上重大权益之变动有关的法律行为时,需做证据保存之安排,最直截了当的方法是将整个缔结过程记录下来,即要求这些作为基础关系之法律行为的作成,必须具备特定方式,否则就不能成立,使重大权益之变动有明确之记录资为证据,防止将来争执发生时举证上的困难,且因而在争执发生时,能够比较有把握地处理,此是要式要求之第二个功能。

(三)将该法律行为客观化以公诸大众

除上述两个要求下最重要的功能外,要式之要求尚有一些功能被提到,但都是比较次要的。第三个功能是把该法律行为之存在公诸大众,使第三人明确知道权利之存在及内容,而不得加以侵害。例如依第 425 条租赁物之受让人,承受租赁契约中出租人之地位,若该租赁契约缔结时,要求出租人(即让与人)与承租人须具备书面,否则不成立,①则日后受让人(即原租赁关系之第三人)可以通过该书面明确而且容易地知道让与人是否曾与他人缔结过租赁契约,及因其受让租赁物将与承租人发生之租赁关系的内容如何,这是要式规定通常能达到的第三个功能。②

(四)提高登记之正确性

第四个功能是通过当事人共同提出之书面,使公家机关,如地政事务所,能比较正确地处理土地登记业务,从而提高土地登记簿所公示之法律关系与事实状态吻合的程度。并且减少由于"物权法"上"善意取得"制度,而使合法权益受到牺牲。例如减少为贯彻土地登记制度之公信力而牺牲事实上的合法权益,盖此种代价只有在不得已的时候才可支出。因此在登记时就应力求正确,降低公示之权益与实际上之权益不一致之情形发生的可能性。为了正本清源,此种须为登记之法律行为,便有要求当事人作成书面要式之必要,使不具备要式之法律

---

① 目前"民法"第 422 条对一年期以上之不动产租赁,虽有书面之要式要求,并规定其违反之效力转为不定期租赁,但因对不定期租赁依"土地法"第 100 条,其收回受有法定理由之限制,而非如"民法"第 450 条第 2 项所定,得随时终止契约,故其对承租人之保护反较定期租赁为大。此为当前"租赁法"之重大矛盾之一,许多租赁纠纷由此而生。这不能不说是错误的社会立法。

② 基于此种考虑,"民法"(2000 年 4 月 26 日修正)第 425 条规定"出租人于租赁物交付后、承租人占有中,纵将其所有权让与第三人,其租赁契约,对于受让人仍继续存在。(第 1 项)前项规定,于未经公证之不动产租赁契约,其期限逾五年或未定期限者,不适用之"。

行为不成立,并以具备书面要式之法律行为作为申请登记之基础,以提高登记之正确性。其结果因贯彻公示制度所可能造成之对真正权益的损害,亦能相对减少,此乃要式所能发挥之另一功能。

四、第760条之规范功能

第760条所规范的客体是不动产物权,此种财产权上之重大利益的移转设定,自然须以特定之方式作成,如是,一方面可免当事人的轻率,另一方面在非轻率下所作成之当事人合意,也可通过要式来证明其存在及内容,以便于登记,昭告第三人不得侵犯,故谓第760条之要式要求应已考虑到前述关于要式规定的功能。

不动产物权之移转或设定,固应以书面为之,此乃第760条之要求,然而因其规定于"民法"物权篇中,从而产生一问题,到底以不动产移转为内容之债权契约,是否亦应以书面为之?采否定说者以为:只要物权契约具备要式之要求,第760条原设计所要达到之功能即已达到,从而主张第760条之规范,无须贯彻于债权行为中,盖其认为,如以有效之书面物权契约为基础所做之登记是正确的,则登记簿所表彰之法律状态与事实状态便是相符的,从而也得认为登记之正确性已被确保,是故在此见解下,为赋予登记为公信力所必须支付之代价,也已经相应减低。事实果真如此,则如此主张之人就可振振有词地说第760条之规定只要在物权行为被贯彻,就能达到第760条规范上之目的,不必再将第760条目的地扩张适用到债权行为。

五、第760条应贯彻于债权行为

然笔者以为,此种见解是有疑问的。按要式的要求,其功能不仅在于提高登记之正确性,对不动产物权之设定或移转,主要还在(1)避免其为轻率之决定,以及(2)保存证据。而为达此目的非兼对债权行为加以要式之要求不能竟功。盖如仅对物权行为,而不同时对债权行为要求要式,当事人可以口头的债权行为,请求完成书面的物权行为,在这种情形下,物权行为不再有任何防止轻率决定或保存证据的功能。何况无论如何地强调物权行为之无因性,一旦作为物权变动基础之债权行为或其他法律原因不存在,虽然物权变动得因物权行为之无因性而继续有效,但因物权变动而受利益之一方将有无法律上原因而受利益之状态,而这种财产权的变动状态正是不当得利制度所要处理的,其结果是因物权之无因性,而生之财产权变动的暂时状态,将因不当得利返还请求权之行使,再拉回原来的状态,在此了解下,过度地强调不必考虑变动基础之债权行为或其他法律上原因是否有效地继续存在,而只强调基于物权之无因性,认为只要该物权行为有效,则以之为基础所做之登记,必定与权利之事实状态相符,这就不一定是正确的。盖物权行为所形成的,只是形式上暂时正确的权利状态,而非实质上终局正确的状态。综上所述,笔者以为第760条不应被规定在物权篇,而应规定在债总上。因为我们非立法者,而现行"民法"将之规定在债总上。因为我们非立法者,而现行"民法"将之规定在物权篇,故仅得认为"应"将第760条目的地扩张适用到债权行为来,即扩张适用到以不动产之设定、取得、变更或消灭为内容之债权行为上,通过此种贯彻才能比较高的程度确保登记簿上所公示之权利状态与事实上所应存在的实质的及终局的法律关系相吻合的程度,亦唯有如此解释,始能防止当事人双方或一方做轻率之决定,以及使当事人双方事后能较轻易举证该法律行为确实曾被有效地作成,且能证明该新生之法律状态的确曾为双方所成熟考虑,并为双方所欲达成。由此可知,依"民法"第345条概论一切买卖契约皆为诺成契约,在此限度内,即不一定允当。

关于此问题,实务界在下述判解中所采见解虽与笔者不同,但如前所述本次债编修正增定"民法"第166条之一第1项后,可谓已经由立法根本改变关于"以负担不动产物权之移转、设定或变更之义务为目标"之契约的规范立场,规定此种契约"应由公证人作成公证书"。唯过犹不及,一下子从不要式,改为应经公证,以致欲速而不达,使得该项规定事实上至今尚不能与其他修正规定开始施行("民法债编施行法"第36条第2项但书)。

最高法院1931年上字第1207号:不动产物权移转之契约,虽以书立契据为必要之方式,而关于买卖不动产之债权契约,则本为不要式行为,若双方就房屋之目标物及价金互相同意,即不能谓其买卖之债权契约尚未成立。

"最高法院"1968年台上字第1436号:不动产物权之移转应以书面为之,其移转不动产物权之书面未合法成立,固不能生移转之效力,唯关于买卖不动产之债权契约,并非要式行为,若双方就其移转之不动产及价金已相互同意,则其买卖契约即为成立,出卖不动产之一方,自应负交付该不动产并使他方取得该不动产所有权之义务,买受人若取得命出卖人协同办理所有权移转登记之确定判决,则得单独申请登记取得所有权,从而移转不动产物权书面之欠缺,因之而得补正。

第二节　买卖之缔结

一、必须就目标物和价金获致合意

"民法"第 345 条第 1 项:称买卖者,谓当事人约定一方移转财产权于他方,他方支付价金之契约。又第 2 项谓:当事人就目标物及其价金互相同意时,买卖契约即为成立。

此规定告诉我们,在缔结买卖契约时,原则上当事人至少有两个必要之点("民法"第 153 条、"民法"第 345 条第 2 项),必须获致合意,即"目标物"和"价金"。如:

最高法院 1933 年上字第 459 号判例:买卖契约之成立,以当事人就目标物及其价金互相同意为要件。其未就目标物及价金互相同意者,自不得主张其买卖契约为成立。

"最高法院"1951 年台上字第 1482 号判例:当事人缔结不动产买卖之债权契约,固非要式行为,唯对于契约必要之点,意思必须一致,买卖契约以价金及目标物为其要素,价金及目标物自属买卖契约必要之点,苟当事人对此两者意思未能一致,其契约即难谓已成立(类似之判决见"最高法院"1953 年台上字第 579 号)。

(一)目标物之合意

买卖之成立,固须有目标物之合意,然如之何可谓"目标物"之合意? 以下之判决将有助于本问题之了解:

大理院 1915 年上字第 2235 号:买卖得不指定目标物之质量。

盖通过"民法"第 200 条第 1 项之补充性规定:给付物仅以种类指示者,依法律行为之性质,或当事人之意思不能定其质量时,债务人应给予中等品质之物。故虽未指定目标物之质量,仍不影响买卖契约之效力。

又一定通行之丈尺,亦得作为当事人意思之补充,以为丈量目标物之用。如大理院 1920 年统字第 1250 号解释:丈量地亩,自应以当事人买卖之意思为准,如意思不明,即以当时该地通行之丈尺为准。

(二)价金之合意

1.第 346 条第 1 项在适用上之限制

"民法"第 346 条第 1 项规定:价金虽未具体约定,而依情形可得而定者,视为定有价金。

买卖之价金是否须具体约定? 实务界采否定见解。例如"最高法院"1966 年台上字第 1645 号判例:双方就买卖之目标物已互相同意,至于价金政府对公产有一定价额,则依"民法"第 346 条第 1 项应属依其情形可得而定,即视为定有价金,故纵认本件双方就价金未具体约定,亦应认价金已互相同意,依同法第 345 条第 2 项,本件买卖契约即为成立。

又大理院 1917 年上字第 1075 号:买卖不以具体确定价银为要件。

然是否任何契约,当买卖目标获致合意,而价金尚未合意时,皆可引用第 346 条第 1 项主张契约已经成立? 笔者以为并不尽然。申言之,必须依契约之具体情况,判断当事人是否愿将本来享有之价金决定权让出,而留待第 346 条第 1 项来决定,不可以毫无保留地自始肯认之。

例如:甲向乙买车,对汽车已获致合意,但价金则尚未谈妥,则甲是否可主张买卖契约已成立而向乙请求交付汽车,乙是否可抗辩说因价金尚未获致合意而主张契约尚未成立,甲可能又主张价金虽未获致合意,但汽车之价金并非依情形不能确定,所以关于系争汽车之价金可依第 346 条第 1 项决定,不必由当事人自行约定,亦无碍于契约之成立。像这种情形究竟谁的主张有理应个别认定之,不可一概而论。即第 346 条第 1 项之效力,并未大到任何买受人或出卖人在目标已获致合意而价金尚未合意之情形,皆可主张契约已成立。而必须透过契约之解释,探求当事人之真意以定之。若其关于价金之多寡,并不准备自己具体约定之,而打算嗣后依诚信原则加以决定,且唯有如此,当事人任何一方方可引用第 346 条第 1 项,视为其价金已合意确定,而主张买卖契约成立。亦即在当事人有明示或默示之合意,不顾价金之尚未被具体约定,而仍愿让该系争契约成立时,方得引用第 346 条第 1 项"视为定有价金",否则,不得任意曲解第 346 条第 1 项之规范意旨也。

在此了解之下,上例所举"最高法院"1966 年台上字第 1645 号判例所谓:政府对公产有一定价额,故就其价金,虽未具体约定,仍应视为定有价金云云。此种毫无条件地扩充第 346 条第 1 项之解释,实有商榷之余地。

第 346 条第 1 项所谓"依情形可得而定者",兹以一例明之,如以从前之欠债额为卖价额,则应视为定有价金。考诸"最高法院"1958 年台上字第 1665 号判例可知,上诉人就系争房屋与被上诉人订立之杜尽根绝卖契,其价金旧台币之下,虽未载明确数若干,但契末既批明,"即日全部业价,已将上诉人前所积欠债务,以旧台币借据相杀清楚"等字,则按其情形,显系约定以欠债额为卖价额。依"民法"第 346 条第 1 项规定,即应视为定有价金。

2.第 346 条第 2 项系任意规定

"民法"第 346 条第 2 项:价金约定依市价者,视为目标物清偿时、清偿地之市价。但契约另有订定者,不在此限。

按任意规定可分为解释规定与补充规定。当事人就系争事项已表示欲加规范之意思,但并未加以规范,则对其未加规范之部分加以规定者,即为"解释规定";若当事人就系争事项完全未有欲加规范之意思,则对其未加规范之部分加以规定者,即为"补充规定"。"民法"第 346 条第 2 项系属于任意规定中之解释规定,盖当事人双方对于价金均有加以约定之意思,只因其表现得不够明确,故价金之内容亦不够清楚,因此法律必须进一步加以规定,使之清楚到如同已被约定之状态。第 346 条第 2 项即属于这种对当事人约定内容之进一步解释之规定。

第 346 条第 2 项但书之意义乃考虑当事人是否有特约存在,此乃基于契约自由原则而来,无庸赘言。

又若当事人价金已具体约定,则无第 346 条之适用。盖本条之规定,系以价金未具体约定,或约定依市价者始有其适用。考诸"最高法院"1958 年台上字第 1549 号判例可知:"民法"第 346 条第 1 项、第 2 项两项之规定,系以价金未具体约定,或约定依市价者始有其适用。若业经具体约定价金之额数,则以后市价纵有升降,双方当事人亦应受其拘束,不容任意变更。

二、其他重要之点的合意

契约之成立,必须当事人双方就其必要之点获致意思之一致。目标和价金固为买卖契约之缔结上的必要之点,然非谓其为买卖契约仅有的重要之点。在缔结买卖契约时,目标和价金仅属一般应有一致之意思表示的两个必要之点。就特别类型之买卖而言,若尚有其他经表示在交易上被认为必要之点,就此仍须获致双方之合意,契约始能成立。

是故,不可因第 345 条之规定,而产生误导,认为在买卖契约之缔结除目标和价金外,别无其他应经合意之点。现行"民法"原则上既然承认私人有自由决定契约内容之权利,则在契约内容之决定上,便不应对私人加以过分的限制,甚至将其置于公权力之"监护"底下。如有当事人之一方,坚持双方先协商买卖目标及价金,而后再谈清偿时、清偿地等问题,而俟前者获致合意时,却主张依"民法"第 345 条第 2 项买卖契约已成立,其余都不用再谈,则该当事人实际上已剥夺了相对人就清偿时与清偿地等问题之共同经由协议加以决定的机会。这显然违反契约自由原则。是故第 345 条第 2 项,笔者以为应被修正为:"当事人就目标物及其价金互相同意时,买卖契约推定为成立。"如是,则其相对人便得以双方尚有其他意定必要之点未获致合意,来反证"契约尚未成立"。亦唯有将第 345 条第 2 项做如此了解,始能与第 153 条第 2 项"当事人对于必要之点意思一致,而对于非必要之点未经表示意思者,'推定'其契约为成立"之规定前后一贯。在具体契约之缔结,由于在法定必要之点外,是否尚有其他应经合意之点存在亦起争执,所以,在缔约时缔约人最好明白将自己认为应经协议之点明白提出,使之成为第 153 条第 2 项所定亦应经合意之点。①

第三节　买卖之特殊案型

契约之缔结通常系透过要约与承诺为之。由于"民法"第 154 条第 1 项规定"契约之要约人,因要约而受拘束",因此对何时有要约之存在,以及何人为要约人,便有加以判断之必要。固然,在通常情形,不难判断何人为要约人,何人为承诺人,要约何时存在。但在以下所要讨论的特例,这些问题的答案便不是很清楚的。

一、自动贩卖机

在透过自动贩卖机所缔结之买卖契约,究竟谁是要约人? 投币人,或自动贩卖机之设置人? 目前联邦德国通说之见解是:设置人为要约人,投币人为承诺人。由于此种情形与通常契约缔结之差异,联邦德国通说之见解在实务上便可能引起困难。例如投币人投币后又反悔,使机器退币时,如果认为投币之行为是要约之承诺,则退币之行为应如何解释? 如果将贩卖机的设置,认为设置人手足之延长,是否能解决这个难题? 按一个须受领的意思表示,总会涉及到达的问题。在以通信的方式传达意思表示的场合,于意思表示进入相对人的信箱便算到达。将这种了解援用到自动贩卖机的买卖上,可解释为:设置人透过自动贩卖机对不特定人为要约,因此对于承诺之收受,自动贩卖机相当于设置人之信箱,

---

① 反对说参见郑玉波:《民法债篇各论》(上册),1975 年版,第 21 页:"'民法'第 345 条第 2 项与'民法'第 153 条第 2 项规定不同,后者规定:当事人对于必要之点意思一致,而对于非必要之点,未经表示意思者,推定其契约为成立,而'民法'第 345 条第 2 项仅用'成立'字样,并非'推定成立',因之在买卖契约,应优先适用'民法'第 345 条第 2 项之规定……"

问题是：如果投币之行为是承诺，则契约已因投币之人之承诺而成立，双方应依契约为承诺之行为，理论上自不得由承诺人任意反悔，则不应让投币人退币。但事实上交易之习惯并非如此。因此我们要为它在法律上找到依据使之能纳入体系。大概有两个途径可以解决：(1)根据贩卖机的构造来了解。贩卖机内有两个盒子，钱币落入第一盒仍有机会退币，但落入第二盒时即无法退币。所以我们了解成：当钱币落入第一盒时，承诺之意思表示尚未到达；落入第二盒时，承诺之意思表示始为到达。(2)把整部自动贩卖机视作设置人之信箱，因此投币人投币后，承诺之意思表示即已到达。只是在投币人尚未按钮要贩卖机给付前，可透过退币钮不附任何条件地解除契约。这两种方法均可解决此问题，但第二种方法可能还会引出一个问题：如果贩卖机内无货，则按钮必无货出来，投币人只有退币，此种情形应如何解决？

考诸一般契约条款，其使用人常会在其中加载"免责条款"，譬如于条款中声明：以存货所及为限成立买卖契约、保留给付量之决定权或价格之调整权等。这种自我免责条款之处理必须考虑诚信原则，同时亦须注意订约款之一方是否构成经济上优势之滥用。该保留在缔约上的意义属于"民法"第154条第1项但书所定之要约拘束力的保留。例如在商务信函中，商人除在函中说明货品为何、价钱若干外，并常附上两种条款：(1)以存货所及为限（即暗示卖完为止）；(2)保留百分之五以内之变价权。

上述自动贩卖机因退币所导出之问题，可引用一般契约条款解决之。参考以上之了解，本案型可认为：当投币人与贩卖机设置人缔结契约时，已受一般约款中"以存货所及为限"条款之拘束，是故投币人不得主张贩卖机设置人无论如何必须给付，而于贩卖机内无货时，双方即因给付不能（限制的种类之债），且出卖人不负获取义务，从而使该契约自始不生效力（无效）（"民法"第246条第1项前段）。

二、自助商店

(一)要约

自助商店内物品标价陈列视为要约，[①]此乃台湾地区"民法"第154条第2

[①] 关于这个问题，英国法院有不同之见解。在 Pharmaceutical Society of Great Britain v. Boots Cash Chemists (Southern), Ltd. 一案中, Lord Goddard 认为, "在自助商店内将物品标价陈列只是要约之引诱", 上诉法院同意其见解（详请参见 *Cheshire and Fifoot's Law of Contract*, ninth edition, pp.29, 30）。

项文本所规定。盖若视其为要约之引诱,则购物者将物品选妥并送到结账处交与柜台小姐之行为变成要约,而柜台小姐将物品一一点清时始为承诺。如此之认定,笔者以为并不适当,因商店可能拒绝客人之要约而不予承诺,此与交易习惯不符,盖自助商店既开店售货,即表示对外公开为要约,要有人欲为承诺时,售货人原则上无拒绝之权限。

(二)承诺

关于自助商店买受人之承诺时点,可能有以下两种说法:

1.购物者将物品放入购货车内为承诺

此时必须进一步讨论,其承诺何时到达? 考诸发信行为之到达主义,本案型之承诺到达时点,必须视是否把购物车当作出卖人之信箱而定。若把购物车视为出卖人之信箱,则当买受人将物品放入车内时,则其承诺已到达于相对人,而使买卖契约成立。嗣后,若买受人又将物品放回陈列架,则可解释成当事人间有一种默示之一般契约条款,即在未至算账时,购物者皆可任意解除已被缔结成功之契约。反之,若不把购物车视为信箱,则其承诺自属尚未到达,依"民法"第163条准用第162条之规定,此时若买受人将物品放回,则属于承诺之撤回矣。

2.购物者将物品持至柜台算账时为承诺

以上第一种说法,笔者以为并不妥当,盖依意思表示之理论,承诺,必须俟其意思表示脱离表意人之管领范围,而进入相对人之管领范围时始算到达。在本案型,购物车一直皆为购物者所管领,则纵欲将之视为商店之信箱,使生到达之效力,由管领的角度观之,亦有未妥。况于结账前,购物者皆可任意放回物品,可见将承诺之时点提前至"将物品放入购物车内之时"显无实益,盖其不生法律上之拘束力也。何况法律问题之解决,非不得已,不宜任意拟制当事人间有任何意思表示存在。今先认定"将物品放入购物车内为承诺",而后为解决购物者将物品放回陈列架之问题,又得拟制双方有默示之解除契约之合意,如此何异庸人自扰,自取麻烦? 是故当以至柜台将物品交与售货员算账之际为承诺之时,始为适当,至其承诺,则因到达于收账员而到达于出卖人。固然在物品交与收账员后,顾客亦常有要求取回不买的情形,且在此情形售货员也多容许。但这种情形,顾客与售货员双方之所为,属于地地道道之解除契约的合意,与前述在交与售货员前,顾客不必经售货员之同意,而任意将已放入购物车之物品再放回陈列架者迥然不同,不得相提并论。

第四节　对不动产之优先承买权

一、优先承买权之概念

基于契约自由原则,关于买卖契约之缔结,出卖人本有选择缔约对象、协议契约内容(含买卖目标、价格及条件)之自由。优先承买权指就法律所定之目标,其所有人,与他人达成所欲契约内容之协议("民法"第 153 条第 2 项),完成买卖契约之缔结时,该法律所定具有一定资格之人(例如该目标物之共有人、承租人或出租人),享有依相同条件及价格,优先向所有人、承租人或出租人购买系争目标之权利。在这种情形,因所有人已与他人完成买卖契约之缔结,所以,倘优先承买权人行使其优先承买权,与所有人缔结买卖契约,将形成一物二卖(二重买卖)的结果。如果该优先承买权具有物权效力,则由于出卖人有义务,先履行基于优先承买权缔结之第二个买卖契约,所以第一个买卖契约因此最后会有嗣后债务不履行(给付不能)的问题,应依其相关规定规范之。① 当系争优先承买权具有对世之物权效力,则纵使出卖人已先履行第一个买卖契约,优先承买权人(第二个买卖契约之买受人)还是得请求出卖人履行第二个买卖契约之出卖人给付义务,必要时,出卖人并应与买受人共同请求第一个买卖契约之买受人,返还系争目标物。然第一个买卖契约并不因此当然无效。倘该优先承买权仅具有债权效力,则其债务关系之发展与一般之二重买卖无异。出卖人先对哪一个买受人履行出卖人之给付义务,其债权便可获得清偿,取得对于目标物之所有权或用益权。未受清偿者,无论是第一个或第二个买卖契约之买受人,皆只能依债务不履行的规定请求赔偿。

---

① "卖主就同一目标物为二重买卖,如前买约仅生债权关系,而后买约已发生物权关系时,前之买主不得主张后买约为无效。"(最高法院 1930 年上字第 138 号民事判例)"物之出卖人固有使买受人取得该物所有权之义务,唯买卖契约成立后,出卖人为二重买卖,并已将该物之所有权移转于后之买受人者,移转该物所有权于原买受人之义务即属不能给付,原买受人对于出卖人仅得请求赔偿损害,不得请求为移转该物所有权之行为。"(最高法院 1941 年上字第 1253 号民事判例)

二、优先承买权之规范基础

关于土地、其应有部分或房屋之买卖,"民法"及"土地法"有下列优先承买权(优先购买权)的规定:(1)因租用基地建筑房屋发生之优先购买权:"租用基地建筑房屋,出租人出卖基地时,承租人有依同样条件优先承买之权。承租人出卖房屋时,基地所有人有依同样条件优先承买之权。"("民法"第 426 条之二第 1 项)(2)三七五减租之耕地承租人之优先承受权:"耕地出卖或出典时,承租人有优先承受之权,出租人应将卖典条件以书面通知承租人,承租人在十五日内未以书面表示承受者,视为放弃。(第 1 项)出租人因无人承买或受典而再行贬价出卖或出典时,仍应照前项规定办理。(第 2 项)"("耕地三七五减租条例"第 15 条)(3)土地用益权人之优先购买权:"基地出卖时,地上权人、典权人或承租人有依同样条件优先购买之权。……其顺序以登记之先后定之。"("土地法"第 104 条第 1 项前段)(4)基地所有权人之优先购买权:"房屋出卖时,基地所有权人有依同样条件优先购买之权。"("土地法"第 104 条第 1 项后段)(5)耕地承租人之优先承买或承典之权:"出租人出卖或出典耕地时,承租人有依同样条件优先承买或承典之权。第 104 条第 2 项之规定,于前项承买、承典准用之。"("土地法"第 107 条)(6)共有人就其他共有人之应有部分的优先承购权:"共有人出卖其应有部分时,他共有人得以同一价格共同或单独优先承购。"(同法第 34 条之一第 4 项)(7)继承人就其逾期未申请登记之土地的优先购买权:逾"土地法"第 73 条之一第 2 项所定期间,仍未申请继承登记者,由地政机关将该土地或建筑改良物清册移请"国有财产局"公开标售。"继承人、合法使用人或其他共有人就其使用范围依序有优先购买权。"("土地法"第 73 条之一第 3 项)(8)被征收土地之原土地所有权人或其继承人的优先购买权:"私有土地经依征收计划使用后,经过都市计划变更原使用目旳,土地管理机关标售该土地时,应公告一个月,被征收之原土地所有权人或其继承人有优先购买权。"("土地法"第 219 条第 4 项)享有之优先购买权,指得依同样条件及价格优先购买。前述优先购买权中,有具有物权效力者,有仅具债权效力者。①

数人就同一目标有优先购买权时,按其优先购买权之规范基础的竞合关系

---

① "最高法院"1979 年台上字第 3141 号民事判例:"共有人出卖其应有部分时,依'土地法'第 34 条之一第 4 项规定,他共有人固得以同一价格优先承购,唯此仅有债权效力,非如承租土地建筑房屋之人,对于出租人出卖其土地时之优先购买权,具有相对的物权之效力。"

定其优先购买权之顺位。①

三、优先承买权之效力

优先承买权之效力按其得对之行使的对象,可分为仅得对所有人行使之债权效力及得对受让人行使之物权效力。

享有之优先购买权,具有物权效力者,出卖人如未通知优先购买权人而与第三人订立买卖契约,其契约不得对抗优先购买权人。例如对于买卖目标物,其用益权人或基地所有权人享有之优先购买权,及耕地承租人享有之优先承买或承典之权,有对世之物权效力("民法"第426条之二、"土地法"第104条第2项、"耕地三七五减租条例"第15条第3项和第107条)。唯其所谓得对受让人行使之物权效力,限于受让人不得以其买卖契约及其履行结果对抗优先购买权人。其买受人已自出卖人受买卖目标物之所有权的移转及占有之交付者,因为该所有权之移转行为对于优先购买权人相对无效,所以优先购买权人还是应向出卖人,而非向受让人,请求移转所有权。至于占有部分,则得直接向现占有目标物之受让人请求交付。

享有之优先购买权,仅具有债权效力者,例如共有人就其他共有人之应有部分的优先承购权(同法第34条之一第4项),共有人出卖其应有部分时,他共有人得以同一价格共同或单独优先承购;继承人就其逾期未申请登记之土地的优先购买权("土地法"第73条之一第3项);被征收土地之原土地所有权人或其继承人于土地管理机关标售该土地时,就该土地之优先购买权(第19条第4项)。其出卖人如未通知优先购买权人,而与第三人订立买卖契约,该契约仍得对抗优先购买权人。且因"民法"第244条第3项规定,"债务人之行为非以财产为目标,或仅有害于以给付特定物为目标之债权者,不适用前二项之规定"。所以违反仅具债权效力之优先购买权,虽使其不能实现,但不构成诈害债权,优先

---

① "最高法院"2003年台上字第396号民事判决:"按'土地法'第34条之一第4项所定之共有人优先承购权,仅有债权之效力,非如同法第104条所定之优先购买权及'耕地三七五减租条例'第15条第1项规定之优先承受权,具有相对的物权之效力。出租耕地之共有人依'土地法'第34条之一第4项规定行使优先承购权时,虽可简化耕地之共有关系,唯耕地之所有与耕地之利用关系仍属分离。而承租人依'耕地三七五减租条例'第15条第1项规定行使优先承受权时,则可使耕地之所有与耕地之利用关系合一,裨尽经济上之效用,并杜纷争。故承租人此项优先承受权,应优先于共有人之优先承购权。"

购买权人因此所受损害,不得据第三人侵害债权之规定("民法"第184条第1项前段),①对受让人,请求损害赔偿或返还目标物。②

四、"土地法"第34条之一第4项在第1项之适用

"土地法"(2011年6月15日修正公布)第34条之一第1项规定:"共有土地或建筑改良物,其处分、变更及设定地上权、农育权、不动产役权或典权,应以共有人过半数及其应有部分合计过半数之同意行之。但其应有部分合计逾三分之二者,其人数不予计算。"该项规定引起,少数不同意共有物之处分或他项物权之设定的共有人,③得否类推适用或目的性扩张适用同条第4项关于"共有人出卖其应有部分时,他共有人得以同一价格共同或单独优先承购"之规定,就同意将共有物处分或设定他项物权予他人之共有人应有部分,共同或单独优先承购之问题。对此问题,应采肯定的见解。盖对于同意将共有物处分或设定他项物权予他人之共有人而言,其所为与就其应有部分,出让或设定他项物权予他人无异。是故,依同条第4项之意旨,不同意该处分或他项物权之设定的共有人,就同意者之应有部分,自得以同一条件及价格共同或单独优先承购。倘不同意者皆有承购之意思,则应由其按各自之应有部分比例承购。然如有部分不同意之

---

① "最高法院"2006年台上字第628号民事判决:"债务人与第三人通谋移转其财产,其目的虽在使债权无法实现,而应负债务不履行之责任,但债务人本人将自己之财产予以处分,原可自由为之,究难谓系故意不法侵害债权人之权利,其与侵害债权之该第三人即不能构成共同侵权行为,债权人如本于侵权行为诉请涂销登记,仅得向该第三人为之,债务人既非共同侵权行为人,自不得对其一并为此请求。"然第三人与债务人如无通谋加害于其他人债权之意思,而只是单纯买受债务人对其债权人所负债务之目标,则仍不构成第三人侵害债权之侵权行为。

② "最高法院"1993年台上字第1344号民事判决:"按'土地法'第34条之一第4项仅规定共有人出卖共有土地之应有部分时,他共有人得以同一价格共同或单独优先承购,并未如同法第104条第2项后段有出卖人未通知优先承买人而与第三人订立买卖契约者,其契约不得对抗优先购买权人之规定。故该条项之优先承购权系指他共有人于共有人出卖其应有部分时,对于该共有人有请求以同样条件订立买卖契约之权而言,此项优先购买权系属债权性质,故共有人倘违反法律规定将其应有部分出卖与他人已依法取得所有权时,他共有人不得主张该买卖为无效而涂销其依法所为之登记,本院著有1976年台上字第853号、1977年台上字第1530号判例可资参照。"

③ 该他项物权,其实不适合包含具有担保作用之典权。盖一个共有人不得以其他共有人之应有部分为担保物,担保其对于第三人所负之债务。是故,如有以典权为设定之他项物权的情形,他人之应有部分应无论为该典权所担保之债务的担保物。其典权人对之无优先受偿权。

共有人,就其得承购之部分,无承购全部之意思时,其放弃承购之部分,由其他有承购意思之共有人,按各自之应有部分比例承购,其余,依此类推。最后如有剩余一部分,无人愿意承购时,不同意者全体之优先承购,视为弃权。盖占少数之不同意处分或设定他项物权者之团体意思,不能满足占多数之同意处分或设定他项物权者之团体意思时,依第34条之一第1项之意旨,少数不同意者还是必须服从多数之同意者。有疑问者为:依诚信原则,多数之同意者,是否应预留相当期间,让不同意者,协商以形成共同意思,并筹措优先承购所需之价款? 应采肯定之见解。

因为"土地法"第34条之一第1项规定,处分或设定他项物权之共有人的应有部分,合计逾三分之二者,其人数不予计算,即得以全部共有土地或建筑改良物为目标,处分或设定他项物权于第三人。是故,当有应有部分超过三分之二受强制执行时,可能引起该项之适用的问题。

他共有人依"土地法"第34条之一第4项,行使优先承购权时,其承购目标应指自己之应有部分以外之部分。盖一方面,在民事法上及税捐法上皆应如是解释,方始符合买卖契约之双务构造;另一方面,其优先承购权的作用,应在于优先于受让人,自处分或设定他项物权之共有人,以及自其他未表示行使优先承购权之共有人,承购其应有部分,而非自受让人,承购其自处分或设定他项物权之共有人购得之共有物的所有权或用益权。要之,优先承购权人非自受让人,而系自处分或设定他项物权之共有人,以及自放弃优先承购权之共有人,承购其应有部分。

另第1项之适用,应不限于土地或建筑改良物。如有以公同共有之土地或建筑改良物的应有部分为处分或设定他项物权之目标,依同条第5项,应得准用前4项之规定。①

① "司法院"释字第562号解释:"'土地法'第34条之一第1项规定:'共有土地或建筑改良物,其处分、变更及设定地上权、永佃权、地役权或典权,应以共有人过半数及其应有部分合计过半数之同意行之。但其应有部分合计逾三分之二者,其人数不予计算。'同条第5项规定:'前四项规定,于公同共有准用之。'其立法意旨在于兼顾共有人权益之范围内,促进共有物之有效利用,以增进公共利益。同条第1项所称共有土地或建筑改良物之处分,如为让与该共有物,即系让与所有权;而共有物之应有部分,系指共有人对共有物所有权之比例,性质上与所有权并无不同。是不动产之应有部分如属公同共有者,其让与自得依'土地法'第34条之一第5项准用第1项之规定。'内政部'1988年8月18日台(1998)内地字第621767号函颁修正之'土地法'第34条之一执行要点第12点规定:'分别共有土地或建物之应有部分为数人所公同共有,公同共有人就该应有部分为处分、变更或设定负担,无本法条第1项之适用',于上开范围内,就公同共有人公同共有不动产所有权之行使增加土地法上揭规定所无之限制,应不予适用。"

五、如何证立约定之条件及价格

实务上有疑问者为：如何证立该买卖或设定他项物权契约中实际约定之条件及价格，以使优先购买权人得依同样条件及价格优先购买。在仅就应有部分为处分的情形，因为他共有人不能利用，请求该应有部分之受让人，以相同之条件及价格购买其应有部分来制衡，是故，有较高隐藏实际约定之条件及价格的可能性。反之，在就共有物全部为处分或设定他项物权的情形，因受让人必须以通知之条件及价格，购买他共有人之应有部分，或他共有人得选择，以相同条件及价格，购买主动出售之共有人的应有部分，所以共有人与他人就交易条件及价格为通谋意思表示，以欺罔他共有人的可能性较低。

然如有必要，他共有人得利用，由缔结系争买卖或设定他项物权契约之双方，以保证声明的方式，予以确保：保证其表示或通知之买卖或设定他项物权的条件及价格为真正；否则，同意负一定之法律责任。当其保证之条件及价格不真正时，首先其违约之效力，依保证中之约定。其次，如系争优先购买权具物权效力，则该买卖或设定他项物权之契约及其履行结果，对于优先购买权人，无效；其仅具债权效力者，如受让人参与保证之书立，优先购买权人除得对让与人或设定人，亦得对受让人请求损害赔偿。

六、优先购买权何时发生

优先购买权何时发生？出卖人最迟在何时得透过解除其与第三人缔结之买卖契约，使优先承买权复归于消灭？[①] 该优先承买权发生于买卖契约缔结时。对优先承买权人之通知，只是对得行使该优先承买权之法定期间的起算有意义；是否通知，不影响优先承买权之发生。对于优先承买权人而言，其地位有如保留

[①] "最高法院"1995年台上字第2134号民事判决："'土地法'第34条之一第4项所定之他共有人优先承购权，固应以共有人'有效'出卖其应有部分与第三人为基础。唯如共有人与第三人间之买卖契约已合法存在，于他共有人主张优先购买权后，出卖之共有人与第三人为避免他共有人之行使优先承购，始合意解除买卖契约者，该'合意解除'既在他共有人单独为'优先承购'之意思表示而行使其优先承购之形成权之后，则共有人与第三人间之原有权利义务关系已有变更，能否再任由渠等合意解除契约，以规避上开法律所定他共有人所得行使之优先承购权之适用？非无疑义。"

撤回权之要约的受要约人。① 在优先承买权人行使优先承买权,亦即承诺前,出卖人得不附理由,透过解除系争买卖契约的方法,撤回其要约,使该优先承买权复归于消灭。出卖人解除系争买卖契约的效力等于撤回其对于优先承买权人之要约②。

七、优先购买权之法律性质:请求权或形成权

优先购买权之法律性质究为请求权或形成权?在其仅具有债权效力,不能对抗第三受让人的情形,明显以定性为请求权较为妥当。③ 在其具有物权效力的情形,其所谓具有物权效力,指"出卖人未通知优先购买权人而与第三人订立买卖契约者,其契约不得对抗优先购买权人"("土地法"第 104 条第 2 项后段)。

---

① "民法"第 154 条第 1 项规定:"契约之要约人,因要约而受拘束。但要约当时预先声明不受拘束,或依其情形或事件之性质,可认当事人无受其拘束之意思者,不在此限。"该条第 1 项但书所定关于要约拘束力之保留程度,不含根本不受拘束的情形。如保留至根本不受拘束,该表示以非要约,而只是要约诱引。其保留之最大限度可至,保留:在受要约人承诺前,要约人得任意撤回该已生效之要约。此种撤回权为:撤回生效后之要约的撤回权。该撤回权以事先之保留为其存在基础。其规范依据为:基于契约自由原则,一个人有根本是否缔约之自由。此与"民法"第 162 条第 1 项前段所定"撤回要约之通知"不同。该段所定之撤回,为"民法"第 95 条第 1 项但书所定,在要约到达前,亦即要约生效前之撤回。

② "最高法院"1989 年台上字第 1896 号民事判决:"征求他共有人是否优先承购与向他人为出卖之要约,其性质及法律上之效果均不相同。前者为意思通知,旨在促请他共有人行使优先承购权,他共有人如未于限期内行使优先承购权,即生失权之效果;后者为意思表示,旨在与要约之受领人订立一定之契约,要约之受领人如不为承诺,契约即无由成立。"如果征求他共有人是否优先承购之通知,只是意思通知,则不能圆满解释,为何他共有人于限期内为行使优先承购权之表示时,就共有物或通知者之应有部分,即依相同条件及价格,成立系争买卖或设定他项用益物权的契约;以及受通知者,如未于限期内行使优先承购权,为何即生失权效力。该失权效力与要约拘束力期间经过时,要约失其拘束力,类似。"土地法"第 34 条之一第 1 项所定情形,其通知,含以所通知之条件及价格,购买受通知之共有人之应有部分的要约。其如未于限期内行使优先承购权,所谓失其权利,实际上含视为承诺,以所通知之条件及价格,将其应有部分卖予通知者之相对人。该效力另具有缔约强制之意义。

③ "最高法院"1976 年台上字第 853 号民事判例:"'土地法'第 34 条之一第 4 项仅规定共有人出卖共有土地或建筑改良物之应有部分时,他共有人得以同一价格共同或单独优先承购,并未如同法第 104 条第 2 项后段设有出卖人未通知优先购买权人而与第三人订立买卖契约者,其契约不得对抗优先购买权人之明文。故该条项规定之优先承购权系指他共有人于共有人出卖共有土地或建筑改良物时,对于该共有人有请求以同样条件订立买卖契约之权而言,倘共有人违反法律规定将应有部分卖与他人已依法取得所有权时,他共有人不得主张该买卖为无效而涂销其依法所为之登记。"

该段规定采"对抗主义"的规范模式。此为一种相对无效的态样。系争买卖契约虽非绝对无效，但当优先购买权人对于出卖人为优先购买之表示，并请求履行基于优先购买权缔结之买卖契约时，出卖人及其购买人皆不得以有买卖契约在先并已履行为理由，对优先购买权人拒绝履行。不过，优先购买权人仍然必须透过出卖人之履行，始能实现其行使优先购买权，取得之债权。在发展上不顺利，出卖人不自动配合时，优先购买权人必须先请求出卖人，与其缔结买卖契约，而后再（先后或同时）请求出卖人履行该买卖契约。在这种情形，出卖人先后之所为，会构成与一物两卖，而只得对其一（优先购买权人）履行债务的状况。必要时，为使先为购买之买受人，得依其与出卖人间相对有效之买卖契约，处理其间之债务不履行的问题，没有必要，亦不适合使该买卖契约因优先购买权人行使优先购买权即归于无效。另优先购买权人一旦行使该权利，亦只是对出卖人行使订立买卖契约之请求权，亦即请求出卖人，按其与第三人约定之同样出卖条件及价额，订立书面契约。[①] 尚不因此即使该买卖契约不待于缔结，即已成立；[②]亦不使系

---

① "最高法院"2008 年台上字第 1071 号民事判决："'强制执行法'上之拍卖应解释为买卖之一种，即以债务人为出卖人，拍定人为买受人（执行法院为代债务人出卖之人），此在执行法院通知优先承买权人是否优先承买，经优先承买权人表明优先承买，执行法院即予同意优先承买之情形亦然。此际即应认优先承买权人与执行法院间就买卖目标物及价金已意思表示合致，并基此债权契约，进而为移转所有权登记之物权行为。"

② "最高法院"1997 年台上字第 1089 号民事判决："'土地法'第 34 条之一第 4 项仅规定共有人出卖共有土地之应有部分时，他共有人得以同一价格共同或单独优先承购，并未如同法第 104 条第 2 项后段设有出卖人未通知优先购买权人而与第三人订立买卖契约者，其契约不得对抗优先购买权人之明文。故该项规定之优先承购权系指他共有人出卖共有土地时，对于该共有人有请求以同样条件订立买卖契约之权而已，除出卖应有部分之共有人通知外，非谓共有人一经表示愿优先承购，双方即成立买卖契约。"不同见解，例如"最高法院"1983 年台上字第 2822 号民事判决："耕地出卖，承租人有优先承受之权，为'耕地三七五减租条例'第 15 条第 1 项所明定。又耕地虽经编为都市计划建筑用地，但在出租人未依'平均地权条例'合法终止租约收回土地以前，由承租人继续耕作者，仍不失其为耕地之性质，而有'耕地三七五减租条例'之适用。再者，前述规定承租人优先承受权，为形成权之一种，其权利之相对人为耕地之所有人。苟耕地出卖与第三人时，一经承租人表示优先承受，承租人与该耕地所有人间，即成立与第三人所订同样条件之买卖，耕地所有人应将耕地所有权移转于承租人。此后，耕地所有人自不得再主张依据'平均地权条例'之规定，以终止租约。至原买受人虽又与耕地所有人合意解除前所立之买卖契约，然对承租人之优先承受权亦无影响。"

争目标,因此即成为优先承买权人所有。① 凡此皆表现出优先承买权(优先购买权)仅是一种请求权。没有因其行使,而使系争目标物之权利,在归属上即发生移转之形成权效力的特征。基于以上的认识,没有必要将优先购买权定性为形成权。②

八、优先购买权之排除

无论优先购买权所具者为债权效力或物权效力,其权利人接到出卖通知后十日内不表示优先购买之意思者,其优先权视为放弃("民法"第426条之二第2项,"土地法"第73条之一第3项、第219条第4项;同法第104条第2项、第107

---

　　① "最高法院"1996年台上字第1051号民事判决:"'土地法'第104条第1项后段所谓基地承租人之房屋出卖时,基地所有权人有依同样条件优先购买之权,系指成立买卖契约之形成权而言。此项房屋买卖之债权契约,与为移转物权所订立之物权契约并不相同。只须承租人出卖其房屋,基地所有权人即得行使优先权,至房屋之所有权能否移转登记,在所不问。原审竟谓系争房屋未经保存登记,不得为所有权移转登记,上诉人即无优先购买权云云,其法律见解,自属可议。"

　　② "最高法院"2009年12月24日2009年台抗字第1001号民事裁定:"按'土地法'第34条之一第4项规定共有人出卖其应有部分时,他共有人得以同一价格共同或单独优先承购。其立法意旨,在于借应有部分之出卖,为第三人买受共有人之应有部分时,承认其他共有人享有优先承买权,以减少共有人之人数,简化共有关系,促进不动产之有效利用。此项优先承购权系属法定形成权之性质,自不容许任意予以剥夺。""最高法院"2010年9月15日2010年台上字第1699号民事判决:"按'民法'第426条之二及'土地法'第104条所定之'基地承租人之优先承买权(优先购买权)',系基于各该法律之规定,对'基地出卖人'而生'先买特权(先买权)'之形成权,此项优先承买权对出卖人具有相对之物权效力,承租人一旦行使该权利,即系对出卖人行使买卖契约订立请求权,亦即请求出卖人按其与第三人约定之同样出卖条件补订书面契约。"相同见解,另见"最高法院"1998年台上字第2776号民事判决。按优先承买权(优先购买权)之行使结果,并不适合使出租人与他人缔结之买卖契约即归于无效,应留下来规范其间之债务不履行关系。另一方面,承租人一旦行使该权利,亦只是对出卖人行使订立买卖契约之请求权,即请求出卖人,按其与第三人约定之同样出卖条件,补订书面契约。尚不因此即使该买卖契约不待于缔结,即已成立;亦不使系争目标因此即成为优先承买权人所有。凡此皆表现出优先承买权(优先购买权)仅是一种请求权。没有因其行使,而即使权利在归属上发生移转之效力的形成权特征。

条),生失权效力。①

按不同意者之应有部分,分割后,其面积如仍足够充为合理之独立使用的需要,不至于成为畸零地时,应容许不同意者请求透过分割,以避免其应有部分,随同多数同意者,被处分或设定他项物权于第三人。另共有人就共有物获致分割协议后,其共有关系终止,不再有关于共有物或其应有部分之优先承买规定的适用。②

上开规定对于建筑物之区分所有权之共有人有适用,但对于区分所有权人间应无适用性。盖建筑物之区分所有制度之目的即在于确保各个区分所有权在管理处分上之独立性。但其区分所有权之行使仍应受该建筑物相关之分管或管理规约的限制("公寓大厦管理条例"参照)。

第五节 缔约强制

依私法自治原则,一个人或事业本有自由决定,是否为契约之缔结。但在市场机能,因当事人之一方有独占的或优势的市场地位,而失效,以致双方当事人不能透过自由协商,达成平等互惠之契约的缔结,以满足生活之基本需要,或从事公平之市场竞争时,国家便有必要介入私人之缔约活动,以回复市场之公平竞争机能。缔约强制(der Kontrahierungszwang)是矫正市场失效的重要手段之

---

① "最高法院"1997年台上字第669号民事判决:"'土地法'第104条之立法意旨,在于使土地与其上房屋同归一人所有,既维持房屋与基地权利之一体性,杜绝纷争,并尽经济效用;非在使巧取利益。是优先购买权人应在相当期限内行使其权利,若长期不行使,不仅有悖于法之安定性,且嗣后如房地价格高涨,仍许行使优先购买权,尤与法律规定依同样条件购买之本旨不符。以故,优先购买权人既于所有权人征询购买时,明示不愿购买,又明知嗣后已有买卖行为,依法得请求优先购买,仍长期数年不行使优先购买权,待价格巨幅上涨后,始行使优先权,主张以数年前之价格优先购买,则其权利之行使,难谓无违反诚信原则。"
② "最高法院"1991年台上字第1357号民事判决:"'土地法'第34条之一第4项规定共有人出卖其应有部分时,他共有人得以同一价格共同或单独优先承购。其立法目的,在于借应有部分之出卖,使他共有人有优先承买权,以减少共有人之人数,使共有关系趋于单纯。系争土地既经共有人协议决定分割之方法,上诉人与梁清吉间之共有关系即告终止,自不再发生减少共有人人数,使共有关系单纯之问题。"

一。[1] 缔约强制,指一个人或事业就他人之要约,依法有为承诺之义务。[2] 缔约强制的规定用来衡平双方之缔约地位,以使其相对人能按合理的价格及交易条件,购得其需要之货物或服务。在有缔约强制之规定的情形,受强制者虽有承诺之义务,但仍须经其承诺,该契约方始成立。假定其无正当理由而不为承诺,则要约人得对其请求损害赔偿。当然必要时,也得请求法院,判决其承诺,并为契约之履行。[3]

另有不待于双方透过意思表示为契约之缔结,而依法律之命令,在法律规定之构成要件该当时,即强制自动成立契约(der diktierte Vertrag)。此种契约,虽披着契约的外观,但较之因缔约强制而成立之契约,在成立上更不具有契约之实质。虽然如此,此种因高权之强制而直接成立之契约,在成立后之履行上仍多依私法之规定。[4] 强制汽车责任保险(“强制汽车责任保险法”第18条、第40条第1项第2款、第49条)、全民健康保险(“全民健康保险法”第8条、第14条、第35条)、专利技术(“专利法”第87条、第90条)或音乐著作利用(“著作权法”第69条)之强制授权等接近于此种强制契约的类型。

第六节　有偿契约之准用

当一个有偿契约被判定为买卖时,则买卖中之强制规定对该契约便有强制

---

① 在此意义下,缔约强制之制度带有保障生活基本需要之供给的社会任务(Esser, Schuldrecht, 2. Aufl., 1960 Karlsruhe, S. 36)。Gernhuber, das Schuldverhältnis, 1989 Tübingen,S.131f..

② 关于缔约强制如无法律之明文规定,在德国认为,因此受有损害者,也可能以货物或服务劳务提供者无正当理由拒绝提供,构成故意以违背善良风俗方法加损害于他人为理由,依《德国民法典》第826条(相当于“民法”第184条第1项后段)请求损害赔偿。这主要适用于公用事业之货物或劳务的提供市场(Fikentscher/ Heunemann, Schuldrecht, 10. Aufl., 2006 Berlin, Rn. 113)。

③ Werner Flume, Allgemeiner Teil des Bürgerliches Rechts, zweiter Band, das Rechtsge- schäft, 3. Aufl., 1979 Heidelberg, S.10, 611ff..

④ Enneccerus/Nipperdey, Allgemeiner Teil des Bürgerliches Rechts, zweiter Halbband, 1960 Tübingen, § 162 Fn. 40:“强制契约之发生过程属于公法,其已发生之法律关系的效力是私法上之债的关系。”*Esser*, Schuldrecht, 2. Aufl., 1960 Karlsruhe, S.37:“强制契约之发生的构成要件是公法上之形成行为,而其法律效力则是私法上法律关系之效力。” Soergel-Heinrich Lange/Hefermehl, Kommentar zum BGB, 11. Aufl., 1978 Stuttgart, Rz.84 vor § .145;. Werner Flume, aaO. S.613; *Jan Busche*, Privatautonomie und Kontra- hierungs- szwang, 1999 Tübingen, S.116.

性,任意规定对之则有补充性。由于买卖契约为最典型之有偿契约,因此第 347 条规定:本节规定于买卖契约以外之有偿契约准用之,但为其契约性质所不许者,不在此限。

"民法"第 347 条为法律明文规定许可之准用,其意义可了解成法律已明文授权司法机关去类推适用(授权式类推适用)。既然第 347 条为授权式类推适用之规定,则在进行类推适用之际,所应考虑之点,在此亦应予以考虑。例如在类推适用时,必须将所拟处理而未被规范之案型与已被规范之案型的性质,加以比较,若性质不同,则不得准用,这已为本条但书所明文肯认,不待赘言。又所拟处理之案型,其本来之法律效果是否会因准用而扭曲? 亦为应考虑之要点。如"土地法"第 102 条,基地租约一旦被缔结成功,在租约存续中,只要不罹于时效,承租人得随时申请办理地上权登记,则此种地上权之法律效果与"民法"本来意义之地上权之法律效果,性质上有何不同? 有了这层考虑,才会知道,当"民法"上关于地上权之规定适用于"土地法"上之地上权而发生不允当时,应如何处理。

笔者以为:"土地法"上有关基地租赁之地上权之规定,仅止于将"民法"第 425 条规定事项物权化而已(仅赋予租赁权追及效力而已),而不准备通过"土地法"第 102 条而赋予承租人超出上述物权效力之程度。

关于有偿契约准用买卖之规定,在强制拍卖和代物清偿契约之案型,亦为实务所肯认:

1. 司法院 1937 年院字第 1681 号解释

因代物清偿而移转不动产所有权者,系民法第 347 条所规定之有偿契约,应准用买卖之规定,按照卖契投税。

2. "最高法院"1968 年台抗字第 550 号

本件第一审执行法院于 1968 年 5 月 23 日将债务人许进林就坐落台北市锦安段 114 号、114 之 2 号、114 之 5 号各笔土地对于第三人简番王之移转登记请求权,付诸拍卖,由出最高价之再抗告人许幸惠、许田富美、张武童三人共同得标拍定,尚未缴价之际,再抗告人林朝祥、杨李瑞英、黄信清、何鸿英、郝海盘等五人以该拍定有撤销之原因对之声明异议,主张其中 114 之 2 号土地移转登记请求权部分应由出次高价之彼等得标。原审以据第一审执行法院 1968 年 5 月 6 日所为之公告,就拍卖目标之种类等应记明事项列为前开各地号之移转登记请求权,唯未明指为何种类之移转登记请求权,再抗告人许幸惠等三人投标书表示愿买 114 号、114 之 2 号、114 之 5 号三笔土地,而未标明为该土地之移转登记请求权,固见要约与承诺,均未达于应行拍卖者实为债务人许进林对于第三人简番王土地所有权之移转登记请求权之明确程度,依"民法"第 347 条准用同法第 345 条第 2 项规定意旨,应认拍卖不成立,执行法院所为许幸惠三人部分之拍定,自属有违,至于出次高价之再抗告人林朝祥等五人,虽经于投标书上表明愿买目标物之种类,一如拍卖公告所示,唯该公告既亦未将移转登记请求权之种类表明局限于土地所有权程度,已如前述,是应认拍卖之目标物亦属不能确定,因认第一审执行法院根据再抗告人林朝祥等五人之异议声明,裁定撤销许幸惠等三人拍定之处分为无不合,并以改由林朝祥等五人得标则非适当,分别予以维持及废弃自认为裁定,于法洵无违背。

第三章

买卖之效力

买卖为让与之债，以物或权利之归属的变更义务为其内容。因此，在出卖人方依买卖契约所负之主要给付义务为：移转权利及交付因该权利而得占有之物。另为确保所移转者相对于其对价之所值，出卖人还应负瑕疵担保责任。至于买受人方所付之主要给付义务则为支付其所购买之物或权利的对价，亦即价金。此外，在因出卖人所送到之物有瑕疵，买受人不愿受领，而造成物之所有人与占有人不同一时，例外的买受人对于出卖人应负暂时保管该买卖目标物的义务，送到之物易于败坏者，买受人经依相当方法之证明，得照市价变卖之。如为出卖人之利益，有必要时，甚至有变卖之义务。唯即便在这种情形，该物之保管或变卖仍属管理出卖人之事务。只是因有"民法"第358条为其依据，[①]不构成无因管理，而构成法定委任。此为自买卖延伸出来之法定之债。

再则，由于债务之买卖债务之履行，使双方可能因而接触，或使双方之身体或财产因而暴露于相对人所管领之危险源。这当中，当事人之一方的身体或财产如因此而受到损害，可能进一步因个别保护义务的违反而构成积极侵害债权及侵权行为。在消费关系，出卖人甚至可能因此而依"消费者保护法"第7条负

---

① "民法"第358条第3项规定："送到之物易于败坏者，买受人经依相当方法证明，得照市价变卖之。如为出卖人之利益，有必要时，并有变卖之义务。"该项原来规定："送到之物易于败坏者，买受人经物之所在地官署、商会，或公证人之许可，得变卖之。如为出卖人之利益，有必要时，并有变卖之义务。"原规定应经该项所定机关或机构之许可，始得变卖，恐缓不济急，爰修定之。唯市价究竟为何，事实上同样易生争议，如何克服，尚待实务印证。

不以过失为要件之危险责任。① 出卖人应对之负责的对象,甚至不限于买受人,而还兼及于消费者。而依"消费者保护法"第 2 条第 1 项规定:"消费者:指以消费为目的而为交易、使用商品或接受服务者。"依该定义,消费者显然不限于买受人。因之,企业经营者依该法第 7 条、第 8 条对于消费者所负之损害赔偿责任为一种法定之债。

第一节 对出卖人之效力

一、负有交付目标物并移转所有权之义务

"民法"第 348 条规定:"物之出卖人负交付其物于买受人,并使其取得该物所有权之义务。权利之出卖人负使买受人取得其权利之义务,如因其权利而得占有一定之物者,并负交付其物之义务。"由此观之,在物之买卖,交付目标物及移转所有权,乃出卖人所负之两个互相独立之主要给付义务。观诸以下判决及座谈会意见可知:

第一,最高法院 1941 年上字第 207 号判例。不动产之买受人对于出卖人,固有请求交付不动产及其他给付之权利,然如当事人间移转不动产所有权之契约曾经有效成立,而买受人已有得向第三人主张之所有权,则依"民法"第 767 条、第 184 条第 1 项之规定,对于无权占有或侵夺其所有物者得请求返还之,对于因故意或过失不法侵害其所有权者,得请求赔偿其损害。此等请求权,本与其

---

① "消费者保护法"第 7 条规定:"从事设计、生产、制造商品或提供服务之企业经营者应确保其提供之商品或服务,无安全或卫生上之危险。(第 1 项)商品或服务具有危害消费者生命、身体、健康、财产之可能者,应于明显处为警告标示及紧急处理危险之方法。(第 2 项)企业经营者违反前二项规定,致生损害于消费者或第三人时,应负连带赔偿责任。但企业经营者能证明其无过失者,法院得减轻其赔偿责任。(第 3 项)"自该条第 3 项观之,该条显然规定从事设计、生产、制造商品或提供服务之企业经营者,亦即事业应为消费损害负无过失责任。第 8 条规定:"从事经销之企业经营者,就商品或服务所生之损害,与设计、生产、制造商品或提供服务之企业经营者连带负赔偿责任。但其对于损害防免已尽相当之注意,或纵加以相当之注意而仍不免发生损害者,不在此限。(第 1 项)前项之企业经营者,改装、分装商品或变更服务内容者,视为前条之企业经营者。(第 2 项)"依该条第 1 项规定经销商为因消费关系所发生之消费损害负推定之过失责任。这些企业经营者为同一消费损害所负之连带赔偿责任视具体情况,可是真正连带,亦可能是不真正连带的债务。其分辨点在于其间有无最后应负全部责任之人。如有,则因欠缺内部连带而为不真正的连带债务。

对于出卖人之请求权独立存在,不能以其对于出卖人别有请求权而排斥其行使。

第二,"最高法院"1953 年台上字第 1330 号。不动产买卖尚未为物权移转登记者,固不生物权移转之效力,唯当事人若已就目标物及其价金互相同意,则其买卖之债权契约即为成立,买受人对出卖人自有请求交付不动产之权利,此观"民法"第 345 条、第 348 条第 1 项之规定甚明。

第三,嘉义地院云林分庭 1957 年 8 月份司法座谈会。法律问题:买受人甲向出卖人乙买受不动产,并已依法移转所有权登记,实际上乙未将该不动产移交,而为第三人丙无权占有(或被侵夺)时,依最高法院 1941 年上字第 207 号判例,甲有向乙及丙各别请求移交该不动产之请求权,如甲依"民法"第 348 条第 1 项规定向乙请求移交不动产时,乙因已将不动产所有权移转登记,不能再向丙请求交还,似有不妥。究甲对于乙、丙是否均有请求权? 讨论意见,甲说:乙既经不动产所有权移转登记于甲,不问形式上有无移交,应视为已移交于甲,甲只可向丙请求移交。乙说:依前开"最高法院"判例指示,甲对乙及丙均有交还不动产请求权。结论:以乙说为是。研究结果:同意。

有疑问者为:出卖人如只履行其一,就尚未履行之另一债务得否为消灭时效已完成之主张? 如先履行者为移转所有权之债务,则就尚未履行之占有的交付义务不宜认为债务人可能有消灭时效的抗辩权。盖这不但与关于以登记之不动产无取得时效之适用的实务见解相违,[①]而且与法律和平及地尽其利之公共利益不符。至如先为占有之交付,而尚未为所有权之移转,又当如何? 这时让出卖人空有所有权而不能就目标物为使用收益,其实亦不符合公共利益。是故,在这

---

① "司法院"1965 年 6 月 16 日大法官会议释字第 107 号解释"已登记不动产所有人之回复请求权,无'民法'第 125 条消灭时效规定之适用"。"最高法院"1969 年台再字第 7 号民事判决:"不动产所有权之回复请求权,应适用'民法'第 125 条关于消灭时效之规定,早经'司法院'院字第 1833 号著有解释,然此项解释,并无排斥已登记之不动产所有物回复请求权不适用上开法条之含意,故本院所著判例,亦有'对于所有物返还请求权之消灭时效,自不以该不动产未经登记为其适用要件,此与"民法"第 769 条、第 770 条规定之取得时效须限于占有他人未登记之不动产之情形逈然不同'之释示,当时本院持此见解以为裁判,于法并无违背。迨大法官会议第 107 号解释,明确指示已登记不动产所有人回复请求权无'民法'第 125 条消灭时效规定之适用,既未认定前此'司法院'解释及本院判例有何违法,其依前开解解释例所为判决,自不能因嗣后之解释不同,而指本院适用法规错误。"

种情形还是适宜认为出卖人不得对于买受人主张时效抗辩。①

(一)物之交付义务与所有权之移转义务,其一不履行即构成全部给付义务之不履行

在以物为买卖目标的场合,物之买卖即物之所有权之买卖,既是物之所有权的买卖,当然会涉及该所有权之目标,所以在物之买卖的案型必会涉及该所有权之物及该所有权两者,从而使出卖人负有移转该物之占有和移转该物所有权之义务。这两个义务在第 348 条并列规定,其存在"互相独立"。因此二者中有其一不完全履行,就会构成出卖人义务之全部不履行。例如出卖人只交付物与买受人,而一直不为所有权之移转,此时出卖人所负之迟延责任,是就全部给付迟延计算,而非部分给付迟延计算。同样地,若出卖人虽已移转物之所有权于买受人,却无法将之交付于买受人,则出卖人仍须负"全部之不履行"责任,而非部分之不履行。

出卖人之物的交付义务与所有权之移转义务同为其主要给付义务,该任一义务之不履行同样会构成出卖人之全部不履行,应透过第 353 条依债务不履行来规范其法律效力,然则第 348 条所称交付,其意义为何?

(二)"民法"第 348 条所定出卖人之交付义务,其交付是否限于现实交付?

1.原则:现实交付

买卖节所称之交付,原则上了解为现实交付,即将对物之事实上管领力移转与买受人,亦即所移转者,系物权法上之直接占有,对此一原则,法律上容许几个例外态样存在,它们主要是来自物权法上有关动产所有权之移转方式的规定,即"民法"第 761 条之"简易交付"、"占有改定"与"指示交付"。

2.例外

(1)简易交付

在非现实交付的三个态样中之"简易交付"一项,因买受人已经预先取得对物的事实上"管领力",故只要当事人双方合意,即已完成交付。为有别于现实交付,将之称为简易交付,其符合"民法"第 348 条交付之要件,固无问题。至于"占有改定"及"指示交付"是否能充分"民法"第 348 条所称交付之要件? 则有待

---

① 唯实务上有不同的看法。"最高法院"1996 年台上字第 389 号民事判例:"按消灭时效完成,仅债务人取得拒绝履行之抗辩权,得执以拒绝给付而已,其原有之法律关系并不因而消灭。在土地买卖之情形,倘出卖人已交付土地与买受人,虽买受人之所有权移转登记请求权之消灭时效已完成,唯其占有土地既系出卖人本于买卖之法律关系所交付,即具有正当权源,原出卖人自不得认系无权占有而请求返还。"

进一步讨论。

(2)占有改定及指示交付

"占有改定"和"指示交付"是否能充分"买卖一节中有关交付之构成要件"，必须视当事人双方在为"占有改定"或"指示交付"时，是否已有下述之合意而定。即：

第一，就所有权之移转所须之"现实交付"，双方明示或默示，愿以"占有改定"或"指示交付"代替之。

第二，双方同意，"民法"第348条出卖人之交付目标物之义务，可因该物所有权之移转，而认为已经履行，无须再立刻为现实交付。①

然在以占有改定或指示交付作为交付方式时，如何能证明当事人间已有上述二项之合意？因为，事实上占有改定与指示交付之约定，固意在代替使该所有权发生移转之现实交付，但不必然有免除出卖人依"民法"第348条现实交付之意思。即其安排只在确保买受人对买卖目标物之所有权，别无他意。

于是出卖人若欲主张，透过占有改定或指示交付，出卖人在"民法"第348条之给付义务已经履行，他必须举证，当事人间有前述两个合意存在。基于危险负担之移转原则上与其利益之移转同其时点，而危险负担之移转"民法"采"交付主义"，故当事人在所有权之移转外，就物之交付，是否有以占有改定或指示交付代替现实交付之意思，有疑义时，应以当事人是否同时有用益权之移转的约定作为解释的依据。兹举一例说明之：

甲将一栋房屋卖予乙，该屋曾出租予丙，租期于买卖契约成立前已届至，且目前尚为丙所占有。甲先将买卖目标物之所有权办理移转登记予乙，双方并合意由乙径向丙请求占有之返还，即双方做了指示交付的约定，后来丙一直拒绝交付房子给乙，因此当甲请求乙给付价金时，乙以未取得该目标物为理由，主张同时履行抗辩，于是发生一个问题，甲主张透过指示交付，他已履行"民法"第348条第1项前段之交付义务，此外并已移转所有权。乙则谓他未取得所有物之管领地位，而拒绝对待给付，此种问题应该如何解决？

关于此问题，"最高法院"曾有如下之见解：

第一，最高法院1943年上字第5455号判例。"民法第348条所谓交付其物于买受人，即移转其物之占有于买卖人之谓。占有之移转，依民法第946条第2项准用第761条之规定，如买卖目标物由第三人占有时，出卖人得以对于第三人之返还请求权，让与于买受人以代交付。故除有出卖人之交付义务在第三人返还前仍不消灭之'特约'外，出卖人让与返还请求权于买受人时，其交付义务即为

---

① 参见 Larenz，Schuldrecht，SBT，10. Aufl. S.21.

已经履行,买受人不得以未受第三人返还,为拒绝交付价金之理由。"

第二,"最高法院"1958 年台上字第 511 号判例。"物之出卖人交付其物于买受人,并使其取得该物所有权之义务,'民法'第 348 条第 1 项定有明文。所谓交付其物于买受人,即移转其物之占有于买受人之谓,依'民法'第 946 条第 2 项,准用第 761 条之规定,如买卖目标物由第三人占有时,出卖人固得以对于第三人之返还请求权让与买受人,以代交付。第上诉人与买受人某甲,缔结买卖契约当时,'既订有应由上诉人收回出卖目标物,亦即系争工厂及土地后,再行交付与买受人某甲',并在交付前扣留上诉人一部价金之特约,则依此项特约之内容,上诉人就系争工厂及土地,仍应负向占有之被上诉人收回交付买受人某甲之义务,在依约履行之前,其义务并不因已为所有权移转之登记而消灭。"①

约言之,"最高法院"似乎认为,在指示交付的案型,当事人若未约定"出卖人须先取得系争目标物之占有,然后移转给买受人",则指示交付完成后,出卖人即已履行第 348 条之交付义务,买受人即应负给付价金的义务。此种见解是否妥当,似乎有待商榷。

以下试先提两个问题:

第一,出卖人是否有权片面地主张以指示交付代替现实交付?②

第二,对于出卖人之片面的主张,买受人是否得反对? 若得反对,是否在买卖契约成立前即须表示出? 事后若不能反对,买受人得否采取其他防范措施?

如前所述,若出卖人欲以指示交付代替现实交付,则至少须有下述两个合意存在:(1)当事人双方合意,以指示交付代替现实交付。(2)当事人双方以为出卖人依第 348 条所负交付买卖目标物之义务,得以指示交付行之。且该等合意之存在与否,有疑义时,应由出卖人负举证责任。唯自该两个判例观之,"最高法院"似乎认为举证责任应由买受人负担。

退一步说,我们即使不持此种见解,且因在法律上并无出卖人不得片面地主

---

①　其实在这种情形出卖人(上诉人:原出租人)对被上诉人(承租人)之请求权基础在其间之租赁契约,而不在于所有权。盖该契约关系(个别关系)优先于所有物返还请求权之一般关系。有疑问者:为买卖不破租赁的结果,是否使原出租人对承租人之租赁物返还请求权受到影响? 鉴于买卖所不破之租赁,应以尚未届清偿期者为限,故在此出卖人以出租人地位,对承租人享有租赁物返还请求权,应不因所有权已移转于买受人而消灭,唯应注意出卖人与买受人如同时对承租人请求,买受人之请求优先于出卖人。反之,如租赁权未届清偿期则出卖人与买受人皆不能对承租人请求返还。不过,在这种情形,买卖双方如相约租金由出卖人继续收取,则危险负担应仍不移转。

②　至于"简易交付"之案型,受让人已占有目标物;"占有改定"之案型,让与人仍为直接占有人,是故均不生此问题。

张以指示交付代替现实交付的规定,而认为出卖人得径为指示交付,则至少亦应允许买受人得片面地为下述之保留:"届时买受人若无法透过所有物返还请求权取得买卖目标物之直接占有,则应认为出卖人仍未履行第 348 条之交付义务,买受人得依第 353 条准用债务不履行的规定,行使其权利。"盖若不如此解释,则买受人可能因此遭受不测之害,对双方利益之照顾,未免有失衡平。

(三)二重买卖而各履行其一部分

按所有权依法律行为而取得者,在动产,其所有权之移转以交付为生效要件("民法"第 761 条),所以只要有所有权之移转便会有目标物之交付,是故,纵有以占有改定或指示交付而为所有权之移转方法的情形,亦不生目标物之占有与所有权之取得根本剥离的情事。反之,在不动产,因其所有权之移转以登记,而非以占有之交付为生效要件,所以在二重买卖可能发生出卖人分别对于不同之买受人为目标物之交付及所有权之移转的情事。这时出卖人对于买受人必然构成债务不履行固不待言。有疑问者为:分别取得占有及所有权之买受人间的权利冲突应当如何解决?

如取得所有权者取得所有权在先,而取得占有者受领占有之交付在后,则基于该已经利用登记公示之所有权的对世效力,受所有权之移转者得据其所有权衍生之所有物返还请求权,请求仅受占有之交付之买受人返还其所受领之物,该买受人不得以其占有之受领有买卖关系为其法律上原因对抗以受所有权之移转的买受人。盖不但依买卖契约取得之债权,而且因买卖债权之行使而取得之不具权利资格的事实状态,除非有法律之特别规定(例如"民法"第 425 条所定之买卖不破租赁原则),否则,仅对其债务人有相对效力,并不得据以对抗取得目标物所有权之第三人。反之,如取得占有者受领占有之交付在先,而取得所有权者取得所有权在后,则举轻以明重,目的性扩张适用买卖不破租赁原则,取得所有权在后者,不得对抗取得占有在先之占有人。盖仅基于租赁关系而占有在先者已得据其租赁关系对抗受让在后之所有权,则基于买卖关系而占有在先者自当更得据其买卖关系对抗受让在后之所有权。唯其对抗既以买卖不破租赁之目的性扩张为依据,其效力自然亦当以法定之租赁关系的创设为度。亦即认定在这种情形仅受占有之交付的买受人得对于受所有权之移转的买受人主张对于目标物双方有租赁关系。至其租赁关系之内容双方如不能达成协议,应诉请法院判决之,以决定其租金及租赁期间。双方因此所受之不利益,得依债务不履行的规定对于出卖人请求赔偿。

二、担保瑕疵之义务

买卖契约之出卖人对于买受人除负交付目标物和移转所有权之义务外,尚负有瑕疵担保之义务。瑕疵担保依其内容之不同又可分为权利之瑕疵担保与物之瑕疵担保,台湾地区"民法"第 349 条至第 353 条,第 354 条至第 366 条系分别对此两种案型之规定。

(一)权利瑕疵担保

1.概说

按权利瑕疵担保,乃指出卖人就其给付之目标,必须"担保"无权利瑕疵之谓。所谓权利瑕疵,指"所给付之权利,带有依契约之约定,不应带有之负担"而言,在权利的买卖并含权利不存在。例如给付之目标带有公法或私法上之负担(前者如受公法上之使用限制,后者如土地带有抵押权、地上权,详容后述)。权利瑕疵担保就其类型可分为:(1)权利追夺担保;(2)权利存在担保。前者,乃"民法"第 349 条所指称之意义,对于物之买卖及权利之买卖皆应有适用。后者则属"民法"第 350 条之规范内容,仅适用于权利之买卖。第 350 条所称之其他权利不包含所有权及其他以所有权之存在为前提之用益物权。亦即只要用益物权所立基之所有权还存在,该用益物权的出卖人即负有第 350 条所定之权利瑕疵担保义务。

在以所有权或其他权利为买卖目标时,出卖人所出卖者与买受人所欲获取者当属完整之权利。从而买受人基于买卖契约,就系争之权利于约定范围内,得要求其完整而不受干涉,由此而导出出卖人权利瑕疵担保之义务。唯正如该两条规定所示,"民法"以该两条规定分别规范物之买卖与权利之买卖的权利瑕疵担保。"民法"第 349 条针对物之买卖规定:"出卖人应担保第三人就买卖之目标物,对于买受人不得主张任何权利。"连结同法第 246 条关于自始给付不能的规定,出卖人依"民法"第 349 条所负之权利瑕疵担保所担保者限于他项权利之负担,而不及于担保所有权之存在。[①] 此与"民法"第 350 条规定债权或其他权利之出卖人,应担保其权利确系存

---

① 买卖目标物之所有权如果不存在,构成自始客观不能,依"民法"第 246 条,契约无效,但出卖人应负第 247 条所定之缔约上过失的责任。因其契约无效,所以也不引起出卖人应负权利瑕疵担保的问题。唯所有权如非不存在,而是属于第三人,则构成自始主观不能。在这种情形,买卖契约虽非无效,但出卖人应负之责任亦不径依权利瑕疵担保的规定("民法"第 349 条、第 353 条),而应依关于自始主观不能所构成之债务不履行的一般规定。这应视买卖双方就获取义务之具体约定如何认定之,尚不得依"民法"第 246 条及第 247 条一概而论。其就获取义务之可能约定之负责程度有三:(1)负担保责任;(2)负过失责任;(3)随意负责,这是类似于要物约款的约定。

在,有价证券之出卖人,并应担保其证券未因公示催告而宣示为无效者,不同。不过,权利之出卖人虽应担保其出卖之权利存在,但在债权之买卖,"债权之出卖人,对于债务人之支付能力,除契约另有订定外,不负担保责任。出卖人就债务人之支付能力,负担保责任者,推定其担保债权移转时债务人之支付能力"("民法"第352条)。关于权利之买卖,虽然无类似于出卖人应担保第三人就买卖之权利,对于买受人不得主张任何权利的规定,但还是应采肯定的见解,认为权利之出卖人应担保出卖之权利无物上负担存在,例如无以之为客体之权利质权存在。然无论如何还是必须注意到,瑕疵之有无是相对的,应视双方具体约定之内容定之。这可从第351条、第355条之规定获得印证。

　　在物之买卖的情形,其所有权如有主观给付不能、客观给付不能或出卖人给付迟延之情形,则属债编通则中所定债务不履行之问题,而非权利瑕疵担保之问题。在权利之买卖,纵有自始客观不能之情形,但因台湾地区"民法"已特别设例外规定("民法"第350条),课出卖人负"权利存在担保"责任,故不因"民法"第246条之规定而使之归于无效(详容后述)。至于在物之买卖,系争目标物在缔约时,若根本尚未存在,则视该物是否为双方认为已存在之特定物或待制造之物,而异其处理,若属前者,则属自始客观不能而归于无效("民法"第246条);若属后者,则属将来之物的买卖或工作物供给契约的问题。就工作物供给契约,当事人间之法律关系,应如何处理,台湾地区"民法"并无明文规定。《德国民法典》第651条就此有以下之规定:"承揽人负有义务使用自己之材料完成工作者,应将其所完成之工作物交付定作人,并使其取得该物之所有权,买卖之规定,对工作物供给契约亦适用之,唯待完成之工作若非代替物,则第433条(按相当于台湾地区'民法'第348条)、第446条第1项第一句(相当于台湾地区'民法'第373条)、第447条(相当于台湾地区'民法'第374条)、第459条(相当于台湾地区'民法'第354条)、第460条(相当于台湾地区'民法'第355条)、第462条(相当于台湾地区'民法'第359条)、第463条(相当于台湾地区'民法'第360条)、第464条(按本条规定之买受人明知送到之物有瑕疵而受领,且不为保留者,丧失其依《德国民法典》第462条、第463条之权利)、第477条至第479条(按乃关于物之瑕疵担保请求权之期间的规定)之规定皆不适用,而除《德国民法典》第647条、第648条(关于承揽人之法定担保物权)之规定外,所有关于承揽之规定皆适用之。(第1项)若承揽人仅负有义务使用附属配件完成工作者,则全依承揽之规定处理之。(第2项)"《德国民法典》前述之规定,足供吾人参考。该规定显示,工作物供给契约之肯认的主要功能在使代替物之定做的工作物供给契约,不因自始客观不能而无效。盖在工作物供给契约,主要具有买卖的性质,从而本应依买卖的规定规范之,今若无工作物供给契约之思考或推理上的媒介,将使工作物供给契约因拘泥其承揽约定之形式,而忽略其买卖契约的实质,从而在规范逻辑上无法赋予适当之效力。要之,肯认工作物供给契约之意义,在提供一个思考媒介,其功能有如化学反应过程中之催化剂的作用。关于工作物供给契约,"最高法院"1970年台上字第1590号判例认为:"买卖乃法律行为,基于买卖取得不动产之所有权,非经登记不生效力,与承揽之定做人原始取得工作物所有权之情形不同。至所谓工作物供给契约,即工作物全部材料由承揽人供给者,如当事人之意思重在工作物财产权之移转时,乃不失为买卖之一种。"依该判例,工作物供给契约究为买卖或承揽尚须视具体约定之情形认定之。

出卖人应担保其不存在之权利的瑕疵,并不限于"物权法"上之权利的负担,而尚包括"债权法"上例外的具有追及效力之权利的负担,例如租赁权。基于债权只得对于债务人请求之行使上的相对性,本来不会产生权利为债权所干扰之问题,但近世由于有些债权经赋予准物权效力(物权化)的结果,使得债权在行使上具有某种程度之"追及力"(如"民法"第425条为最佳之例),因此出卖人应担保不存在之权利负担,除物权性者外,尚包括物权化之债权性的负担。

对买受人依买卖契约所应享有之权利足以构成干扰者,无论是事实上存在还是"表见上"存在的瑕疵,出卖人基于其权利瑕疵担保义务,均有责任将之排除。

例如在土地之买卖,土地登记簿上如有事实上不存在,但尚未涂销之他项物权的负担,则会发生系争买卖目标物之所有权事实上虽无他项物权的负担,但由土地登记簿上之记载观之,表见上却有他项物权之负担。此种表见上继续存在之他项物权的负担,对于买卖目标物之权利的行使自可能构成干扰。因此对这种表见上存在之权利瑕疵,出卖人依其权利瑕疵担保义务,亦负有排除之义务。

2.权利瑕疵之态样

(1)私法

权利瑕疵之态样于私法上可能有以下几种:

①权利根本不存在。其为权利(债权或其他权利)之买卖者,不论为自始给付不能;其为物(所有权)之买卖者,自始客观不能("民法"第246条)。有疑问者为,其他权利是否含用益物权?该用益物权所立基之所有权尚存在时,应包括在内。盖就出卖人之获取义务而论,这种用益物权与债权无异。将于后详论。

②权利为他人所有。例如他人之物的买卖,涉及自始主观不能,其效力系于双方之具体约定。详如后述。

③权利有他项物权负担。例如设定用益物权、担保物权等。

④权利有债权之负担。例如买卖之目标有租赁权存在,从而有因"民法"第

425 条规定买卖不破租赁所生之瑕疵。[①]

(2)公法

于公法上,瑕疵存在之案型,亦可能有下列两种:(1)公法上之税捐负担;(2)公法上对目标使用上之限制。

①公法上之税捐负担

公法上税捐负担是否构成权利之瑕疵,须视其是否具"物之追及性"而定。以土地买卖为例,若认税捐负担无物之追及性,则其不致成为土地之负担,从而不构成权利之瑕疵。反之,则有矣!在台湾地区现行"税法"上,对于公法上税捐负担,并不认为对其所由生之土地有物之追及性。故公法上之税捐义务未被履行,在台湾地区并不会构成该土地之权利瑕疵;但对进口货物之补税,因"关税法"第 31 条,有对现货持有人之追及的规定,故关税之欠缴,在此会构成该货物之权利负担:权利瑕疵。

虽然依"税捐稽征法"之规定,土地增值税之征收,就土地之自然涨价部分,优先于一切债权,但以上所持之见解并不会受到影响,其理由为:土地增值税所优先者,系就税捐义务人之总财产,在债权之分配上,相对于其他债权优先;换言之,其优先之效力系指向于税捐义务人(即出卖人)之其他债权人,而非买受人。简言之,税捐负担并不因买卖契约而移转于买受人,买受人既无须负担税捐义务,从而亦无主张此瑕疵担保之必要。唯因"土地税法"第 51 条第 1 项规定:"欠缴土地税之土地,在欠税未缴清前,不得办理移转登记或设定典权。"其结果欠缴税捐仍会使债务人陷于债务不履行(给付不能),从而波及买受人的利益。[②]

②公法上对目标使用之限制

A.概说

买卖目标物若为土地时,常常因其地目本身,或因公法上基于军事、土地政策、都市计划、农业发展或环境保护之考虑而限制其使用。例如土地之禁止建筑,或农地之禁止建厂等是。这种限制便是公法上对土地之使用权的限制。当事人以使用受此种限制之物为买卖目标者,嗣后常因该瑕疵之发生而争执,然此

① Esser, Schuldrecht, 2. Aufl. 1960,S.480.

② "土地税法"第 51 条还进一步规定:"经法院拍卖之土地,依第 30 条第 1 项第 5 款但书规定审定之移转现值核定其土地增值税者,如拍定价额不足扣缴土地增值税时,拍卖法院应俟拍定人代为缴清差额后,再行发给权利移转证书。(第 2 项)第 1 项所欠税款,土地承受人得申请代缴或在买价、典价内照数扣留完纳;其属代缴者,得向纳税义务人求偿。(第 3 项)"在土地增值税以涨价为其税基的前提下,为何会发生拍定价额不足扣缴土地增值税?殊值检讨。至于第 3 项之规定属于税捐法中之私法性质的规定。其规定的意义在于厘清,系争土地增值税之代缴并无税捐债务之承担的效力。

种瑕疵究为权利瑕疵抑为物之瑕疵？鉴于权利之瑕疵担保与物之瑕疵担保分别引起之法律效力回异，故本节拟就因公法上之使用限制而生之瑕疵论述，并探讨其法律效力。

B.瑕疵区分之实益

买卖目标物之瑕疵，可区分为权利之瑕疵与物之瑕疵，其区分之实益，乃在于其衍生出之法律效力不同。申言之，当买卖契约成立生效后，出卖人依"民法"第 348 条之规定，即负有交付目标物及移转所有权之义务。当然此所有权必须为无瑕疵之所有权，然"民法"第 348 条之规范意旨，亦仅止于出卖人负有给付无权利瑕疵之物的义务，至于其是否进一步地有排除该瑕疵之义务，则必须视其是否充分权利瑕疵担保之要件而定，若出卖人负权利瑕疵担保义务，则有排除该瑕疵之义务。例如买受人于缔约时，明知权利瑕疵之存在者，依"民法"第 350 条出卖人不负权利瑕疵担保责任，从而无排除该瑕疵之义务。但此时，出卖人虽无排除该瑕疵之义务，但依第 348 条仍可能负有给付无权利瑕疵之权利的义务。究竟为何，为契约解释的问题，只能就具体案件认定，不得抽象一概而论。具体认定之结果，出卖人如仍负给付无权利瑕疵之物的义务，而不能为无权利瑕疵之目标物之给付，则买受人得拒绝价金之给付。盖买卖目标物上权利瑕疵之继续存在，构成债务不履行。此际，出卖人对买受人请求约定之对待给付，买受人可以双务契约有关之规定（"民法"第 264 条以下），行使同时履行抗辩权。是故，当一买卖目标物，因公法上之使用限制而带有权利瑕疵时，纵使买受人因未充分权利瑕疵"担保"之要件，而就该瑕疵之排除不得对出卖人主张无过失之担保责任，然无瑕疵之权利之给付本身，依其约定如仍为出卖人应负之主要给付义务，则因该公法上使用限制之继续存在，买受人仍得主张同时履行抗辩权，以拒绝价金之给付。在这种情形，"民法"第 351 条对该具体案件之意义，仅止于免除出卖人在权利瑕疵上之"给付危险"，但不免除其"给付"义务。究其有无免除给付无权利瑕疵之物的义务仍应视具体情况，特别是价金的约定认定之，不得一概而论。

反之，在物之瑕疵担保之情形则不同。物之瑕疵担保责任之发生，始于买受人承认出卖人所交付之物与约定之物有"同一性"，换言之，当买受人为此种承认时，出卖人与买受人之关系，即由物之交付义务转入瑕疵担保义务。在出卖人未将系争目标物交付买受人之前，依据买卖契约，出卖人负有给付目标物之义务（"民法"第 348 条），但如果出卖人已履行给付义务，则买受人在买卖目标物有瑕疵的情形，原则上除有特约或属种类的买卖（第 364 条）外，买受人只得请求减少价金或解除契约，而无请求出卖人给付无瑕疵之物的权利。要之，在出卖人将合意之买卖目标物交付于买受人后，依现行"买卖法"出卖人之给付义务已尽，买受人仅得依物之瑕疵担保有关的规定为主张，而不得依第 348 条之规定请求出卖人排除该瑕疵或请求交付无瑕疵之物,更不得主张出卖人负债务不履行责任。

约言之,当一个公法上使用限制之瑕疵被归类为"物之瑕疵"时,它充其量仅生"民法"第359条、第360条或第364条之法律效力而已,而不若权利瑕疵担保,出卖人若不能排除该瑕疵,则将视为债务不履行,买受人可对其价金债权主张同时履行抗辩。由此可见界定公法上对目标物使用之限制为何种瑕疵,具有实益。

瑕疵之区别在系争权利之瑕疵有排除可能时,更见具意义。例如若将原地目为"田",但久供建厂之用的耕地,当成建地,价卖以制造为业的公司,则不但为使买受人公司得受该土地之所有权的移转,且为使该耕地得被当成建地使用,皆必须将该地之地目由"田"变更为"建"。但地目之变更的声请人,以土地所有人为限,且无自耕能力之以制造为业的买受人公司,依"土地法"第30条不得受耕地所有权的有效移转。是则,为使双方所明知之契约预定效用不因公法上就系争土地之"使用别"的限制而不能达成,非得由当时之土地所有人(即出卖人)出面依法声请地目变更,以排除公法上之使用限制不可。今该瑕疵既只有出卖人,以所有人之身份始能排除,则若将该瑕疵定性为物之瑕疵,那么依"民法"第359条、第360条等关于物之瑕疵担保之规定,出卖人便不负排除物之瑕疵的义务,其结果,像本例,买受人既由于"土地法"第30条之规定而不能取得所有权,其救济途径便只有解除契约一途。是则,无异留给出卖人就是否履行,在事后尚且处于收发自如的地位。尤有进者,出卖人甚至可主张是买受人之受领不能,而摆脱一切可能之责任。反之,若将这种公法上之使用限制定性为权利瑕疵,则出卖人于负瑕疵担保责任时便负有排除义务。从而能使契约更好地符合双方之缔约意旨获得实现,而不会单系于出卖人之意愿。此外,公法上的使用限制与私法关系(例如地上权、永佃权、担保物权)对土地之使用上的限制在功能的结果上是一样的,亦即使系争土地由于规范上的限制,而可能供如所意欲之使用。换言之,皆因法律上之权利义务关系而受限制,这正是权利受有限制,或权利带有瑕疵的特征。当然,这种限制或瑕疵不一直是出卖人所能排除的。但纵使如此,由之所引起的问题已能通过给付不能的规定加以解决。非但如此,它还提供考虑就其不能之引起,或排除之不能究竟可归责于何方的问题,并因其可归责与否加以区别待遇的机会。

C.瑕疵区分之标准

权利之瑕疵与物之瑕疵,其在法律效力上之意义已如上述,唯在区分此两种瑕疵时,不宜就第354条为字面上解释,亦即不应只因瑕疵的存在会使物的价值或效用减少,而即立刻地将其归类为物之瑕疵,而应考虑该瑕疵是否为"物本身之瑕疵"。申言之,物之瑕疵与权利瑕疵之区分标准乃在于瑕疵之定着点是在物上面或权利上面,而不应以瑕疵所发生的影响以为断。由于"民法"第 354 条第 1 项规定,只要物之价值或效用有灭失或减少,即构成物之瑕疵,故若以瑕疵所发生的影响作为区分之标准,则一切的瑕疵将皆可被归类为物之瑕疵,如此则物的瑕疵与权利瑕疵将难以区别,甚至使权利之瑕疵了无立足之地。是故判断瑕疵究属于物之瑕疵抑权利瑕疵,应以该瑕疵是否存在于"物本身上面"作为着眼点,而不应拘泥于第 354 条字面上之解释,以其瑕疵之影响为标准。

D.公法上使用限制之瑕疵的归类

第一,"最高法院"之见解:属物之瑕疵。

关于公法上使用限制之瑕疵,究竟属于物之瑕疵或权利之瑕疵? 观诸台湾地区"最高法院"历年之判决,多将其界定为物之瑕疵。如:

(1)基地经政府编入都市计划防火道之用,不得建筑,则该基地便有不合通常效用之瑕疵。

"最高法院"1960 年台上字第 552 号判决:"'民法'第 354 条所定出卖人之瑕疵担保责任,为出卖人由买卖关系而生之法律特别责任,不容任意托词卸免。某甲因互易所得基地,既经政府编入都市计划防火道之用,不得建筑,则该基地与土地上现存房屋显有不合通常效用之瑕疵存在。纵令某乙于订约当时并未明确担保日后可以重建,而其依法应负之瑕疵担保责任,要不因此而免除。……故甲于通知解除互易契约后,请求返还定金及支付自解约之翌日起之迟延利息,即无不当。"

(2)缔约时为建筑用地之土地,于交付前成为运河码头用地者,该土地便具有减少通常效用及价值之瑕疵,买受人得因之解除契约。

"最高法院"1960 年台上字第 376 号判例:"上诉人出卖与被上诉人之土地,登记之地目既为建筑用地,依'民法'第 354 条第 1 项之规定,自负有担保其物依第 373 条危险移转于买受人时,无灭失或减少其价值之瑕疵,或减少通常效用或契约预定效用之瑕疵。兹系争建地在交付前既属于运河码头用地,依照都市计划不得为任何建筑,则不唯其通常效用有所减少抑且减低经济上之价值,从而被上诉人以此项瑕疵为原因,对上诉人解除买卖契约而请求返还定金及附加之利息,自为'民法'第 359 条,第 259 条第 1 款、第 2 款规定之所许。"

(3)土地已有三分之一辟为道路,其有减少价值之瑕疵及减少通常效用之瑕疵,亦甚显然。

"最高法院"1970 年台上字第 912 号判决:"本件被上诉人于 1968 年 11 月间,向上诉人购买坐落台北县新店镇二十张路 295 之 5 号土地一笔,议定价金每坪新台币(以下同)1500 元,拟作建屋之用,先后已付 41000 元,讵该地均为道路预定地,已有三分之一辟为复兴路,其余部分亦不能建筑房屋或耕种。被上诉人起诉主张,于得悉上项情形后,曾于同年同月 12、16 日两次请求返还已交价款……又买卖契约虽未载明买地供建屋之用,但上诉人自 1966 年购入该地后,即未在地上种稻(第一审卷第 41 页),买卖价格又系以'坪'计算,其系作为建地出售,殊为明显。且本件土地已有三分之一辟为复兴路,其有减少价值之瑕疵及减少通常效用之瑕疵,亦甚显然。被上诉人解除该买卖契约,请求返还价金并附加自受领时起之利息,于法自属有据。"

第二,本书之见解:一般多属权利之瑕疵。

"最高法院"上述诸判决中,虽将公法上使用限制之瑕疵,归类为"物之瑕疵",然本书之见解则反是。由前述"瑕疵区分之标准"说明中,可知:判断公法上使用限制属何种瑕疵,应斟酌具体情况认定之,而不能一概而论。若该公法上使用之限制系针对目标物本身有瑕疵而发,则该瑕疵应被归类为物之瑕疵。反之,若公法上使用之限制系存在于物本身之外,则应被归类为权利之瑕疵。例如建筑物因老朽不堪使用,为安全计,致受公法限制而不准为家居之用,此为物之瑕疵。反之,如土地本身完好,仅为都市计划之原因而限制建筑,则为权利之瑕疵矣。① 至若因法律规定禁止买卖者,其乃属法律之不能,应被归为自始客观不能,依第 246 条契约无效,属于不融通物,而非本节所论之问题。

---

① 关于土地之建筑上的限制,联邦德国学者如 Esser 认为,私法上的使用限制应依权利瑕疵担保有关的规定(《德国民法典》第 434 条)处理之,至于公法上的使用限制则应当成物的瑕疵加以处理,其理由为:瑕疵的排除义务,在公法上之使用限制的情形是不切实际的。此外买受人视具体情况应被要求探知对其建屋计划所可能存在的公法上限制。不过他又说出卖人若将系争土地当成建地价卖,当然会促使买受人不怀疑对该土地存有公法上之建筑限制而不为探知。通说在这种情形甚且认为,买受人可依《德国民法典》第 463 条(相当于台湾地区"民法"第 360 条)对出卖人请求损害赔偿(Esser:《债法下册》,第 4 版,第 36 页)。至于 Larenz 则称一块土地若在就其用途未加任何描述的情形下,被价卖于他人,则无论其基于事实上或法律上的原因,致不能供建筑之用,该土地皆不被认为有物的瑕疵,唯若有明示之用途的指定(例如建地),则其不能供建筑之用的情形,属于足使契约预定效用不能达成之瑕疵(Larenz:《债法下册》,第 11 版,第 35 页)。就如何主张把这种瑕疵归为物的瑕疵,他并没有加以说明。至于 Esser 所附的理由并不坚强,盖为何在要求买受人探知公法上建筑限制与要求出卖人说明这种限制之存在问题取前者,他并没有附以适当的理由。此外,这种瑕疵之排除也不见得必如其所称,不切实际。盖公法上的限制并不一直不能被排除。其原来若不存在或能排除,则将之归于物的瑕疵,便失去请求排除,或针对瑕疵之发生、排除迟延或不能排除之可归责于债务人与否定其责任之机会,而这也正是有关物的瑕疵担保责任应被检讨的问题之一,亦即就缔约后,始因可归责于出卖人之事由所发生的瑕疵,出卖人是否有排除义务?是否应负债务不履行的责任?Larenz 就此认为还是应该适用物的瑕疵担保有关规定解决,只有因瑕疵而生之衍生损害的部分才依积极侵害债权解决(Larenz:《债法下册》,第 11 版,第 62 页)。

E.对公法上使用之限制,买受人有无探知之义务?

"民法"第351条规定:"买受人于契约成立时,知有权利之瑕疵者,出卖人不负担保之责,但契约另有订定者,不在此限。"此即对于买受人知悉买卖目标物有权利之瑕疵,所赋予之法律效力:出卖人不负担保之责。

按所谓知情,包括"事实上知情"与"事实上不知情而被推定为知情"两种案型。若买受人对公法上之使用限制有探知之义务者,则虽其事实上不知情,有时亦可能被推定为知情,反之,若买受人对公法上之使用限制无探知之义务,则不生"民法"第351条明知之问题。

关于买受人有无探知公法上使用限制之义务,笔者倾向于采取肯定之观点,盖基于人民对于国家不得以自己不知法规存在而有所主张之原则,此种原则,应亦可被适用到契约当事人之间:当事人之一方不得对他方主张自己不知道有规范契约当事人间之法规存在。基于此了解,当公法对买卖目标物之使用有限制之规定存在时,买受人可能会被认为不得主张他不知道有此限制规定之存在。如果坚持此观点,则对当事人间之法律关系的介入,所可能采取之途径有二:第一,买受人根本不得主张不知道有此限制之法规存在,换言之,买受人不但被推定,且被拟制为已知道有此法规之存在;第二,买受人得举证他不知有此法规之存在,换言之,买受人只被推定为已知有此法规之存在而已,故可举出反证推翻之。

由于法律所欲规范者,原则上是一个真正存在之生活事实,而非拟制存在之事实,故除非有特别规定之必要,否则仍应以真正存在之事实为规范之对象。在此了解下,权利瑕疵如是由于公法上对买卖目标物(土地)加以使用上的限制而发生,则极其量只得推定买受人就权利瑕疵之存在为明知。由此推定发生举证责任之转换,亦即买受人若能举证证明不知有公法上对买卖目标物使用之限制,则仍得主张权利之瑕疵担保。

F.公法上权利瑕疵之法律效力

a.瑕疵不能除去者

公法上之权利瑕疵有能排除者,例如得申请变更地目,有系不能排除者,例如不得申请变更者。若系不能排除之瑕疵,则出卖人可能陷于给付全部不能或一部不能,前者如土地之禁止地目变更,致买受人无法受领("土地法"第30条)。出卖人既不能移转所有权,则为全部之给付不能。后者如土地之禁止建筑,此时出卖人仍得为目标物之交付及所有权之移转,仅因有公法之使用限制而生权利之瑕疵,故其不能乃属"一部不能"而已。兹试就其属自始不能或嗣后不能分述之。

I.自始不能之情形

公法上之权利瑕疵若发生于契约成立之前,且其瑕疵无法除去者,则属自始不能之案型。此时若其为全部不能,例如土地之地目禁止变更,而依约应向之给付之买受人有不能受领的情形,则依"民法"第246条第1项,该契约为无效,买受人仅得据"民法"第247条第1项请求信赖利益之赔偿。若其瑕疵仅属一部不能,且买受人能证明其他部分之履行对其无利益,则可拒绝该部之给付,进而主张契约全部无效("民法"第246条第1项),反之,若不能证明其他部分之履行对其无利益,而主张契约全部无效("民法"第246条第1项),则仅能就该一部不能主张第247条第2项,而请求赔偿损害。至于价金则准用第266条处理之(所以称准用,乃因该条系就嗣后不可归责之不能所做的规定,而本案则属自始不可归责之不能)。此时出卖人不得谓其于订约时无"知其不能或可得而知"之情形,而据为抗辩,盖出卖人在此负"担保"责任,其责任并不以故意、过失为必要。

"最高法院"1970年台上字第4284号,谓:"双方买卖目标物虽为田,但其面积仅88坪,而价金之总额,则高至60000元,即每坪价金达710余元之多,是双方显系以能供建筑房屋为目的而买卖,乃系争土地早经政府编为公园绿地,旋更变更为陆桥用地,上诉人(出卖人)于出卖系争土地时,既未将此项瑕疵告知被上诉人,被上诉人又否认于买卖前已知其情事,且被上诉人如知其瑕疵,亦无以巨款购买有瑕疵之田之理。……况被上诉人于购得系争土地后,始发见其瑕疵,当即函知上诉人要求减少价金,核与'民法'第359条之规定,并无不洽。"按本案之情形,买受人以建屋之目的购买系争土地,然因其早经政府编为公园绿地,买受人主张减少价金,于法固无不可,不过"最高法院"将之定性为物的瑕疵,以第359条而不将之定性为权利瑕疵以第266条为规范之依据,其待斟酌之处有如前述。

II.嗣后不能之情形

第一,交付前之不能。

目标物在契约成立后,交付前始因公法上之限制使用而生权利瑕疵者,若出卖人无法除去该瑕疵,则生"给付不能"之问题。此时,如认为依"民法"第353条不仅适用债务不履行规定的法律效力,也适用其构成要件,特别是归责要件,则应依出卖人之归责状态论其责任。若出卖人有可归责之事由者(例如其曾为特别之担保等),则依"民法"第226条,买受人可请求不履行之损害赔偿,或依第256条,主张解除契约而请求信赖利益之赔偿;若其仅为一部不能,则除有"民法"第226条第2项他部分之履行,于债权人无利益之情形,否则买受人仅得请求该一部不能之损害赔偿,而不得请求全部不履行之损害赔偿。

交付前之不能,若系因不可归责于出卖人之事由,则买受人只能依第266条免为对待给付,若仅一部不能者,当能按比例减少对待给付,其若已为全部之对待给付者,对于超过部分,得依不当得利请求返还。

关于可归责于出卖人事由之案型,例如"最高法院"1970 年台上字第 253 号,略谓:"上诉人将其土地出卖与被上诉人建厂之用,讵该土地已为台湾石门农田水利会拟定为保留地,不能使用建厂,此项瑕疵,上诉人不但故不告知,且'保证'如缴纳三万元,便可申请变更地目为建厂之用,嗣被上诉人经调查后,始悉系争溜池已列为保留池,将预备征收,不能变更地目为工厂用地情事……被上诉人表示解除契约,请求返还所付价金,为'民法'第 359 条前段及第 259 条规定之所许。"

唯应注意者,"最高法院"本号判决虽亦准买受人解除契约,然其规范依据为第 359 条而非第 256 条,此点差异,乃因"最高法院"对公法之使用限制认定为"物之瑕疵"而生。关于公法上瑕疵认定之标准,应以"瑕疵是否存在于物本身上面"为着眼点,已如前述。在本案之情形,系争土地本身并无瑕疵,仅因水利会拟定为保留地而不能建厂而已,则依上述说明,此自应归类为权利瑕疵。又"保证"所构成之担保一旦落空,其保证本身,亦扩张可归责事由的范围,与"担保"有相同的作用。鉴于对权利瑕疵,出卖人所负之"担保"责任的范围已及于债务不履行的范围,此与物之瑕疵担保的情形不同,故只要有权利瑕疵,担保其债务不履行之损害赔偿当不再以故意、过失为必要。亦即在权利瑕疵的情形,所适用之债务不履行的规定不包括归责要件,以符"担保"的要旨。

第二,交付后之不能。

买卖目标物交付后始因公法上之限制使用而生瑕疵者,当属危险负担之问题。盖依第 373 条规定:"买卖目标物之利益及危险,自交付时起,均由买受人承受负担。"是故,交付后不能之价金危险应由买受人负担,从而买受人不得主张减少对待给付之权利。

Ⅲ.给付迟延

出卖人于给付迟延后,目标物始因法令之公布而发生瑕疵者,此时买受人所能主张者,究为"给付迟延"抑为"给付不能"? 按台湾地区"民法"第 231 条第 2 项规定:"债务人在迟延中,对于因不可抗力而生之损害,亦应负责。但债务人证明纵不迟延给付,而仍不免发生损害者,不在此限。"本条所谓"对于因不可抗力而生之损害亦应负责"其外延有多大? 不甚清楚。唯揆诸《德国民法典》第 287 条,其规定:"在给付迟延中,债务人应为每一个过失负责,其由于意外(durch Zufall)所引起之给付不能,亦应负责。但债务人证明纵不迟延给付,而仍不免发生损害者,不在此限。"亦即《德国民法典》认为,迟延给付后发生之给付不能,应依"迟延给付之规定而负责",此点颇值参考。唯若有但书之情形,则债务人不负迟延责任,转而须就其归责与否而论其给付不能之责任矣。

例如买卖双方约定,出卖人应于1月1日交付土地并移转所有权,嗣后出卖人一直未如期履行,俟2月1日因法令公布禁止建厂,此时出卖人即须负迟延责任,而不得主张第231条第2项但书,盖若出卖人如期于1月1日给付,买受人可能于2月1日前立即申请建照并获核准,从而可免遭法令之限制。反之,若法令于1月2日公布,则纵出卖人如期给付,买受人亦难逃法令之限制,从而依第231条第2项但书出卖人即不负迟延责任,此时,买受人仅能依给付不能为主张也。

b.瑕疵能除去者

公法上之权利瑕疵亦有能排除者,例如通过申请,使地目变更而合乎契约预定之效用。此时若充分权利瑕疵担保要件,出卖人即须负权利瑕疵担保责任,而有排除该权利瑕疵之义务。若出卖人不为排除,则依第353条,买受人即得依关于债务不履行之规定,行使其权利。如此其法律关系便进入"民法"债篇总论中关于债务不履行之范畴。假设将公法上之使用限制归类为物的瑕疵,则因出卖人不负排除物之瑕疵的义务,便不能导出本法律效力,讨论债务不履行之问题,往往须就债务人之可归责性与否论其责任,在权利瑕疵担保是否例外,有争议。或谓此处所称"担保"仅谓出卖人负有排除瑕疵之义务,而非如第354条第2项"保证"之意义。按在出卖人"保证"给付之案型(例如他人之物的买卖,出卖人愿负获取义务而保证履行者),基于"保证"之无过失责任之特性,一旦目标物不能给付,出卖人即负不履行之责任,而不问其是否有过咎,而皆被论为可归责。然在权利之瑕疵担保,纵出卖人无法排除该瑕疵,亦应视其是否有过咎(故意、过失)以论其可归责事由之有无,而后适用该当之有关债务不履行的规定。本案型通过第353条授权准用后,其效力与前面所述者相同,在此不再赘述。这种看法与"担保"意旨不符。

G.小结

综上所论,公法上使用限制之瑕疵,非基于"物之本身"而生者,应归类为权利瑕疵,从而若其充分权利瑕疵担保要件,则出卖人即有排除该权利瑕疵之义务,若出卖人不为排除,通过"民法"第353条,买受人得依债务不履行之规定主张之。其请求是否以可归责于出卖人为必要视学说对权利瑕疵"担保"及其对"民法"第353条之解释而定。反之,若其不充分权利瑕疵担保要件,则出卖人即无排除该权利瑕疵之义务,但基于一个无权利瑕疵之给付为出卖人之主要给付义务,故一个有权利瑕疵之给付亦将构成债务不履行,此时买受人即得行使同时履行抗辩权,或视瑕疵之情况,准用不可归责之给付不能的规定("民法"第225条、第226条),请求返还价金之全部或一部。盖就出卖人无义务排除之权利瑕疵,该瑕疵之排除,相对于买受人与不能排除无异,且出卖人既不负排除义务,其不排除当无可归责可言。唯公法上之使用限制既难以除去,则买受人对出卖人通常所得主张之债务不履行的案型,便多限于给付不能。

3.权利瑕疵担保与物之瑕疵担保之区别

虽然权利瑕疵担保与物之瑕疵担保同样称为"瑕疵担保",但两者除因其同为"担保"而在构成要件上同样不以出卖人对瑕疵之发生或存在有故意或过失为必要外,在法律效力上并不一样。物之瑕疵担保责任的内容依买卖节中之特别规定("民法"第359条以下)定之,反之,权利瑕疵担保则依债务不履行之一般规定处理,虽应注意债务不履行规定中之"归责的要件"并不在适用之列。申言之,买卖契约成立生效后,出卖人依"民法"第348条,即负有交付目标物和移转所有权之义务,当然此所有权必须为无瑕疵之所有权。然第348条之规范意旨,亦仅止于出卖人负有给付无权利瑕疵之物的义务,至于其是否进一步,就权利瑕疵负权利瑕疵担保义务,视出卖人是否依"民法"第351条之规定,不负权利瑕疵担保义务而定。担保义务为给付义务外之进一步保障,所以无担保义务并不同时意味着出卖人不负第348条之义务。是故,如果出卖人不能为无权利瑕疵之买卖目标物之给付,则他亦不能请求买受人为全部价金之给付。其理由为:买卖目标物上之权利瑕疵的继续存在,构成出卖人全部之债务不履行,而非部分之债务不履行。因此,出卖人不得对买受人请求与自己之给付有对待性之价金给付;若出卖人为请求,买受人可依双务契约有关同时履行抗辩之规定,对出卖人主张同时履行抗辩。又出卖人既负全部债务不履行之责任,自不得主张买受人只能请求减少价金。

但在物的瑕疵担保之情形则不同,物的瑕疵担保责任之发生始于买受人承认出卖人所交付之物与约定之物为同一,换言之,当买受人为该承认时,出卖人与买受人之关系即由物之交付义务转入瑕疵担保义务。盖在出卖人未将系争买卖目标物交付买受人之前,依据买卖契约出卖人负有给付买卖目标物之义务(第348条),相对的买受人即享有请求出卖人给付之权利,但如果出卖人已履行给付义务,则买受人在买卖目标物有瑕疵的情形,原则上除请求减少价金或解除契约外,并无请求出卖人给付无瑕疵之物的权利。要之,当出卖人将物交付于买受人后,出卖人之给付义务已尽,故买受人仅得依物之瑕疵担保有关规定对出卖人有所请求,而不得依第348条第1项请求出卖人排除该瑕疵。

由此可见物之瑕疵担保与权利之瑕疵担保间之重大不同,二者在法律效力上并不类似,当违反权利瑕疵担保之规定时,所引起者为债务不履行的法律效力,而债务不履行的规定对于物之瑕疵担保案型并不适用,而应依据买卖关于物之瑕疵担保责任的特别规定。

4.权利无缺担保与他人之物的买卖

权利无缺担保者,即出卖人应担保其对买卖目标物的权利完整无缺之谓,台湾地区"民法"第 349 条所规定者是。其中最极端之案型为他人之物之买卖,即出卖人不拥有买卖目标物所有权之买卖。

他人之物的买卖之效力,亦为实务界所肯认。如大理院 1914 年上字第 45号:他人所有物之买卖,在债权法上仍属有效。又"最高法院"1969 年台上字第3141 号:出卖人对出卖之目标物不以有处分权为必要,亦即就无处分权之物,非不可成立买卖。

(1)他人之物的买卖并非无效

以他人之物为买卖目标物之买卖的成立与生效固然不因其目标物之为他人之物而被阻止,但在这种类型的契约,自明地会由之产生其特有的问题,即出卖人"有无"及在"哪种限度下"负有为买受人获取买卖目标物的义务。

出卖人此种获取义务之成功与否,系于他人之协力,而他人之协力,对出卖人言,是一种可期待而不能绝对把握的外部因素。无论他人在法律上是否有提供协力的义务,该他人如一旦拒绝协力,则出卖人对买受人之给付不能的状态便显露出来。由于这种不能之性质非绝对的,故属主观不能。又由于这种需要他人协力的状态在买卖契约缔结时便已存在,故这种不能属于自始主观不能。以上分析显示获取义务与自始主观不能的密切关系,即获取义务是出卖人克服此种自始主观不能的义务。

同样的见解,请参照 Esser, Schuldrecht, AT, 4. Aufl. S.206f. 210ff.他说:"债篇各论内有关权利瑕疵担保责任的规定,即包含这种获取义务担保因素,这些规定毫无例外地都与自始主观不能有关。"(S.207)

基于这个了解,则只要获取义务存在,出卖人便必需相应其义务之范围,为其自始主观不能负责(Esser. aaO. S.211f..)。即在其义务范围内,其自始主观不能状态的继续存在当被判定为可归责于出卖人〔这里所称之"可归责"(das Vertretenmüssen)与"过咎(故意或过失)"(das Verschulden)并不相等。它可能包括无过失责任的归责态样,Esser, aaO. S.211〕。

又由于自始主观不能之状态存在与否及它是否能被克服,在当事人间自始主观不能之一方(此为出卖人)知之最详,从而在规范上当认为他有义务去知道。所以原则上他应对自己之自始主观不能负完全责任。这是为何应区别对待自始主观不能与自始客观不能的原因(Esser, aaO. S, 206f.)。

是故任何人如果想免除他为自始主观不能应负之责任,他便应将其不能的状态及其克服之难度向相对人说明(Die Aufklärungspflicht 说明义务),以透过双方明示或默示的意思表示的合致,来确定其责任的有无与范围。有关权利瑕疵,应在这个意义下解释"民法"第 351 条,亦即:除买卖契约另有订定外,原则上出卖人应负权利瑕疵担保责任,而依"民法"第 351 条前段规定,买受人于契约成立时,知权利之瑕疵者,出卖人不负担保责任。是则该条前段之意义为"当事人间在此情形,当有出卖人不负权利瑕疵担保责任之合意的推定"。对此推定为存在之事实,买受人依同条但书复得以反证推翻。依此见解,"民法"第 351 条之主要功能当在举证责任的移转。

就于契约成立时,是否知有权利瑕疵存在,当事人间如有争执,依举证责任分配之原则,应由出卖人负举证之责[1];同理,关于"民法"第 351 条但书之事实的存在,则固应由买受人负举证责任。但由于默示的合意是否存在应参酌个案之具体情形决定之,因此在这里出卖人所提出以证明买受人知权利有瑕疵之证据,常同时得为同条但书所称之特约存在的证据。因此,在"民法"第 351 条之适用上,于出卖人提出能证明买受人知有权利瑕疵的证据时,固应注意勿即教条地认为出卖人从而不负权利瑕疵担保责任,也勿即不附理由地认为出卖人与买受人间就权利瑕疵担保有默示的特约存在,而应依个案之具体情形妥予审酌。

换言之,要充分考虑是否有但书之情形,即关于权利瑕疵的担保责任,有无明示或默示的合意存在的认定,一方面,不得片断而教条地适用同条前段认为"买受人于契约成立时,知有权利瑕疵者,出卖人不负担保责任";另一方面,不可以不附理由地认为出卖人与买受人间就出卖人应负权利瑕疵担保责任一节当然有默示的合意存在。

(2)他人之物的买卖之法律效力

他人之物的买卖既属有效成立,则其真正所有权人与当事人间之法律关系如何? 关于真正所有权人之法律上地位和权利,笔者于前章买卖之债权性一节中已谈及,在此不予重述,至出卖人与买受人间之法律关系,则有讨论之必要。

①出卖人之获取义务

因为买卖目标物非出卖人所有而系他人所有,因此在他人掌握中,出卖人能否由他人取得该买卖目标物,并将之移转给买受人颇有疑问,因此乃引出出卖人是否负有获取义务之问题。而出卖人是否有"获取义务",须视双方当事人对此事态之了解程度及其约定如何而定。或许双方当事人所了解者为出卖人无论如何须获取之。当事人之此种约定,便是出卖人对买卖目标物之取得予以担保,但是即使当事人有此担保契约存在,仍须注意其牺牲程度,盖当契约之一方履行契约时,虽总不免有所牺牲,但牺牲仍有其限度即依据诚信原则有一牺牲之界限(Opfergrenze),此见解散见于"民法"中,例如"民法"第 215 条规定,当无法回复

---

[1]　"最高法院"1960 年度台上字第 605 号,同说参见骆永家:《民事诉讼法(Ⅰ)》,第 197 页。

原状,或回复原状有重大困难时,债务人即不负回复原状之义务。

同样地于承揽契约中,"民法"第 49 条第 3 项规定承揽人修补工作之瑕疵"所需费用过巨者,承揽人得拒绝修补"。由这些规定可以看出契约所赋予债权人之权利,并非毫无限度。换言之,债务人依据契约所负之义务,当不超过诚信原则,所要求之牺牲限度,将存于这两个规定中之法律思想,援用至他人之物之买卖可以导出,纵使出卖人负有获取义务亦只在牺牲的限度内才有获取义务。

申言之,在债务人须忍受超过限度之牺牲始能取得目标物,而因不为牺牲致无法获取目标物,从而无法履行第 348 条第 1 项之义务时,纵使出卖人未履行买卖契约之义务,也不因其不履行而定性为可归责于他。是故,在这种情形,依第 230 条仍不负给付迟延责任。盖在这种情形,因其不可归责于出卖人,因此不充分第 230 条给付迟延之要件。应如何处理? 是否在某种情形下,可使出卖人之"自始主观不能"发生效果?

详言之,当事人双方在缔约之时,既已知出卖人自始主观不能,但仍愿无视于该自始主观不能之存在,而为契约之缔结,则该契约当然有效,没有"民法"第246 条之适用。有疑问的只是出卖人之获取义务为何。原则上除当事人间有担保之约定外,出卖人当只在第 148 条所要求的牺牲限度内负获取义务。当出卖人必须容忍超过第 148 条所要求之牺牲,方能获取买卖目标物时,出卖人即不再负有获取义务。此时出卖人之主观不能已到无法漠视的程度,在此状况下,欲解决上述问题,通过事后主观不能之"拟制"或可奏效。盖既然出卖人之主观不能已至无法再佯视其不存在之程度,对此主观不能便不得不加以处理,以便确定契约关系,亦即在买受人能够证明其无法或不愿进行获取之时点,将出卖人之自始主观不能拟制为事后主观不能,从而,将其法律效力依有关事后主观不能之规定处理之。由于在自始主观不能,其法律效力尚非可自始一概而论,而应依当事人之约定具体认定,所以不宜认为其属"民法"第 246 条规范之对象。① 盖依该条规定,此种不能虽同样可因特约而有效,但依该条但书出卖人并无经由准备行为,使约定之给付成为可能的义务,此与负获取义务之情形显然不同。

例如:采石机制造商甲(被上诉人)于 1968 年元旦将采石机一套作价 50 万元卖给乙(案外第三人),当日乙付甲定金 10 万元,尾款 40 万元,双方约定在元月底付清。甲并依约于次日将采石机运到乙指定之工地安装,试车完毕。后来

---

① 关于"民法"第 246 条所规定之给付不能,应指自始客观不能而言,而不及于自始客观不能已为"最高法院"在该院 1995 年 5 月 26 日 1995 年度台上字第 1308 号民事判决所采:"按'民法'第 246 条之给付不能,系指自始客观不能而言。共有人中之一人,未经其他共有人之同意,与他人订立合建之债权契约,并非以自始客观不能之给付为契约之目标,难谓其契约无效。"

甲闻悉在 1 月 15 日该采石机已为乙之债权人申请法院查封。甲乃在 1 月 20 日请求乙如期给付尾款,乙置之不理。后适丙(上诉人)拟向甲定做同型式采石机一套,甲乃将前情告知丙,并称丙如要该采石机,甲愿少算 10 万元。后来双方在 1968 年 2 月 6 日作价 40 万元成交,由丙先付定金 5 万元,并约定在 1968 年 8 月 6 日付款交货。清偿日届至时,丙并未付款,甲亦未能除封,并将该机器交付给丙。于是,甲对丙起诉请求给付尾款,丙反诉请求甲加倍返还定金(参照"最高法院"1969 年台上字第 2786 号民事判决、"最高法院"1970 年台上字第 4368 号民事判决)。

在本案双方当事人对于买受人于契约成立时,知有权利之瑕疵并无争执。从而应进一步认定的是当事人间有无在此情形下,仍使出卖人负权利瑕疵担保责任的合意。与证明这个合意之有无相干的事实有下列五项:第一,丙付有定金;第二,交货日距缔约期有六个月;第三,甲为采石机制造商;第四,丙原不知甲乙间之事,而偶然地拟向甲定做同型或之采石机;第五,较之乙,甲少算丙 10 万元。

以上五项事实我们可以做如下之分析:采石机系生产财而非消费品。故由丙想定购此种型式之采石机,可推知他在业务上有此需要,从而由他的立场看,已确定的是他无论如何必要买一套,还没有确定的是向谁买。既然,丙当然只会向确能向他给付的人买,否则他的业务会受到不利,这是他首先必须考虑到的,其次才是向谁买及价钱如何的问题。在这种情形下,谓丙不坚持甲一定为丙获取该采石机组是难以理解的。而甲如期待丙在这点让步亦显违背商人合理的考虑。何况甲又由丙收有定金,且更有六个月的时间去安排由乙获取该采石机组。又甲是采石机的制造商,且采石机原来并非无代替性。故当甲发现由乙获取该采石机有困难时,甲依诚信原则应将此情形通知丙,并请求丙适度地弥补重造一套同型式之采石机与该采石机间之价差,以便及时为丙重造一组,免得耽误丙之业务。丙对这种请求,依诚信原则不应拒绝;同样地,丙依诚信原则,对甲亦得有此种期待。而且基于正直商人的考虑,人们可以推定商人在这种案型,有在原约定之特定目标物的获取有困难时,得协商以同种类之物代替原给付之合意。盖这样做最能圆满照顾双方业务上的利益。

在这里所做之考虑,在实际上可以通过三个途径来贯彻:A.由立法机关在买卖节加一条任意规定:"出卖人以一定商品之买卖为其营业,而可代替之特定物为买卖,并负有获取义务者,除契约上有反对之约定外,于该特定物之给付有不能之情事时,买受人得请求以同种类、同质量之他给付代替原给付。(第 1 项)代替给付与原给付之价值不相等时,因而受有不利之一方,得请求他方贴补差价。差价之数额由当事人协议之;不能协议决定者,得声请法院决定之。(第 2

项)"B.在解释上,从宽认定有与前述同样内容之默示的合意。换言之,这里所做之考虑,如为立法者所采取,则将以任意规定的方式;如为法律的适用者所采取,则将以认定或推定默示合意存在的方式表现出来。盖"契约法"上之任意规定的效力,等于是当事人合意之存在或不存在之拟制。C.由裁判机关,在损害赔偿之范围的算定上,依"民法"第217条第1项联合第148条予以贯彻。盖出卖人如负获取义务,则他在因此义务之违反致未能使买受人取得买卖目标时,他原则上应向买受人赔偿其所失之给付利益是无疑问的。所以,在此成为问题的是:如果出卖人在预见原给付之获取不可能下,而对买受人表示愿以同种类、同质量之代替物为给付,买受人依诚信原则是否得拒绝?如不得拒绝,却为买受人所拒绝时,买受人之损害赔偿请求权"是否"以及"在何种程度"会受到影响?由此可以理解的是:如买受人接受出卖人之代替给付,则损害或不致发生,或至少其范围会缩小,故买受人之拒绝受领,显然会构成"民法"第217条第1项所称之"致损害发生或扩大的原因"。依同条项买受人就其损害,即与有过失,从而法院得减轻赔偿金额或免除之。为解决这里所牵涉到的问题,以第一个途径最彻底,且在操作上亦最圆满。因它可以避免在默示合意之认定上必有的不安定现象,从而提高法的安定性(die Rechtssicherheit)。

至于在本案,较之对于乙,甲少算丙十万元,是可以理解而合理的,因该采石机对丙而言,已是二手货,这十万元正相当于该采石机在乙处可能引起之折旧。是故以"甲较之于乙,少算丙十万元"为证据,认为甲丙间有使甲不负权利瑕疵担保责任的合意便不充分。

根据上述讨论,可认定,甲丙双方关于获取义务有下述合意:第一,甲负有获取义务,应向乙要回该采石机,并将之移转给丙;第二,依诚信原则,如甲发现所述情事之完成有困难时,甲应将此情形通知丙,以便协商是否由甲及时替丙另制一套及丙应贴补之差额。如丙不同意,则甲丙间之契约为之解除(默示以此为解除之合意)。如丙同意另制一套,但就差价双方未能获致合意,则甲丙各得诉请法院依"民法"第346条第1项及准用同法第153条第2项决定丙应贴补之差额。

"民法"第346条第1项规定:"价金未具体约定,而依情形可得而定者,视为定有价金。"但这种拟制规定虽能帮助当事人充分"民法"第345条第2项所定之买卖的成立要件,却仍未能终局确定价金之数额。是故,如后来当事人对价金之数额未能获致合意,则该争执只得诉请法院来决定。而当法院要为他们决定时,法院会发现法律就此事对它并无授权之规定。盖有关授权法院协助当事人形成其契约之内容的法律是"民法"第153条第2项,而该条系针对非必要之点而规定,不及于必要之点。因此,在这种情形,既然"民法"第346条拟制双方已定有价金,则为贯彻本条意旨,自当将"民法"第153条准用到必须为当事人"决定必要之点的内容"的案型。盖"民法"第346条第1项与"民法"第153条第2项分别所定之案型的法律上重要之点相同:即当契约经拟制或推定为成立,而当事人对某些事项尚未获致合意。至于价金虽原属必要之点,但当其处在得确定的状态时,其是否由当事人依本来意义之合意具体加以约定便显然较不重要。在此意义上,应可将之当成契约上非必要之点。从而在"民法"第346条第1项之情形,准用"民法"第153条第2项,请求法院依其事件性质加以决定,便属正当。唯在"民法"第346条第1项之适用上,应注意当事人是否有反对之意思表示存在。否则,像该条这种拟制很容易违背契约自由原则,而过度地越俎代庖,这不必然是促进交易之道。

基于以上的分析,本买卖契约为因可归责于受定金出卖人之事由,致出卖人陷于主观不能而不能履行,依"民法"第249条第3款规定,出卖人甲应加倍返还其所受之定金[关于定金的性质,台湾地区"民法"未如《德国民法典》将之明文规定。《德国民法典》第336条第2项规定:有疑义时,定金不当成解约金。史尚宽先生认为在台湾地区"民法"定金为损害赔偿之预定,除当事人另有约定外,定金受领人只得没收定金,不得更请求损害赔偿[1]。[2]

以上所述为买受人已明知出卖人有自始主观不能存在之情形。反之假设买受人为善意,而出卖人仍无法获取时,则应如何? 前文曾述及当买受人为善意,而买卖目标物亦已移转于买受人时,买受人可以善意取得买卖目标物之所有权,但买卖目标物根本无法交付于买受人时,由于买受人为善意,对出卖人自始主观不能不知情,因此也就不会与出卖人订有以获取义务为内容之担保契约,无担保契约存在即无获取义务之存在,无获取义务自不涉及容忍界限之问题。但这也不意味着在此,善意之买受人不应受保护,此际他所能引为保护依据的法律规定,主要地将是缔约上过失,它的法律效力是请求损害赔偿,至于此损害赔偿请求权之范围,则将进一步视出卖人之过咎程度而定,如属故意则应负给付利益之赔偿责任,如属过失,则应负信赖利益之赔偿责任。

②买受人之善意取得

即他人之物之买卖的履行行为,原则上仍依第180条无权处分之案型处理,例外情形则依物权编有关善意取得之规定处理。所谓例外情形,指当一个无权

---

[1]　史尚宽:《债法总论》,1961年版,第495页。

[2]　是否将定金定性为解约金的意义为:定性为解约金者,双方各得不具理由赔偿以定金为预定损害额之损害,而解除契约;不定性为解约金者,双方各不得任意解除契约。于是,定金之作用,便仅限于证约,以及在相对人无故不履行契约时,可以据为约定之最低损害额的赔偿依据。

处分同时满足善意取得之要件,则不再依第 118 条"经有权利人承认始生效力",而直接依有关善意取得之规定,善意买卖人即自始取得系争买卖目标物之所有权("民法"第 801 条、第 948 条)。在善意取得之情形,让与人(即买卖中之出卖人)对于让与物为无处分权,因此善意取得必为无权处分之案型,但善意取得除须充分无权处分之一般构成要件外,关于让与人无处分权一节,其相对人尚须充分"善意"(不知情)的要件。"由于要件之增加,且其法律效力互不兼容"使有关善意取得之规定("民法"第 801 条、第 948 条)构成无权处分之规定("民法"第 118 条)的特别规定。[①]

③善意取得能否抛弃?

固然无权处分之善意相对人,可依善意取得对真正之权利人主张其权利,但是否可以抛弃善意取得对其所做之保护,而依权利瑕疵担保对出卖人为主张? 采否定说者以为:善意取得为依法而生之效果,只要充分其构成要件,不待当事人双方(真正权利人与买受人)之意思表示,善意受让人实时取得系争之权利。由于善意取得为原始取得,因此善意受让人所取得者为不具第 349 条所称任何瑕疵之完整的权利,本于此,可谓出卖人已善尽其依据买卖契约所应履行之给付义务,既然如此,该买卖契约自不会因出卖人之无权处分,而构成权利瑕疵。是故,买受人此时不得抛弃善意取得而主张权利瑕疵担保。

采肯定说者以为:固然善意取得为原始取得,只要构成要件充分即当然发生。但事实上因买卖目标物之来历不明,买受人即便善意还是容易卷入无权处分人与真正权利人间的争讼。是故,似应让买受人得抛弃善意取得,以避免其因善意取得而遭受更大的不利益。本书采肯定说。

例如:甲为电器零售商,乙为电器大盘商,丙为中盘商,甲常由乙处批发电器零售,二者关系良好,一次丙向乙借得电器一批展示,展示后将其中之冰箱以丙之名义卖给甲,甲不知该冰箱为乙所有,当乙向丙索回该批电器时,丙告以已卖与甲,则当乙找向甲时,甲可否不主张善意取得,而依第 349 条对丙主张? 当甲主张第 349 条时,丙可否主张第 801 条、第 948 条? 如丙可做该主张,甲又当如何?

在这种情形,甲可能面临双重不利:

第一,甲如因不愿伤及与乙之交情,而将系争冰箱返还乙,对于已交付之价金可否请求返还?

倘若坚持甲为善意取得,则甲已为该冰箱之所有人,因此甲将冰箱"返还"乙

---

① 关于法律规定间是否属于普通与特别关系之认定问题,参见黄茂荣:《法学方法与现代民法》,2006 年增订 5 版,第 309 页以下。

已非所有物之返还,而属重新为物权行为。盖非如此不能将冰箱再移转于乙。又由于善意取得为原始取得,不具任何瑕疵,因此丙已履行其给付义务,甲乙间之行为与丙不相关,甲自不能要求丙返还价金,因此若甲将冰箱返还乙,唯有牺牲已付之价金。是故,甲如不愿主张善意取得,且不愿损失价金,比较稳妥的做法应是将买卖目标物直接返还于丙,并请求丙返还价金。

第二,如甲主张善意取得,则乙可能为此反目,断绝交易上之往来,对甲而言,无论伦理上(丧失友情)或经济上(丧失在以往交易条件下取得电器之机会)亦均是极大损失。

由上例可知善意取得对善意取得人未必皆有利,有时非但无利反而有害。是故为贯彻善意取得制度,保护善意第三人之本意,至少在善意取得对善意第三人无益,其或有害时,应许以善意第三人(此为买受人)自由决定之机会,方不违反善意取得制度之立法意旨。苟采此说善意第三人须先举证证明自己为善意,然后再证明其在法律上、经济上或伦理上有重大理由不宜善意取得方可(因为如果其根本无法善意取得,也就不会产生抛弃善意取得对他之保护的问题了)。其结果,第三人只要不先证明自己之善意,亦可达到同样结果,只是如此在伦理上不能还己清白。

(3)缔约后买卖目标物成为他人之物的情形

通常所谓他人之物的买卖系指缔约时买卖目标为他人之物,但亦可能在缔约后始成为他人之物。例如由于他人之善意取得或由于出卖人本身(或其受雇人)之误卖。此种情事之发生使该买卖契约具备"事后他人之物"的特点,使出卖人陷于嗣后主观不能。应依有关嗣后(主观)不能之规定去处理,乃不待言(参考"民法"第225条、第226条、第266条、第267条)。①

5.权利存在担保与自始客观不能

(1)权利之不存在非"民法"第246条之自始客观不能

权利存在担保者乃"民法"第350条所规定:债权或其他权利之出卖人,应担保其权利确系存在。权利之不存在乃指权利本身不存在而言,与上述权利带有负担或限制上之欠缺不同。按"民法"第246条规定:以不能之给付为契约目标者,其契约为无效。权利之不存在,本属自始客观不能,依第246条,其买卖应为

---

① "民法"就给付不能之规范,有自始不能与嗣后不能之明白的区分;反之,对于两者皆无主观不能与客观不能之区分。这对于嗣后不能而言,因其归责事由无因而有不同考虑之必要,固无所谓;但对于自始不能,则因主观不能与客观不能之归责态样不一,当事人之交易上的规范需要也不尽相同,所以,不宜像嗣后不能为统一的规定。特别是就主观不能,在个案必须为具体的规范需要,为当事人预留规范之规划的余地;其规划层次可从出卖人就自始主观不能根本不负责,经负过失责任到负不论过失之有无的担保责任。

无效。然关于债权或其他权利,若系在法律上有成立之可能,则可让其成立,是乃第 246 条之例外。① 关于此点,台湾地区学者亦多采相同见解。如郑玉波先生谓:"债权或其他权利如不存在时,是为自始不能,本应依第 246 条而归于无效,但基于买卖契约之有偿性,'民法'特设此种权利瑕疵担保之规定。"②)又史尚宽先生谓:"依一般原则,以原始的客观不能之给付为目标之契约,应为无效,出卖人唯就契约上订立之过失,负损害赔偿责任,故此担保责任为依'民法'第 246 条之例外特别规定而生。"③

(2)"民法"第 350 条和第 246 条之界说

虽然"民法"第 350 条和第 246 条所规定者皆有自始客观不能之案型,但其法律效力完全不同,为避免概念混淆,实有进一步界说之必要。

按一法律规定,若在概括规定之前有例示规定者,则概括规定在性质上必须具有前例示规定之特征,是则概括规定之法律意义,性质上属于类推适用之明文规定。观诸第 350 条所称"债权"和"其他权利"之意义,若此"债权"为例示规定,而"其他权利"为概括规定,则法条之概括规定必须受限制,否则例示规定变成毫无意义,盖若"其他权利"泛指一切权利,则"债权"自亦包括其中,而无庸再特别例示规定之必要。在此了解下,首先必须探讨第 350 条"债权"之特征,作为界定"其他权利"之范围的依据。按债权就其与不能有关之事项而论,其特征为只要其给付内容一般为可能、确定、合法,这种债权在法律上即不会发生客观不能之情形。职是之故,第 350 条之"其他权利"亦必须充分例示规定之特征——合法、客观可能、确定。

再回头看买卖之问题,发现在特定物不存在之买卖之情形,其所有权之不存在的类型特征,与我们所提之债权的特征不符。所以无适用第 350 条之余地。如果系争之目标为非特定物,即依交易之观点将来一般可能存在,则此所有权与第 350 条之债权特征相符,此种所有权即可看成"其他权利"。申言之,在物之买卖,若所牵涉到的为特定物之买卖,而该特定物并不存在时,则该所有权即无存在之可能性,而应归类为"民法"第 246 条所规范之案型,亦即在此所牵涉到的虽是权利存在与否之问题,然而并不依第 350 条,而依第 246 条的规定处理之。

以上之说明,并不意味着权利之买卖即无适用"民法"第 246 条之余地:例如专利权之买卖,若后来专利权没有成立,则系争买卖目标之不存在即属自始客观

---

① Soergel-Huber,§437 Kommentar zum BGB,11. Aufl.,1986,Rz.31:"如果价卖之权利依法根本不可能存在,则不适用第 430 条(相当于"民法"第 350 条),而适用第 306 条(相当于"民法"第 246 条);该买卖契约无效。"

② 参见郑玉波:《民法债编各论》(上册),第 307 页。

③ 参见郑玉波:《民法债编各论》(上册),第 17 页。

不能,应适用第 246 条之规定,此时买受人不得主张第 350 条之权利存在担保。

6.权利瑕疵担保之免除

"民法"第 351 条规定:"买受人于契约成立时,知其有权利之瑕疵者,出卖人不负担保之责。但契约另有订定者,不在此限。"所以有如此规定的理由是,在买卖契约,或者其价金之约定,或者其给付危险之约定,依买卖目标之现状而定。在买受人知系争目标物有权利瑕疵时,可推定其以该权利现状作为决定价金或给付危险之负担的基础。故第 351 条规定,出卖人对于契约成立时,买受人所知之权利瑕疵,不负担保责任。然该规定之意义仅止于:若买受人有第 351 条之情形,出卖人原则上即不负排除权利瑕疵之义务,亦即不负担给付危险,但并不意味着出卖人因此即必然无给付无权利瑕疵目标物之义务。这些都还待于解释契约界定之。必须注意者为,在这种情形,其特约可只及于"给付危险",而不及于"给付",亦即就给付无权利瑕疵之物虽不负给付危险,但仍负给付义务。其区别在,"担保"为一般给付义务以上之债务的履行保障。就债之履行,如无担保,则债务人仅就有故意或过失之债务不履行负损害赔偿责任(参照"民法"第 226 条、第 230 条);[1]反之,如有担保,则其债务不履行纵无过失,亦应负损害赔偿责任。

7.权利瑕疵担保之效果

"民法"第 353 条规定:出卖人不履行第 348 条至第 351 条所定之义务者,买受人得依关于债务不履行之规定,行使权利。概言之,在台湾地区"债法"上,出卖人不尽权利瑕疵担保义务者,将直接导致债务不履行之效果,从而应依"民法"债编通则中有关债务不履行之规定处理。所谓债务不履行虽可指给付不能、迟延给付和不完全给付(积极侵害债权)。但第 353 条中所称者当限指给付不能与给付迟延。"依关于债务不履行之规定,行使权利"这种规定方式一直存在一个问题,即仅适用其效力规定,或兼及其要件规定。由于第 353 条所规定者含第 348 条关于出卖人之给付义务及第 349 条至第 350 条关于权力瑕疵担保的规定。第 348 条所定者因非担保责任,所以应尚有可归责要件之要求,是故,"民

---

[1] 关于债务不履行之损害赔偿责任,与侵权行为责任一样,皆有一定之主观要件作为其归责的伦理基础。该主观要件在债务不履行称为可归责事由,在侵权行为称为故意或过失。关于主观要件,在债务不履行所以称为可归责事由的道理在于:配合"民法"对于不同的债务关系之可归责事由的规定不一定相同。而可归责事由可以视其所在之规定,而有不同的解读,其与过失有关部分,视情形可能解读为重大过失、具体轻过失或抽象轻过失。至于在侵权行为所以称为故意或过失,主要因为其要求之注意程度是统一的:除非因请求权规范竞合而受到调整,否则一概为具体的轻过失。盖法律对于行为人不能要求其尽处理自己事务时通常不能达到之注意程度。不过,应注意在因职业或业务活动而引起之侵权行为,因请求权规范竞合,其侵权行为法上之注意程度原则上会调整为应尽善良管理人之注意程度。

法"债编通则中有关债务不履行之要件及效力的规定对之应一体适用;反之,从第 349 条至第 351 条所定者系担保责任而论,应无可归责要件之要求,是故,应可只适用债务不履行之效力的规定。唯权利瑕疵如发生在缔约后,亦即如属于嗣后瑕疵,是否亦当如是? 值得探讨。兹分述之。

(1)给付不能

①自始客观不能

就自始客观不能而言,"民法"第 246 条已有规定,并不会因第 353 条之存在而使之失去规范上之意义。亦即"民法"第 353 条所规范者,并不包括第 246 条之情形,而必须是第 350 条所指称之债权或其他权利,方有权利存在担保之问题,虽其客观上不存在,亦生契约之效力。至若特定物之买卖,一旦其为自始客观不能,即沦为第 246 条之自始无效,由此可见,第 353 条之"买受人得依关于债务不履行之规定,行使权利"者,不包括第 246 条之情形。

②自始主观不能

由于自始主观不能与自始客观不能在性质上有重大区别,故不能将自始主观不能与自始客观不能等同处理。自始主观不能在交易上相当平常,若认为自始主观不能之案型为自始无效将不符交易习惯之要求。但这仅能说明何以第246 条不宜适用到自始主观不能之案型,唯其效果究应如何,仍应视具体情况认定之。

所谓视具体情况认定,即分别就不同案型做不同处理。自始主观不能就其责任要件(可归责任)而言,可能包括下述三种案型:

第一,自始主观不能之状态在开始为契约商谈时即已存在。此时其责任所涉及的是缔约人是否知道该状态之存在。若不知,是否有过失?

第二,自始主观不能之状态在契约之商谈后缔结前才发生。此时涉及二事,一为缔约人对该情形之发生是否知道? 若不知,是否有过失? 一为就该情形之发生,缔约人有否故意过失存在?

第三,契约当事人就自始主观不能状态之排除是否曾为明示或默示之约定? 若曾为约定则会涉及"积极担保约款"之问题,若未曾为约定则会涉及"消极担保约款"之问题。前者,出卖人负有"获取之义务",其性质属于给付之危险负担,具有"担保"①之性质。故若出卖人不尽该担保义务,则将构成可归责事由,而负主

---

① "担保"在法律上有两种用法,其一使用于担保物权的情形,其意义为使担保权人就担保物得优先于其债务人之其他债权人受清偿,另一使用于责任之归属的情形,在此,负"担保"责任者,其归责不以故意、过失为必要。此种担保责任之负担,可能基于约定,也可能基于法定,后者例如"民法"第 268 条关于由第三人给付契约中,其债务人所负之责任,以及买卖法中关于物或权利之瑕疵担保责任。

观给付不能之责。至于"消极之担保约款",乃指双方不知有否主观不能之情形存在,唯约定如有主观不能之情形存在,亦不负任何法律上责任,在交易上通常以保留约款之形式加以规范,例如"本公司在存货所及之限度内始负给付之责"。此种消极担保约款之存在使得出卖人不为其自始主观之给付不能(甚至限制的种类之债)负责。

由于上述各类型之要素并非存在于各具体案件,故自始主观不能之法律效力,特别是其责任之有无及责任之范围不可一概而论。

自始主观不能的法律效力为何,在台湾地区及德国皆因法律规定不尽清楚,而引起很大争议,在台湾地区,因"民法"第 246 条关于自始不能,未提及其不能究为主观不能或客观不能,而直以"以不能之给付为契约目标者,其契约为无效"规定之,使得该条规定对主观不能是否亦有适用,顿生疑义;而在德国,则因其"民法"第 306 条规定"契约以客观不能之给付为目标者,无效",但对自始主观不能,则未明文规定,而引起争执。在德国认为《德国民法典》第 306 条不能类推适用至自始主观不能,亦即自始主观不能与自始客观不能应分别对待。对此,在学说与实务上少有不同的看法,所争论者唯如何补充法律漏洞,针对主观不能之特征,给予适当的法律效力。德国通说及实务认为出卖人应为自始主观不能负担保责任,即无论其过失之有无,皆应负责。[1] 在台湾地区经多年之演进,实务对此亦渐有相同之结论,在自始主观不能之典型案例(他人之物的买卖)认为:"出卖人以第三人所有之物为买卖目标物与买受人订立之买卖契约,并非所谓以不能之给付为契约目标,即不得以'民法'第 246 条第 1 项前段规定认该买卖契约为无效。"("最高法院"1982 年台上字第 368 号判决)[2]唯以自始主观不能之给付为目标之契约,经论为有效后,其最后的法律效力仍不明朗,盖只要债务人继续不能克服其不能给付之状态,契约虽有效,但还是不能给付,故其责任要件及责任内容仍待澄清。有认为直接引用嗣后不能之规定处理者,[3]在其涉及权利瑕疵,而系争契约所属有名契约,又正有权利瑕疵担保之规定者,则引用权利瑕疵

---

① 　Soergel-Huber, §440 Rz 15 ; 182ff.; Soergel-Wolf, §306 Rz 25f.

② 　王泽鉴:《三论"出卖他人之物与无权处分":基本概念仍待澄清》,载《民法学说与判例研究》第 5 册,第 94 页以下。

③ 　参见 Soergel-Huber, §444 Rz 5.

担保规定处理之，①有直接以之为独立类型处理之者。

直接引用嗣后不能之规定的结果为：分别以债务人在缔约时，就该不能之发生或不知是否有过失决定其是否负损害赔偿责任。

在其涉及权利瑕疵，而系争契约所属有名契约，又正有权利瑕疵担保之规定者（例如"民法"第349条以下），则引用该权利瑕疵"担保"规定之结果，可能认为债务人因对权利瑕疵，负法定之"担保"责任，而应就自始主观不能负无过失责任。

直接以之为独立类型处理之者，则强调应针对自始主观不能之类型特征，发展适合之规定补充法律漏洞，而非削足适履，不加修正，勉强引用债务不履行或权利瑕疵担保之规定，便即认为债务人无论如何应对缔约时之给付可能负责，亦即在主观不能的情形，无论债务人有无任何过失，皆应负履行利益之赔偿责任，此为法定之担保义务。其理由为：A.许诺给付之本质或典型的意旨在此；B.信赖保护原则；C.交易安全应予保障。对此看法 Larenz 认为原则可采，但应考虑下列情形加以限制：A.债务人已对债权人表示有给付不能之情形，或 B.明白表示不对主观不能负责，或 C.主观不能系因不属于债务人支配范围之事由，例如他人之介入（窃取），或不可抗力（公权力机关之没收、没入或征收）所引起。对这些情形，债务人如无过失便不负责，且即有过失，亦仅因缔约上过失，负信赖利益之损害赔偿责任。盖债务人虽因负给付义务，而应尽一切可期待之努力使之可能，然倘已尽力而仍无结果，则不用对履行利益负责。然主观不能如系由债务人可支配范围之事由引起，则应负给付利益之赔偿责任。② 反之，Esser-Schmidt 认为：《德国民法典》第306条之无效的法律效力如限制在一般不能履行的契约，而在其他情形，适用第275条以下之规定，则在缔约时便已存在之主观不能的结果，应依该不能给付是否可归责于债务人定之。最后乃取决于债务人就自始主观不能是否应知。③"只有这样才符合事理，契约法以信赖原则为基础，在缔约时当事人如无诱因，不得（将其效力）系于时间上之偶然，也不得课以担保。"④

要之，学说与实务，虽几乎皆认为契约不因以自始主观不能之给付为目标而

---

① 王泽鉴：《三论"出卖他人之物与无权处分"：基本概念仍待澄清》，载《民法学说与判例研究》第5册，第97页，"出卖他人之物，其出卖人因个人事由不能自他人取得该物之所有权，然后移转于买受人，或使该第三人径将物之所有权移转于买受人时，均构成自始的主观不能。买受人得依关于债务不履行之规定，行使其权利（'民法'第353条）"，而"民法"第353条即权利瑕疵担保有关之规定。

② Larenz, Lehrbuch des Schuldrechts, Band Ⅰ, AT, 11.Aufl., S.89ff.

③ Esser-Schmidt, Schuldrecht, AT, Teilband 1, 5. Aufl. 1975, S.246.

④ Esser-Schmidt, Schuldrecht, Bd. I, AT, 6 Aufl. 1984, S, 309.

无效,但对自始主观不能之法律效力最后究应如何,中、德皆仍无定论。①

③嗣后不能

关于嗣后给付不能,第349条以下的规定并不完整。所谓不完整是指第349条的规定似乎没有把可归责要件考虑进去,而在"债法"上(更具体地说,在契约法上)可归责要件一直是责任的发生要件之一。如第349条准备对它做例外规定似应做正面的规定,而第349条并未做正面的规定,因此第349条所规范之案型对可归责之构成要件部分便不完整。若一个法律规定之构成要件不完整,它必须受到的补充,不仅是法律效力,其构成要件部分亦须受到补充。在此了解下,最低限度关于可归责性的构成要件部分,"民法"第349条应受其他有关规定之补充是无疑问的。基于此理由,有关债务不履行之规定,第353条所要准用者,当不只法效之准用,构成要件亦在准用之列(Soergel-Huber,§440 Rz 1,8)。

(2)给付迟延

权利瑕疵如非不能排除,则属于因给付迟延而未为排除。在此种情形引用"民法"第232条对买受人便有很大的实益。当出卖人不履行"民法"第348条至第350条所定之义务,而买受人依债务不履行之规定来行使有关给付迟延之权利时,首先涉及的是迟延损害之赔偿问题,其次为如该迟延给付对债权人(买受人)无利益,他得否拒绝其给付?这问题亦即第232条之引用,特别是在出卖人一直迟延排除权利瑕疵,而买卖目标物已入于买受人之占有状态时,对买受人会构成相当大的法律实益。例如甲将汽车送交丙修车厂修理,但迟不偿付修理费,致汽车被丙留置。其后甲乙缔结买卖契约,即以该汽车为目标,但因汽车还在丙之直接占有下,乃以指示交付的方式为交付,并移转其所有权于乙。如甲一直不清偿对丙之债务以除去对该汽车之留置权,则乙虽然受有该汽车之所有权,但由于该权利瑕疵之继续存在,不但对该汽车的价值构成危险(丙可能由于留置权之行使,而将汽车拍卖),且对该汽车之用益亦造成重大影响。在这种情况下,倘出

① 无论如何,既认为契约不因自始主观不能而无效,自与自始客观不能有所不同,其结果在因公用征收而发生不能的情形,如以"公用征收程序开始时点"作为决定给付不能的标准时点,则会使系争契约的效力,因征收之土地后来归为"行政财产"或"财政财产",而分别经论为"自始客观不能"或"自始主观不能"而异,从而使出卖人因系于第三人(公用征收机关)之偶然事由(将征收土地归为"行政财产"或"财政财产")而异其责任。当其归为"行政财产",仅因自始客观不能,负信赖利益之赔偿责任;当其归为"财政财产",则因自始主观不能,而原则上负履行利益之赔偿的法定担保责任。此与以"公用征收程序完竣之时点"落在交付前或交付后之系于第三人的偶然事实为标准,而不顾公用征收程序已开始于交付前,决定危险负担之归属,同样不合事理。鉴于公用征收程序之开始,应经公告,并通知土地所有权人,所以这种在缔约时尚未实现,但已有不能原因之自始不能的情形,应不区分主观或客观不能,使债务人皆负与自始主观不能者相同之责任。

卖人明知买受人是为了奉侍年迈父亲才购买该汽车,则在迟延中,乙父若不幸去世,该汽车之给付对买受人而言,即不再有利益。买受人可引用第 232 条拒绝出卖人之给付。此外,因给付迟延状态之持续,契约当事人取得依第 254 条定相当期限催告其相对人履行,并声明如不于期限内履行,则解除契约。

8.小结

依"民法"第 348 条第 1 项出卖人负:(1)移转所有权;(2)交付目标物之义务。此为出卖人之主要的给付义务。

就这些债务,如法律没有"特别规定"其债务不履行,依债总关于给付不能及给付迟延之规定,出卖人只于可归责于己时始负损害赔偿责任。"民法"第 349 条以下之权利瑕疵"担保"规定即其"特别规定"。亦即因该"担保"之规定,使出卖人就权利瑕疵应负无过失责任。换言之,关于权利瑕疵,出卖人负有给付危险。

所谓权利瑕疵,在所有权之买卖指:(1)所有权非出卖人所有,或(2)在该所有权上有可以对抗买受人之负担("民法"第 349 条),在所有权以外之物权、债权及其他权利之买卖指:(1)权利不存在,或(2)在该等权利上有可以对抗买受人之负担("民法"第 350 条、第 349 条),(3)在有特约时,尚可包括债务人于债权移转时无支付能力("民法"第 352 条)。

由此可知权利瑕疵担保为债务不履行之一般债权保护规定外的进一步保护。是故,不成立权利瑕疵担保者,不当然免除出卖人依买卖契约原来所负之(主要)给付义务。其所影响者唯不负(无过失要件要求之)权利瑕疵担保责任而已,而非债(之履行义务)。是故,如就权利瑕疵有可归责于出卖人之事由,出卖人还是应负债务不履行的责任。否则,不负权利瑕疵担保的债务岂不变成一种在不履行时,没有责任的债务。此为"债务与责任"的问题。

唯当出卖人依"民法"第 351 条,因买受人于契约成立时,知有权利之瑕疵,而不负权利瑕疵担保责任时,仍应按具体情况认定买卖目标之内容有无因此同时减缩为带有负担,例如带有抵押权或租赁权。如有减缩,则该负担并不构成瑕疵。如无减缩,则关于权利瑕疵部分,买受人依债务契约所得享有之"交换利益"或"回复利益"仍然受到保护。亦即在价金给付前,就其交换利益可以主张同时履行抗辩权("民法"第 264 条),或免为对待给付("民法"第 266 条);在价金给付后,可分别按情形以给付迟延或给付不能为理由,就回复利益于依第 254 条解除契约后,依第 259 条规定请求返还,或经第 266 条依不当得利之规定,请求返还。

(二)物之瑕疵担保

1.概说

出卖人除负担保权利瑕疵之义务外,尚负有担保物之瑕疵的义务。"民法"

第 354 条第 1 项规定："物之出卖人对于买受人应担保其物依第 373 条之规定，危险移转于买受人时无灭失或减少其价值之瑕疵，亦无灭失或减少其通常效用，或契约预定效用之瑕疵。"由此可知，据以判别物是否具有瑕疵之标准有二：一为物之价值（交换价值）是否有瑕疵，二为物之效用（用益价值）是否有瑕疵。物一旦受到毁损其价值即因而减少，所以减少的理由可能是因为物之毁损或灭失而减损其效用，也可能是因为人们的心理因素所造成之交易上价值的降低。因此，据以判别物是否因毁损或灭失而减少其价值或效用的标准亦不外是物之交换价值与用益效用。基于二者之相应性，下文将先探讨第 196 条规定中之损害概念，而后再说明物之瑕疵的概念。

"民法"（2000 年 4 月 26 日修正）第 196 条规定："不法毁损他人之物者，被害人得请求赔偿其物因毁损所减少之价额。"[①]

物一旦受到毁损，它的交易价值即因而减少。此为这里所称之物的贬值。物所以因毁损而贬值的理由是：物经毁损后（1）它可能因而失去其原来比较完好的外观；（2）也可能因而减少其本来的效用；（3）也可能因而使它比较不受喜好，从而对它的需求也便降低。其结果毁损过之物品纵使具备同等效用及外观，但为了促成交易，必须降低其交易价格。这是经济社会实际存在的事实。于是学说上称呼为回复被毁损之物本来的外观及效用，所需的修复费用（die Reparaturkosten）为技术性贬值（der technische Minderwert），称呼修复前存在，或修复后仍存在之交易价值的减少为交易性贬值（der merkantile Minderwert）。交易性贬值系现代修复技术无法排除之被毁损物的贬值。《德国民法典》第 251 条第 1 项中提及之"虽回复原状而仍无法圆满填补之债权人的损害"即指这种情形而言。[②] 这种交易性贬值既然指的是回复原状后还存在的贬值，则它的法律性质显然不是"民法"第 215 条所指称之不能回复原状或回复原状显有重大困难的情形。由于当今科技，特别是在发展中国家，并无如前述之绝对的回复原状的能力。所以这里所称之交易性贬值，首先还只是在假设有此能力的前提下被了解。当这个假设

[①] "民法"原第 196 条规定："不法毁损他人之物者，应向被害人赔偿因毁损所减少价额。"该规定之内容与修正后之规定内容并无基本出入。原规定从毁损者有义务赔偿出发，修正规定从被害人有权请求赔偿出发。倒是在修正规定，被害人到底可以向谁请求反而不明确，只能从前后文之关连断之。

[②] Larenz, Schuldrecht, Bd. I, 10. Aufl. S.232："回复原状在下述情形不能圆满填补损害，即被毁损之物虽经修复，而其价值却仍低于其被毁损前之价值。""此时，债权人（除回复原状下），尚得附带请求金钱赔偿。"关于技术性贬值，参见 Robert und Reinhardt Geigel, Der Haftpflichtprozeβ, 15. Aufl., 1972, 4/33；交易性贬值，4/39 以下；Soergel-Reimer Schmidt, aaO. 38 § 249-253。

在具体案件,实际上与事实并不相符致被毁损之物只有一部分能被回复原状时,则那尚不能被回复原状的部分,应怎样评价? 是否应将能与不能的部分分别观察,而各依"民法"第 213 条或第 215 条处理,或应整体地依第 213 条或第 215 条处理? 为了单纯化问题之处理,在物为不可分的情形,除因将该物所受毁损的状态整体地评价为不能回复原状或回复原状显有重大困难或显失公平,而将全案让"民法"第 215 条规范外,宜将能回复原状的部分依"民法"第 213 条以下处理之,而将其余不能回复原状的部分,并入交易性贬值项下去处理。盖概念下的那种正如本来面目与性能之原状的回复,本来就可能与事实脱节,因此才有交易性贬值之承认与救济的必要。比较有弹性之交易性贬值的设计较接近于生活事实,可以补回复原状这种远离于事实之概念性设计之失。在这个了解下,交易性贬值不为回复原状的赔偿方法所涵盖。后者只及于技术性的贬值。且技术性贬值与交易性贬值之界限依前述说明应做比较弹性的了解。不管这一个界限在具体的案件如何认定,由于交易性贬值并不为回复原状的赔偿方法所涵盖,所以前述界限之划分的弹性处理,当不会带来应用上的困扰。实务上,首先只要谨慎地认定适当之技术性贬值的范围,而将其余之贬值归入交易性贬值,便会只剩下交易性贬值之实现(die Realisierung)及其赔偿之法律依据的问题。关于交易性贬值之实现,在德国过去是以实际出卖时为其实现之时,但由于这样做事实上常导致逼使受害人不情愿地过早出卖被毁损之物,而有过分苛求受害人之嫌,故德国联邦法院后来肯认,不以出卖为交易性贬值之实现的要件。[1] 而以修复工作结束时为计算交易性贬值之时点。[2] 德国这一方面的经验可以做我们处理本案型之参考。至于交易性贬值的赔偿依据,在台湾地区"民法"是"民法"第 215 条或第 196 条。适用第 215 条之论据为:将修复后尚存在之交易性贬值论为"不能回复原状或回复显有重大困难"之损害;适用第 196 条之论据为:将修复后尚存在之交易性贬值论为"其物因毁损所减少之价额",盖交易性贬值与技术性贬值为该条"因毁损减少之价额"之可能文义所包括当无疑义。[3] 在这些情形,被害人分别依该两条规定皆可请求以金钱赔偿其损害。

2.物的瑕疵之概念

按所有权人基于其所有权对于所有物享有之权利可以解析为价值权与用益权。此为所有权人对于所有物所享有之利益。当该等利益因物上的因素而有所

---

① BGH NJW 1961，2253.

② *Robert und Reinhardt Geigel*，aaO.(FN.24) S.92,内引 BGH 在 VersR 1967，183 上所登之判决采此见解。

③ 关于"技术性贬值"与"交易性贬值",详请参见黄茂荣:《民事法判解评释(I)》,1978 年版,第 266 页以下:技术性贬值、交易性贬值。

减损,即有物之瑕疵。然因一分钱,一分货,所以物之瑕疵为相对的概念,必须针对个别契约关系之具体情形认定之("民法"第354条、第355条)。

借用上述贬值的概念,可以说明物之瑕疵的概念。买卖目标物具有减少或灭失其价值之瑕疵,即称其具有"交易性瑕疵";具有减少或灭失其效用之瑕疵,即称其具有"技术性瑕疵"。虽然区分交易性瑕疵与技术性瑕疵在法律效力上并无有意义之差别。但瑕疵类型之不同,在构成要件上并非全无意义。今试就物之效用上瑕疵详论之。

(1)效用上物之瑕疵的意义

第354条第1项中段规定:"无灭失或减少其通常效用或契约预定效用之瑕疵。"意即:买卖目标物之宜用性有减少或灭失时,称之为效用上之物的瑕疵。此段所提到之物之效用,其范围显与技术性贬值部分相当。所谓效用,除其功能外,并及于其外观,盖外观不但影响到物的功能,甚至在有些情形,物是否具有其应有之功能,完全取决于外观。例如珠宝之交易价值及功能相当程度均取决于其外观,故外观影响功能并非例外现象,可以说外观或多或少一直都影响着功能,同时并影响其价值。又如一辆汽车之效用固由于其具有乘载之功能,但其外观之美好晶亮,给人之"体面感"亦为一种经济上效用,同样构成通常所称之效用之一。因此,此处所称之效用及于交换价值以外之一切效用。

(2)效用上物之瑕疵的分类

依"民法"第354条第1项中段,效用上物之瑕疵可分从以下两类说明之:

①通常效用之瑕疵

所谓通常效用,指以交易上一般之标准来衡量系争物之效用。讨论物之通常效用,必须以"民法"第200条"给付物仅以种类指示者,依法律行为之性质或当事人之意思不能定其质量时,债务人应给以中等品质之物"所隐藏之法律精神来了解。

在我们所看到的资料中,"民法"第354条原则上系指非种类之债之案型,但任何买卖目标物(无论是特定物或种类之债之买卖),纵将之论为特定物之买卖,此目标物自身之性质仍属一个或广或狭的种类,并不因当事人以之为特定物而有所改变。所谓特定物之买卖或种类之债之买卖,在相当程度上是相对于某特定契约而被决定,是故,大部分情形,特定买卖并非一绝对,而是一相对的概念。特定之债并不意味必不属某一种类。论其实际,其意义仅止于当事人依其合意,于契约中,以某特定物为契约内容。例如在买卖契约中,以特定一部计算机作为买卖目标物。

例如,甲向乙买汽车,甲可向乙表示欲买"某种"(规格)汽车,亦可表示欲购"某辆"汽车,若是前者,则是以"汽车"这一种类表示买卖目标物,此即为限制种类之债;反之若为后者,则是以该种类中之一特定(确定)物为买卖目标物,此即特定之债。

无论"以种类"或"非以种类"描述买卖目标物,该目标物即使在以之为特定物的情形,其本身属于某一种类(汽车)之属性,并不因为当事人双方将买卖目标物以特定的方式描述之而有所变更,其所以为特定之债,系由于当事人将之当成特定物买卖,才变成特定之债,而非某一买卖目标物,从其性质上自始地为特定。故吾人可谓:即使在特定之债,其目标物(特定物)并不因其被特定,而失去其本来所属种类之属性。

因此,在特定之债,其目标物是否具备"民法"第354条所称之通常效用,应考虑该特定物所属之种类的属性。此所称之种类,应指当事人所意指之种类。唯当事人所指之种类,可能与该特定物事实上所属之种类不一致,此时第354条所指"通常效用"之判断,究应以当事人所认为之种类为标准,或以该物事实上所属之种类为标准?

仍应以当事人所指之种类为准,因为只有当事人所指之种类,才是当事人在契约自由原则下,所认该特定物应具有之通常效用所属之种类。[①]

依以上所述确定买卖目标物所属之种类及层次后,便可进一步按其当属之等级,认定其应具有之通常效用,并将买卖目标所具有之效用与之相比。该目标物若不具通常效用之水平,即不具通常质量。此时,出卖人即可能因"民法"第354条第1项中段之规定而负瑕疵担保责任。

②契约预定效用之瑕疵

契约预定效用存在之意义,乃买受人要求目标物除具一般之效用外,更应具有如该契约所预定之效用。基于此认识,契约预定效用之水平通常高于通常之效用,盖必如此,该部分的规范才有意义。但不尽然如此。买受人若想要使出卖

---

① "民法"第354条之规定通过前面说明,对于价值之瑕疵及通常效用之瑕疵之认定,应以双方当事人所认定之种类为标准。在此意义下,应属瑕疵概念下的主观说之见解。物之瑕疵的概念有主观的瑕疵概念与客观的瑕疵概念两种学说:(1)主观的瑕疵概念:指瑕疵之有无的认定取向于当事人对该物之预定效用,即以当事人之预定效用或契约预定效用之有无为标准。(2)客观的瑕疵概念:指瑕疵有无之认定,应取向于该物之自身,换言之,不考虑当事人对该买卖目标物之预定效用,而专取向于该物之自身,亦即取向于该物所属之种类,来决定这种物的瑕疵标准。通过这一标准就该物所认定下来之瑕疵,即属学说上所谓"客观的瑕疵概念"指称之瑕疵。一般而言就"民法"第354条所定"物之通常效用"的瑕疵的认定,立法者显然采客观说,而契约预定效用之瑕疵的认定,则显然采主观说。但在"买卖目标物所属之种类,若以当事人所约定者为依据,而非以该物事实上所属之种类为依据","民法"第354条有关物之瑕疵(无论在物之通常效用或契约预定效用)的概念,采取的该是主观说。但种类被确定后,延伸出去,就通常效用的瑕疵之认定,仍以采客观说的标准为当。

人担保该买卖目标物有高于其所属种类之通常效用以上之效用,必须透过当事人双方的约定将之落实到契约上。①

由此导出认定有无契约预定效用之担保,其通说上的看法:

A.首先应认定买受人对该目标物之预定效用有何期待。

B.进一步再探讨买受人之预定目的于缔约时是否已透过双方意见之交换,而成为契约的一部分。若是,则买受人所期待之效用,因落实至契约上,而成为契约预定的效用。

若买受人能证明买卖契约中有契约预定效用之约定,且买卖目标物不具备该契约预定效用,则该目标物有"民法"第 354 条第 1 项中所谓"有灭失或减少该契约预定效用之物的瑕疵"。究竟是减少或灭失应视物之瑕疵的程度具体认定之。

3.物之瑕疵之其他分类——法定与约定

如上所述,物之瑕疵,就其瑕疵之性质可分为交易性瑕疵与技术性瑕疵(效用上之瑕疵)。而就其担保责任之发生系由于法定或约定,则可分为"法定瑕疵担保"与"约定瑕疵担保"。法定瑕疵担保即"民法"第 354 条第 1 项前段所规定:物之出卖人,对于买受人应担保其物依第 373 条之规定危险移转于买受人时,无灭失或减少其价值之瑕疵,及第 354 条第 1 项中段:应担保无灭失或减少其通常效用之瑕疵。约定瑕疵担保即第 354 条第 1 项后段所规定:应担保无灭失或减少其契约预定效用之瑕疵,及第 354 条第 2 项所规定:出卖人应担保其物于危险负担移转时具有所保证之质量。

(1)法定瑕疵担保之规范基础为法律

法定瑕疵担保之规范依据固为法律,但以某物为买卖目标物缔结买卖契约时,仍可以合理地认定当事人双方即使非明示,亦已默示认为该买卖目标物应无"减少或灭失该物之通常效用之瑕疵"存在。鉴于意思表示之方式依第 153 条本就不限于明示,默示之意思表示亦可,故在法定的物之瑕疵担保之案型,推定双方当事人间有上述之默示合意,且进一步认为第 354 条第 1 项所规范之法定瑕疵担保责任之规范上的直接依据,与其笼统地说是"法律",不如说是"契约"。

(2)约定瑕疵担保之规范基础为契约

约定的瑕疵担保系指担保买卖目标物无减少或灭失契约预定效用之瑕疵,

---

① 此所谓落实至契约上,并不需明示,正像有关意思表示之有无或当事人合意之有无,并不以明示为限,默示亦可。但无论明示或默示,该预定效用已落实在契约上这件事应能被证明。至于"所谓默示之意思表示,系指依表意人之举动或其他情事,足以间接推知其效果意思而言"("最高法院"2000 年 12 月 22 日 2000 年度台上字第 2880 号)。

或担保买卖目标物具有保证的质量。

由于约定瑕疵担保这两个案型规范上之基础同为契约,致两者难于区分。所谓一个是保证其具有某种预定上之效用,另一个是没保证,而只是担保具有契约预定之效用,仍无法见其区分的意义。

"民法"第 354 条第 1 项后段规定"应担保无减少或灭失契约预定效用之瑕疵"。所谓"预定之效用"不得是契约当事人片面预定的效用,片面者,即不顾相对人之意思。要之,第 354 条第 1 项后段之"约定的物的瑕疵担保"案型,在契约上仍应有其存在基础。

文献上①关于"民法"第 354 条第 2 项之讨论,并不要求第 354 条第 2 项所称之"保证"应以明示为必要,因此从意思表示及合意是否存在的角度观察,"某种质量之存在的保证"与第 354 条第 1 项后段之瑕疵担保很难有所区分。又第 354 条第 1 项既然已将契约预定之效用与通常效用加以区别并列之,可知立法者并不认为契约之预定效用全等于通常效用。换言之,第 354 条第 1 项之瑕疵概念已通过契约预定效用之引用而扩张或缩小。就此而言,第 354 条第 1 项之契约预定效用与第 354 条第 2 项之保证质量,同样有扩张瑕疵概念之外延的作用,从而由之亦无法见其区别(关于此问题,笔者将于讨论第 354 条第 2 项时,详为说明)。

4.保证质量之案型

"民法"第 354 条第 2 项"出卖人并应担保其物于危险移转时,具有其所保证之质量"。此案型由字面上看来,似无重大疑义,但实际操作起来非常麻烦,所谓麻烦即:

第一,当事人双方如何在契约中表现出卖人保证质量?应使用哪些用语?是否一定要用含有"保证"字眼的用语?

第二,使用了含有保证的用语,是否就毫无疑问地可认为有质量保证之合意存在?

第三,第 354 条第 2 项所定欠缺保证之质量与第 354 条第 1 项中段所定契约预定效用之物的瑕疵案型如何区别?区别标准何在?其区别在实务上有何实益?

(1)保证质量的认定

依第 98 条之规定:"解释意思表示应探求当事人之真意,不得拘泥所用之辞句。"这真意之探求会使当事人使用之文字在契约法上之重要性,相对地被弱化

---

① Larenz, Schuldrecht, BT, 10. Aufl., S.38f; Esser, Schuldrecht, BT, 4. Aufl., S.33ff.

下来,至于会不会被抹杀倒是另一个问题。但他们所使用之文字,在当事人真意之认定上,不具有绝对性的意义,则属无疑。

鉴于第 354 条第 1 项后段契约预定效用规定之存在,且此案型与第 354 条第 2 项具有一共同特征,即两者在契约上皆已获得它的基础(二者在契约上皆有约定),因此,笔者以为,在一具体案型中要去认定是否有第 354 条第 2 项"质量保证"之存在,就必须趋向保守。由于此种保守倾向的必要性,我们可能必须倾向于下述的见解:

当事人若欲出卖人为质量之保证,最好使用法律上所规定的字眼,比较清楚地,而且非常加强语气地去写,不要光谈出卖人保证目标物具有××质量,最好写成"出卖人依第 354 条第 2 项保证目标物具有××质量",通过这样的约定,可避免很多无谓的纠纷。但也不是说当事人对质量保证的约定非提第 354 条第 2 项不可。虽然不采上述之方法去为"质量保证"的约定,并不意味着他们之间绝无第 354 条第 2 项"质量保证"之约定,但由于刚才所提到,就"质量保证"约定之存在与否,认定上采保守的倾向会使事实认定之结果,可能不利于买受人。①

唯应注意者,纵当事人有类似"质量保证"约定之用语,亦不一定即生第 354 条第 2 项之效果。盖法律之用语,通过"民法"第 98 条探求当事人真意之结果,往往不具绝对性。而到底认定之结果如何,仍须依诚信原则斟酌交易习惯,视具体情况认定之。

通过上述之讨论,笔者以为若一买受人欲享有第 354 条第 2 项质量保证,最好将该条项明白提出,以免法律的适用者,通过意思表示的解释,将它解释为"当事人双方在此并无质量保证的约定"。

(2)质量保证与契约预定效用之区别

①区别之实益

"民法"第 354 条第 2 项质量保证之案型与第 354 条第 1 项后段契约预定效

---

①　契约中若明白提到出卖人应依第 354 条第 2 项,就买卖目标物之××质量负担责任,买受人就此部分之约定,当可立于不败之地。在其他情形透过契约解释之结果,可能出卖人不但不因该质量保证约定之存在而负第 354 条第 2 项之责,甚至就该部分连物之瑕疵担保都不负。例如,出卖人高嚷:"西瓜包甜!菠萝包甜!"在法律上之意义为何?(1)依交易上的习惯,这种表示在法律上几乎是毫无意义的,此即德国文献中就买卖所提到的 Anspreisung,亦如我们俗语所称"老王卖瓜,自卖自夸"。在买卖交易习惯允许"公式性质量夸张的表示"。双方当事人对之不可认真,是参与这种经济活动的人所认知的。因而这种保证不但不生第 354 条第 2 项之法律效力,同时亦可能不生第 354 条第 1 项中约定瑕疵担保之法律效力。(2)然则这种情形出卖人应负何种程度之物的担保责任?笔者以为,其只负本来所应负的瑕疵担保责任(即就像那句话根本不存在),要言之,并不因"西瓜包甜"这句话而使之负起第 354 条第 1 项所应负之法定的物之瑕疵担保责任。

用之案型,其区别之实益,主要地表现在第354条第1项但书。盖通过契约自由原则当事人可约定任何他们认为应具备之重要的质量。虽然第354条第1项但书有"但减少之程度无关重要者,不得视为瑕疵"之规定,但一个瑕疵纵使本来是无关紧要的,它同样可透过当事人"质量保证"之约定,使它具有法律上之意义。就此点而言,可以发现,保证质量之约定会使第354条第2项规定之案型,相对于第354条第1项之但书,获得重大意义。在此情况下,该质量保证之存在,使出卖人不得再据第354条第1项但书,以为主张。因此,我们可以说第354条第2项,在实务上有重大意义,并与第354条第1项在效力上构成重要的区别。

②如何区别?

谈法律上类型之区别时,可能有两个方法被提出,一为构成要件之区别,一为法律效力之区别。在本问题,由于质量保证与契约预定效用二案型都以当事人之约定为要件,因此就此点而言,即找不到区别之依据,然而由于质量保证之案型对出卖人之责任有较高层次之要求(如第360条之规定),是故对第354条第2项之意思表示所含之法效意思,相对于第354条第1项后段,亦须有较高层次之要求,此乃其构成要件之区别。至于其法律效力之区别,则正如前段所言,除第360条外,也表现在第354条第1项但书。

欲区别各种不同类型时,固然以构成要件的区别为主要,至于法律效力的区别,常常只是衍生性的问题,例如:如何行使、保护范围、时效、举证责任等,都不是本质上的区别。不过,在以意思表示作为构成要件的情形,因法效意思为组成意思表示之基本要素,类似意思表示间之区别,便以其包含之法效意思为其区别标准。

5.物之瑕疵担保责任之法律性质

(1)学说之介绍

有关物之瑕疵担保责任之法律性质,学说上有下列三种说法:

①不可抗力责任说

在有关物之瑕疵担保案型常被当成是"责任"的问题来探讨。所谓责任,乃是对"义务之违反"所课的法律义务。换言之,责任有两个前提,第一是义务之存在,第二是义务之违反。当人们将物的瑕疵担保归入责任的类型后,进一步就有瑕疵担保义务被违反的问题。唯瑕疵担保义务之违反是否需以故意或过失为要件?由第354条之规定看来,物之瑕疵担保责任,并不以故意或过失为要件,因此,有将之归类为"不可抗力责任"(die Zufallshaftung)。盖只要有瑕疵存在之事实,而又无第355条之免除要件,"瑕疵担保责任"即为成立,无庸考虑出卖人是否有故意或过失。

②契约基础丧失说

此说乃透过"契约或法律行为基础不存在"的理论来进行说明。买卖契约之当事人缔约时,当以某些事实情况为缔约之基础,在此即以该买卖目标物没有第354条所称之"瑕疵"为基础。若目标物有"瑕疵",则当事人认为存在之基础便不存在,于是将物之瑕疵担保案型归入缔约基础不存在的案型,依"契约基础不存在,或法律行为基础不存在"的理论处理之(Wegfall der Geschäftsgrundlage)。

"契约或法律行为之基础不存在",在台湾地区尚属较不熟悉的一个法律制度,其法律效力主要有两个:一为"契约之解除或终止",另一为"给付与对待给付间之对价关系的调整"。此两个法律效力,在此制度中并不当然并存,亦即说,哪一个法律效力适当,必须视具体情况认定之。在此了解下,如果依此制度说明物之瑕疵担保,其操作过程对台湾地区而言是相当陌生的。[①]

③对价均衡说

关于物之瑕疵担保责任之法律性质的第三种说明方式是直截了当地将问题点归结于"契约之给付与对待给付之调整"的问题,其理由是:当一个双务契约缔结时,当事人间对给付与对待给付之间的对价性一定做过权衡,而且通过权衡,当事人认为经合意决定下来的给付与对待给付间之对价的关系,对契约当事人而言是最公平的。依据人们的生活经验,契约目标存有瑕疵当会影响买卖价金的决定,亦即会影响到给付与对待给付间之对价的均衡。因此如有瑕疵,必须为对价之均衡关系受到破坏之给付与对待给付重新寻出一个均衡点。关于均衡的了解,与经济学中价格理论的说明是类似的,[②]亦即买卖当事人双方就具体契约

_____

①　"契约基础不存在",此一案型是在《德国民法典》制定后发展出来的,其法律效力应该如何,在法律规定上并不很清楚,就个人所看到有关这方面的文献,其法律效力可以导致契约之解除或终止,也可以导致给付与对待给付之对价关系的调整,但两个法律关系并不当然地处在选择的关系。在联邦德国这种制度经实务界、学术界引用、探讨,已进一步形成比较具体的类型,于是可以谈那一种契约基础不存在的类型,其法律效力应该为何?此问题之处理,只有让诸专论,不拟在此继续讨论。详请参见 Esser,Schuldrecht,AT, 4.Aufl., S.226ff;Larenz,Schuldrecht,AT,10 Aufl. S.235ff;ders, Geschäftsgrundlage und Vertragserfüllung 3. Aufl., 1963;*Wolfgang Fikentscher*,Die Geschäftsgrundlage als Frage des Vertragsrisikos,1971,Larenz 认为在物之瑕疵的情形,"错误"的规定及关于(主观的)"契约基础丧失"的(原则)皆无适用(氏着 Schuldrecht,Bd. Ⅱ. Halbband 1,BT;13. Aufl. S.73ff.)。所谓契约基础不存在所涉问题,在典型的情形相当于"民法"第227条之二所定之情事变更。这与物之瑕疵担保所规定者不大相同。

②　价格理论中有关均衡点之说明,简言之,乃通过供给与需要决定一个均衡价格。但此均衡价格将会由于嗣后供给量或需要量之增加或减少而受到破坏,是故于被破坏后,就必须重为调整,以达到一个新的均衡点。

之目标物与价金透过合意,就其对价关系形成一个均衡点。此均衡点所由决定之基础事实,主要牵涉到"瑕疵"之存在与否。如果有本来认为不存在之瑕疵,则均衡点就会受到破坏。在此种情形应在已经破坏的均衡点外,另找出一个均衡点,或至少必须给予这样的机会。故此说亦可称为"合理对价关系回复说"。

(2)台湾地区"民法"采取之学说

①依"民法"第 359 条解除契约后,须出卖人有过咎,始负信赖利益之赔偿责任?

"民法"第 354 条之案型,其法律效力主要规定在第 259 条。依该条规定,买受人得解除契约或请求减少价金,以调整对价关系。以上权利之取得不以出卖人有故意或过失为要件,为到此程度并无责任的意涵,必须到选择解除契约并依"民法"第 260 条请求信赖利益之赔偿时方有责任的意味。问题是该赔偿义务是否以出卖人有过咎为要件? 若依第一说所主张之"不可抗力责任",则纵使出卖人就该买卖目标物之瑕疵存在,不知或就瑕疵之发生并无故意或过失,买受人仍得于解除契约后,径依第 260 条请求赔偿。唯该见解是否妥当,值得商榷。盖观诸"民法"第 220 条规定债务人仅就故意或过失负责;"民法"第 247 条规定,以出卖人对客观给付不能,因有过失而不知时,始负信赖利益之赔偿责任;又"民法"第 495 条及第 502 条皆规定因承揽人有归责事由时,定做人方得解除契约,也才能依第 260 条请求信赖利益之赔偿。归纳之,除有特别规定外,"民法"第 260 条应只有在解除权人之相对人有过咎时,才有适用之余地。且在"契约法"上,原则上亦只有在契约当事人有故意或过失时,始负损害赔偿责任。"民法"第 260 条是"契约法"上重要规定之一,所以"民法"第 260 条之引用当须贯彻此原则。故笔者以为买受人依第 359 条解除买卖契约后,若进一步欲依第 260 条对出卖人请求损害赔偿,则必须证明出卖人有过咎。因之,可认为"民法"第 359 条所规定者,就损害赔偿部分,并不具不可抗力责任之特征。

②"民法"第 360 条承认在此案型亦须考虑责任要件

在物之瑕疵担保案型,立法者或法律适用者,是否无须考虑出卖人过咎之有无,而径为肯认买受人之赔偿请求权? 鉴于"民法"第 360 条之明文规定,显采否定之态度。这是有道理的。盖质量保证之约款在性质上属于担保约款,其违反当然构成可归责事由,不以故意或过失为其要件。因其违反所负之责任属于以契约为规范基础之担保责任。唯依担保约款所生之责任与不可抗力责任,并不得混为一谈(后者如"民法"第 231 条第 2 项)。至于第 360 条后段所定,出卖人故意不告知物之瑕疵的情形,其责任立基于出卖人已有第一次义务之违反在先,从而应负无过失责任。[①]

由以上说明,可知以上三说皆不适合用来说明与损害赔偿有关的责任。至于与契约之解除或对价关系之调整有关部分,第一说可用以说明其成立不以出卖人有过失为要件。第二说固可用以说明契约之解除或对价关系之调整请求权。但除有点迂回外,其适用与契约基础变更或不存在学说或制度在发展上主要考虑的类型特征不尽相符。是故,能否为台湾地区"民法"所采,不无疑问。

(3)物之瑕疵担保责任之性质应采第三说

不论损害赔偿的部分,而只论给付与对待给付间之对价性,第一说不可抗力责任说显然不能说明本案型之性质,因此剩下第二说和第三说才可能是说明此问题的学说。若由法律效力观察,会发现第二说对于"民法"所规定之法律效力都已提到,此为第三说所不及者(指解除契约部分),就此而言,第二说与"民法"规定是较相近的,但因第二说并非针对"物之瑕疵担保"而形成的理论,而且此理论之实际情形如何,尚在发展中,以一个尚不能十分把握的学说来说明"物的瑕疵担保",并不适当。盖以一个不清楚的法律制度说明一个相对上较清楚的法律制度,可能使被说明之制度更不清楚。而第三说能简单地通过契约自由原则之贯彻:即假定当事人能知自己利益所在(且其基于合意所决定之给付与对待给付之均衡的对价关系亦最合乎正义的要求),来说明何以减少价金与解除契约是适当的法律效力。此种说理之前提是台湾地区已清楚的。是以在两说之取决上当以能说明得较好之第三说为妥。盖当事人经合意决定之对价关系,应视为最合乎正义的关系,其后该关系如因任何原因而被破坏,必须回复此均衡,或重新寻出一个新的均衡点。例如有一辆汽车完好无缺的市价是 30 万元,但当事人约定价金 40 万元,成交后交付前该车出了小车祸,以致带有瑕疵,而使该车贬值四分之一,此时虽有瑕疵但买受人如不解除契约,则其应给付 40 万×3/4,而非 30 万×3/4。此例在说明当事人所约定之给付与对待给付之比例在新的均衡关系之决定上,继续有其拘束力。亦即当事人之约定应被尊重。此与"民法"第 359 条之价金减少请求权的规范意旨是相符的。至若出卖人于缔约时故意不告知物之瑕疵,则因出卖人该恶意的存在,使其不配受像第 359 条这种调整性之让步规定的保护,应贯彻原合意之对价关系,此所以在此情形,第 360 条规定出卖人应负给付利益之损害赔偿责任的理由。

---

① 有第一次义务之违反后,行为人应为往后与之有因果关系之结果负无过失责任为可从"民法"之规定归纳出来的重要原则。例如无因管理人应为不适法无因管理所发生之损害结果(第 174 条)、给付迟延之债务人应为迟延中所生损害(第 231 条)、恶意不当得利之返还义务人应为因之发生之损害(第 182 条),负无过失责任。

由于当事人双方只对原来之给付及对待给付之均衡有合意,而并未对透过价金之减少所形成之新的均衡有所合意,故买受人如不愿接受新的均衡点,自得解除契约。在此推理下,若当事人不争执新均衡点之形成,自得依原合意之给付及对待给付间之比例为基础,决定新的均衡关系。如此处理,应相当符合当事人间之合意。由是"民法"第359条规定的法律效力:解除契约及请求减少价金,"对价均衡说"可圆通而不勉强地解释。

无论"约定的瑕疵担保"或"法定的瑕疵担保",其规范上依据均为契约而非法定之债的关系。而第三说如前所述是以契约自由原则为基础(对价均衡之假设)来说明物之瑕疵担保责任的法律性质。贯彻瑕疵担保之规范上依据系契约的看法,第三说将较其他两说更直接简明,故当以采第三说为当。

6.物之瑕疵担保责任之积极要件

"民法"第354条就物之瑕疵担保责任规定,出卖人应担保目标物于危险负担移转时,不具有该条所称之瑕疵。出卖人依有关瑕疵担保之规定,除有特约外,固然不负排除物之瑕疵的义务,但依第354条于目标物之危险负担移转于买受人前,他仍可自由决定,是否排除物之瑕疵。唯纵该瑕疵不能排除,或出卖人不愿加以排除,致使买卖目标物之瑕疵于危险负担移转时,仍继续存在,亦只充分第354条之构成要件,即该目标物具有买卖法所称之物之瑕疵。至于出卖人就此瑕疵,是否应负责?依台湾地区"民法"之规定,尚系于下述积极、消极要件是否被充分而定。

要之,买受人主张物之瑕疵担保请求权者,除必须证明该买卖目标物有第354条所称之瑕疵外,尚须践行"民法"第356条检查通知之义务,此为物之瑕疵担保责任之积极要件,兹试分述如下。

(1)须目标物有瑕疵

①不以自始存在之瑕疵为限

买卖目标物之瑕疵,依其发生之时间可分为自始之瑕疵与嗣后之瑕疵。前者即指瑕疵在契约成立时已存在而言。此种情形,出卖人应负瑕疵担保责任,乃为学者一致之见解。后者即指瑕疵发生于契约成立后、交付前之情形,此时,出卖人所负之责任,究竟为瑕疵担保或为债务不履行?抑或两者皆有?每有争论(请容于下段说明之)。至于瑕疵发生于目标物交付后之情形,则应属危险负担,而非瑕疵担保之问题,盖依"民法"第373条之规定,买卖目标物之危险,自交付时起,由买受人承受负担,今物之瑕疵既发生于交付后,则其不利益当由买受人承担,从而出卖人即无庸再对此瑕疵负担保责任,质言之,出卖人只担保目标物在交付前无"民法"第354条所规定之瑕疵。

至于目标物之瑕疵发生于契约成立后、交付前者,是否可构成瑕疵担保责任？学者间每有持否定见解者，其理由略谓：瑕疵担保乃无过失责任，不问出卖人有无过失皆须负责，而债务不履行则须考虑债务人之可归责与否。目标物之瑕疵发生于契约成立之后者，若无可归责于出卖人之事由，他本不负债务不履行责任。今如应负瑕疵担保责任，对出卖人岂非过苛？然笔者以为，如此之观点，未尽妥当，盖在危险负担之移转，台湾地区"民法"规定以"交付"为移转时点，亦即在交付前，因不可归责于双方当事人之事由致目标物毁损灭失者，其价金危险本由出卖人负担。贯彻斯旨，在目标物交付前，不但因可归责于出卖人之事由所生的瑕疵，出卖人应该负责，而且因不可归责于双方当事人之事由而生之瑕疵，出卖人亦应负担该危险，这正是危险负担意义之所在。何况物之瑕疵担保的效力，一般仅为解除契约及请求减少价金。其回复或保护者，仅是买受人之对价利益（Aquivalenzintersse）。基于买卖契约之有偿性，并无不公平之处。此外，解除契约仍受第 359 条但书之限制？至于依"民法"第 360 条请求不履行之损害赔偿，乃系基于出卖人之质量保证而生。出卖人既曾为质量之保证，鉴于其"保证"之担保的意义，一旦目标物未具保证质量，自不问出卖人有无过失，皆须负责。综上所述，瑕疵担保之成立当不以瑕疵于契约成立前已发生为要件，从而若契约成立时无瑕疵，而交付时有瑕疵，出卖人亦应负担保责任。[①]　是故，因嗣后瑕疵所引起的问题，原不在于出卖人在这种情形是否应对不可归责于出卖人与买受人之嗣后瑕疵负瑕疵担保责任，而在于因可归责于出卖人之事由致生嗣后瑕疵者，出卖人除负物之瑕疵担保责任外，是否更应负债务不履行的责任。其答案，应以肯定为当。盖物之瑕疵担保的规定应无对出卖人提供这种庇护的意义。此由关于给付不能及其他债务不履行态样可以见之。它们莫不以是否可归责于债务人为标准而加以区别待遇。在此了解下，若买卖目标物因可归责于出卖人之事由而在缔约后、交付前带有瑕疵，例如在房屋之买卖的情形，因出卖人之过失，失火烧毁了房屋之一部分。在这种情形出卖人若不及时在交付前将因失火所引起之瑕疵排除，则他就能排除之瑕疵应依给付迟延之规定，就不能排除之瑕疵，应依给付不能之规定负其责任。这些责任与物之瑕疵担保责任可以构成像请求权竞合这种并存的状态。[②]

　　②瑕疵之举证

　　物之瑕疵担保请求权之成立，以目标物有瑕疵为前提已如上述，唯就买卖目标物是否有瑕疵及其瑕疵程度，买卖双方常易各执一词，因而有证明到底是否有

---

　　①　Larenz，Schuldrecht，Bd Ⅱ. Halbband 1，BT，13. Aufl.，S. 69；Soergel-Huber，§ 459 Rz.50.

　　②　参见 Soergel-Huber，11. Aufl.，Rz 194 Vor § 459.

瑕疵之存在及其范围之必要,从而引起举证责任之分配的问题。

A. 举证责任之分配原则:规范说

关于如何分配买卖目标物瑕疵之有无的举证责任,法律对之并无具体的明文规定,因此应适用举证责任分配之一般原则处理之。

按举证责任问题乃属于法律适用的问题,因为只有具体的法律事实充分法律所规定之构成要件时,规定该构成要件之法律规定(或法条)才有被适用的可能。是故,在诉讼中,法院若不能经过心证确信该法律事实确实存在,即无该法条之适用,从而也不能导出当事人所欲之法律效力。其结果,法律事实真伪不明之状态所引起的不利益即归由因系争法条之不被适用而会败诉之一造。由之自然导出举证责任之分配原则:当事人之诉讼上请求的成败系于某些法律规定之适用者,则该当事人就"用以充分该等法律规定之一切构成要件的法律事实的存在"负举证责任。要之,当事人就"该当于有利自己之法律规定的构成要件之法律事实的存在"负举证责任。[①] 台湾地区"民事诉讼法"第 277 条显然以本学说为其规范之基础,该条规定:"当事人主张有利于己之事实,就其事实有举证之责任。"唯将该条规定与前述说明加以比较,该条将"有利于己之事实"与"法律规定之构成要件"间的关联,加以切断,可能障碍该学说意旨的掌握,而流于专对法律事实对某一当事人之有利或不利做教条式的了解。

B. 举证责任分配原则之修正

基于法律依靠将一定之有利或不利之法律效力系于一定之构成要件,以产生规制生活关系的机能。举证责任之分配原则,原则上自当采"规范说"。唯在近代德国学说与实务,对前述举证责任之原则,通过一些"举证责任的移转"加以修正,值得参考。按其类型,有下列四种:

第一,隐藏或消灭证据方法。所谓隐藏或消灭证据方法,乃指当事人以故意或过失之违反义务行为(作为或不作为),使其相对人原来可能之举证,后来成为不能之情形。此时,法院原则上应相信该相对人所做之可信的主张。唯法院究竟如何认定,还系于法院自由心证之结果。是故在这种情形,法院或减轻相对人之举证责任,或使举证责任倒置,以避免作直接之判断。例如,在医疗纠纷的情形,医生在诊断当时应照而不照取 X 光照片,致事后无法确实认定是否有治愈之可能性者,推定系争过误之医疗行为与损害之间有因果关系。德国学者 Rosenberg/Schwab 认为在这种情形,宜通过法院之自由心证,而不宜通过举证责任之移转处理之。盖举证责任之移转对当事人因过失而证据方法灭失的案型,太过严厉。当然在故意隐藏或消灭证据方法时,原则上强烈地意味着对相对

---

① 规范说 Normentheorie,参见 Rosenberg/Schwab, Zivilprozeβrecht, 12,Aufl.,S.635.

人有利之事实为存在。①

第二,重大违反职业上义务。在一般之侵权行为,受害人必须举证证明其发生之损害与加害行为有因果关系,唯在重大违反保护他人之身体或健康之职业上义务时,本来不负举证责任之当事人,应证明其行为和该可能由其行为所引起之损害间无因果关系。例如:医生若轻率地犯了一个可能引起损害之重要医疗错误,则有这种损害发生时,即由该医生负举证责任,证明该实际发生之损害与其错误之医疗行为无因果关系(举证责任之移转)。②

第三,商品制作人之责任。在有关商品制作人之责任问题,德国联邦法院肯认举证责任之移转。亦即因正常使用过误所生产之商品,致消费者之生命、身体、健康或财产受损害之情形,由于受害人原则上并不能探知制造人有关组织上、作业上之事实,是以制作人应证明其在制造范围内之一切过程没有过误,包括证明:其组织没有瑕疵以及商品之瑕疵非因其受雇人之过错所引起,或纵然由其受雇人之过错所引起,但雇用人得依《德国民法典》第831条第1项第2款(相当于台湾地区"民法"第188条第1项但书)免责,亦即雇用人对受雇人之选任及监督已尽相当之注意,或纵加以相当之注意,亦仍不免发生损害。要之,在商品责任,制作人就由其商品之瑕疵所引起之损害,应举证证明:自己对该瑕疵之存在,于制造过程中,并无组织上与人员聘雇监督上之过失,始能免责。就该举证责任之移转,"民法"第191条之一第1项已有明文规定:"商品制造人因其商品之通常使用或消费所致他人之损害,负赔偿责任。但其对于商品之生产、制造或加工、设计并无欠缺或其损害非因该项欠缺所致或于防止损害之发生,已尽相当之注意者,不在此限。"

第四,教示义务之违反。按损害与义务违反间之因果关系,原上应由受害者举证。但德国联邦法院在因契约所成立之说明或教示义务的违反,肯认一个例外,亦即义务人应举证证明:该损害纵使在教示义务不违反时亦会发生,否则即认为损害与教示义务之违反有因果关系。关于此问题德国学者Musielak曾表示他的观点,他认为在这种情形,让诸法院之自由心证而不待于举证责任之移转,已能适当处理本问题。如此之观点亦为Rosenberg/Schwab所赞同。③

C.买卖目标物之瑕疵的举证

第一,特定物买卖之情形。由前述关于举证责任分配之讨论,可以获得一个

① 参见Rosenberg/Schwab, Zivilprozeβrecht, 12, Aufl., S.641~643.
② 关于这个见解之正反学证,参见Rosenberg/Schwab, Zivilprozeβrecht, 12, *Aufl.*, S.64及同页注22。
③ 参见氏著Zivilprozeβrecht, 12. Aufl., S.634.

正确的标准,以决定何人应就买卖目标物之瑕疵的有无负举证责任。亦即到底是出卖人应证明买卖目标物无瑕疵或具有保证之质量?或买受人应证明瑕疵之存在或目标物未具保证之质量?因为有瑕疵之物的给付乃属瑕疵给付,其因此对于买受人之固有利益造成损害时(有害给付),并构成积极侵害债权。[①] 这些皆不属于消极之债务不履行(给付迟延或给付不能)的问题。是故,当出卖人为有瑕疵之物的给付后,买卖双方之关系即由债务之履行转为物的瑕疵担保,从而关于物之瑕疵之有无的举证责任,应依有关物之瑕疵担保责任的规定处理之。买受人行使物之瑕疵担保请求权,应引用与物之瑕疵担保请求权之成立有关的规定,从而首先便应举证证明瑕疵之存在。[②] 假若不为举证或举证失败以致不能使法院确信瑕疵之存在,则买受人便会因"民法"第 359 条、第 360 条或第 364 条之不适用而受到不利。盖若无人证明瑕疵之存在,这些规定之构成要件,便不被充分,从而法院不能引用该等规定,做有利于买受人之判决。是故,不管买受人欲解除契约或请求减少价金,或在保证质量欠缺的情形,欲请求不履行之损害赔偿,买受人皆应证明目标物瑕疵之存在。买受人欲以买卖目标物有瑕疵为理由,抗辩出卖人对其所提起之"给付价金"之诉者亦然。盖这种抗辩权之行使,其性质属于解除契约或请求减少价金之行使。因此关于举证责任之分配,在这里并不因买受人是否受领或拒绝受领而受影响。由于物的瑕疵担保不属于债务不履行的问题,从而受领不构成物之瑕疵担保责任之构成要素,因此受领与否,不

---

① 花莲地院 1958 年 7 月份司法座谈会:"若买受人对于受领该牛,并无过失,而于发觉其牛于交付前染有隐瞒之传染病时,即通知出卖人,同时对于自畜之他牛,应即为隔离或其他之安全措施,如买受人怠于为此项安全之措置,则出卖人仅对其所出卖之牛负物之瑕疵担保责任。如买受人于发觉即为相当之安全措置,而仍不免于传染致均遭累死亡时,则买受人关于其自畜之牛只之死亡,均得以侵权行为(按:亦可依积极侵害债权)请求所生损害,一并向乙请求赔偿。"

② 对于依通常程度检查,即可发现之瑕疵,若买受人已检查目标物,但未发现该瑕疵时,并不因其已为通常之检查,就必然享有瑕疵担保请求权。盖买受人纵然已做通常程序之检查,但由于未实时发现瑕疵,致未为有瑕疵之通知,而仍将被"视为承认"其所受领之物,以致丧失瑕疵担保请求权。至于瑕疵担保义务之存在,关于法定瑕疵担保部分(通常效用与价值之担保),依第 354 条第 1 项买受人不用举证其存在,至于约定的瑕疵担保部分(契约预定效用及保证质量),买受人在主张瑕疵担保请求权时,应证明该等约定或保证之存在。

影响关于瑕疵之有无之举证责任的分配。①

第二，种类买卖之情形。在种类买卖的情形，买受人享有与特定物买卖相同之权利，盖出卖人所负之债务，已因给付之提出而由种类之债转为特定之债（"民法"第200条第2项）。从而在所交付之物有瑕疵之情形，买受人亦得解除契约、请求减少价金，或于欠缺保证之质量时请求不履行之损害赔偿，是故，首先在此限度内，买受人于瑕疵之存在或保证质量之欠缺，与特定物买卖之情形一样，必须负举证责任。唯在种类买卖之情形，买受人依"民法"第364条得不解除契约或请求减少价金或请求不履行之损害赔偿而请求另行交付无瑕疵之物，亦即在种类买卖之情形，买受人有权将有瑕疵之物的给付当成债务不履行加以处理，而请求履行原来之买卖契约所约定之主要给付义务（第348条）。②

对买受人之请求另行交付无瑕疵之物而言，出卖人若以其给付为无瑕疵或具有所保证之质量而为抗辩，则其抗辩属于"已依债务本旨而为履行之主张"，对于该主张，出卖人应负举证责任。若其不能证明，则应另行交付无瑕疵之物，从而在其另行交付无瑕疵之物前，买受人对于出卖人之价金请求权得行使同时履行抗辩权。盖未另行交付无瑕疵之物的性质属于债务不履行，已如前述。是故，在种类之买卖，买受人若以出卖人所交付之物有瑕疵为理由，请求另行交付无瑕疵之物，并在交付前拒绝给付价金，而双方对于瑕疵之有无有争议时，出卖人应负举证责任。唯买受人所选择之瑕疵担保请求权非为"另行交付无瑕疵之物"时，买受人就瑕疵之存在应负举证责任。盖买受人选择"另行交付无瑕疵之物"以外之物的瑕疵担保请求权的结果，使双方法律关系之内容发生变更，③从而买

---

① 按台湾地区"民法"第358条，虽提及送到之买卖目标物的受领问题，但该条规定：买受人对于由他地送到之物，主张有瑕疵，不愿受领者，如出卖人于受领地无代理人，买受人有暂为保管之责。（第1项）前项情形，如买受人不即依相当方法证明其瑕疵之存在者，推定于受领时为无瑕疵。（第2项）至于买受人不拟拒绝受领者，则依"民法"第356条亦负检查有无瑕疵之义务，并于发现有瑕疵时，负通知出卖人之义务，本条亦使买受人负举证证明瑕疵之存在的义务（关于特定物买卖之瑕疵的举证责任问题，参见Rosenberg, Die Beweislast, 5. Aufl., S.352 f.）。

② 文中所谓种类买卖之买受人有权将有瑕疵之物的给付当成债务不履行加以处理，并不意味着出卖人之瑕疵给付不曾使当事人间之法律关系由债之履行转入物之瑕疵担保，是故，买受人于受有瑕疵之物的交付后，无论其是否受领，只要能证明瑕疵之存在，买受人便有权解除契约或请求减少价金或甚至在欠缺保证质量之情形，请求不履行之损害赔偿，出卖人不得主张另行交付无瑕疵之物，以阻止买受人行使前述权利。

③ 瑕疵担保请求权之行使，使系争买卖契约或因解除而归于消灭，或因请求减少价金而使其给付与对给付之关系受到调整，或因请求不履行之损害赔偿而使原约定给付转为损害赔偿之债。这些皆使原来之债务之内容发生变更。

受人应就其变更权之要件事实的存在(即瑕疵之存在)负举证责任。至于买受人若请求另行交付无瑕疵之物,其所请求者为出卖人依系争契约原来所负之给付义务,换言之,其间之法律关系并无任何变更,反而是由买受人给予出卖人澄清误会(瑕疵并不真正存在的情形),或嗣后补救(瑕疵真正存在的情形)的机会,这个机会的把握为出卖人所应珍惜,以证明其履约之诚意,是故出卖人在买受人请求另行交付无瑕疵之物之情形,应负举证责任,证明其所给付之物无瑕疵。[①] 唯学说上仍多认为在这种情形买受人就瑕疵之存在应负举证责任。[②]

第三,试验买卖之情形。在试验买卖之情形,因买卖目标物与供试验之物同一,故其性质属于特定物之买卖。从而关于试验买卖之瑕疵的举证责任,应由买受人负之。唯这里所称之瑕疵,指通过系争试验通常可能不会发现之瑕疵而言。盖通过该试验通常可能发现之瑕疵,或认为买受人于契约成立时知其物有该瑕疵之存在,或认为系因买受人之重大过失而不知其存在,从而依"民法"第355条出卖人免负担保责任。若出卖人不能证明买受人已通过试验在缔约时明知该瑕疵之存在,而只能证明买受人因重大过失而不知该瑕疵,则出卖人如曾为质量之保证,仍应负瑕疵担保之责。[③]

第四,货样买卖之情形。在货样买卖的情形,由于买卖目标物与货样不同一,且这种买卖通常属于种类买卖,故当事人间,关于瑕疵有无之举证责任的分配,原则上依前述关于买卖之说明。唯在货样之买卖,出卖人所担保之品质为与该"货样有同一之质量",故其瑕疵之认定,必须以货样之质量为标准。假设嗣后双方关于当初所提之货样的同一性有争执,其同一性应由负举证责任之一方证明之。假设该货样已不再能被提出,则负举证责任之一方必须承担其不利。不过,该货样若交由"非负举证责任"之一造所保管,则该造便承担保管之义务,是则,该货样若不能提出,法院可能依据心证拟制该货样已经提出,且认为具有负举证责任之一方所主张之质量。申言之,出卖人所交付之物,应具有负举证责任者所主张之质量,此际,负举证责任者如为买受人,则可能抬高货样之质量;反之,负举证责任者如为出卖人,则可能抑抵货样之质量。[④]

第五,送交买卖之情形。在送交买卖之情形,由于买受人必须负担买卖目标

---

① Rosenberg, Die Beweislast, 5. Aufl., S.354~355.

② Soergel-Huber, §459 Rz 63ff..其观点要为,无论买卖双方在诉讼上所扮演的角色为原告或被告,所行使之瑕疵担保请求权为何,系争买卖究为特定买卖或种类买卖,一概皆以买受人是否受领目标物为断,受领前,瑕疵之有无的举证责任,由出卖人负担;受领后,由买受人负担。

③ 参见 Rosenberg, Die Beweislast, 5. Aufl., S.355。

④ 参见 Rosenberg, Die Beweislast, 5. Aufl., S.355。

物自出卖人交付运送时起发生之危险,而所谓危险当包括灭失与毁损所造成之瑕疵在内。是故,出卖人仅负责买卖目标物在交付于为运送之人或承揽运送人时为无瑕疵。因此依"民法"第 374 条,买受人应举证证明,系争目标物在出卖人将之交付于为运送之人或承揽运送人时已有瑕疵存在。唯由于买卖目标物交付于运送人时,买受人并不在场,故要求其为此举证,与事物之性质显相违反。因此,只要买受人能证明系争目标物在到达时有瑕疵,出卖人便应证明目标物于交付于为运送之人或承揽运送人时并无瑕疵,以反证该瑕疵系发生于运送途中。至其证明方法,例如,与运送人会同验货后,由运送人出具"清洁提单",表示所接受装运之货物及其包装完好,并无瑕疵之情形("最高法院"1977 年台上字第 3818 号民事判决)。唯这种清洁提单之拘束力,首先只使运送人对托运人(出卖人)"不能事后随意谓上开包装有不良之情事而推其运送人之责任"。至于受货人(买受人)固然亦得依载货证券对运送人主张如该清洁提单所记载之效力,但出卖人是否得以该清洁提单对抗买受人,以之为其已给付无瑕疵之物的充分证据,则属另外一问题。[①]

第六,几种例外情形。关于物之瑕疵的举证责任分配,固应依前述原则定之。唯在关于商品之产地担保,以及未经证验之新原料耐用性的担保,例外地概由出卖人负举证责任;反之,在因加工而致不能证明物之瑕疵是否存在者,则由买受人负举证责任(Soergel-Ballerstedt, Kommentar zum BGB §459 Rz. 42)。[②]

③买受人应如何保全证据方法

买卖目标物是否有瑕疵之举证责任,在大部分的情形由买受人举证,已如前述,因此,便必须讲究买受人如何保全证明瑕疵存在之证据方法。关于这个问

[①]　参见 Rosenberg, Die Beweislast, 5. Aufl., S.353~354。

[②]　近代在损害赔偿的程序上,有人主张,与前述原则不同之举证责任的分配方法,亦即认为,前述举证责任分配之一般原则在损害原因出自加害人所管领之危险范围时,应受限制。依该见解,在侵权行为的情形,被告应举证证明侵权行为责任所由发生之与构成要件相当的主观与客观之法律事实并不存在,盖学说认为,受害人在这里难于举证,而可能之加害人却比较能够证明。此外,该学说还认为系争责任法之预防目的,若不通过这种举证责任分配,便没有办法达成。唯 Rosenberg 以为,上述之观点实有待商榷,盖危险范围之划分是有困难的。况在契约法上,关于给付不能与给付迟延之可归责于债务人之推定(《德国民法典》第 282 条、第 285 条)早已就过咎之认定将举证责任移转于债务人,而在侵权行为法上所发生之举证责任的困难,通过在自由心证上依经验法则斟酌"暂时证据"(prima facie Beweis)以及前述关于举证责任移转之四种例外情形,应可适当地解决。此外,《德国民法典》第 831 条规定之举证责任之移转,当也意味着《德国民法典》并不一般地肯认与规范说相异之管领说(Rosenberg/Schwab, Zivilprozeβrecht, 12, Aufl. S.639 f.)。

题,"民法"除以第 356 条课买受人检查通知之对己义务外,并以"民法"第 358 条第 2 项进一步课买受人依相当方法证明瑕疵之存在的对己义务。按对己义务之违反的法律效力通常为"权利失效"或"举证责任之移转"。买受人违反"民法"第 356 条规定之义务者,仅发生使买受人丧失权利(物的瑕疵担保请求权),亦即发生权利失效(Verwirkung)的效力,而违反"民法"第 358 条第 2 项之对己义务者则仅生举证责任之移转,而不生权利失效之效力。反之,"对他义务"之违反的法律效力,通常是"损害赔偿责任",例如"民法"第 358 条第 3 项、第 4 项(变卖义务的违反)。

依"民法"第 356 条第 1 项规定,买受人于受买卖目标物之现实交付后,应即依通常程序从速检查其所受领之物,如发现有应由出卖人负担责任之瑕疵时,应即通知出卖人。又依同条第 2 项规定,买受人怠于为前项之通知者,除依通常之检查不能发现之瑕疵外,视为承认其所受领之物。申言之,买受人就送到之买卖目标物,若不依通常程序为检查,致不知有应由出卖人负担保责任之瑕疵,或虽为检查而未发现这种瑕疵,致未能通知出卖人,则买受人应与经践行第 1 项的规定之检查,且知有这种瑕疵之存在而未为通知的情形,一样地依同条第 2 项视为承认所受领之物,丧失瑕疵担保请求权。至于不能即知之瑕疵,依同条第 3 项规定,于日后发现时,应即通知出卖人,怠于为通知者,视为承认其所受领之物。当然,买受人若迟至受物之交付六个月后始为通知,则即使买受人发现该瑕疵后便即通知出卖人,亦不能享有物之瑕疵担保请求权,其理由非因买受人依"民法"第 356 条第 3 项被拟制为承认所受领之物为无瑕疵,而系因已经过"民法"第 365 条第 1 项所规定之期间。唯"民法"第 356 条与第 365 条第 1 项分别依第 357 条或第 365 条第 2 项之规定,于出卖人故意不告知瑕疵者,不适用之。

依"民法"第 358 条第 2 项之规定,买受人对于他地送到之物主张有瑕疵,而不愿受领者,如出卖人于受领地无代理人,买受人除依该条第 1 项有暂为保管之责外,尚须依相当方法,证明其瑕疵之存在,否则推定于受领时为无瑕疵。买受人若不依本条项之规定,依相当方法证明其瑕疵之存在,其法律效力为:推定买卖目标物于受领时为无瑕疵,而非拟制为买受人承认其所受领之物为无瑕疵,此与"民法"第 356 条第 2 项、第 3 项所规定者不同。"民法"第 358 条第 2 项之法律效力的规范意义为"举证责任之移转",故若买受人本来便就瑕疵之存在负举证责任,则此种举证责任之移转,对买受人而言并不带来新的不利。

(2)须买受人已尽检查及通知义务("民法"第 356 条)

①瑕疵之种类

"民法"第 356 条首先就系争目标物事实上所具有之瑕疵,以发现之难易程度,将之分为两类:

A.可实时发现之瑕疵("民法"第 356 条第 1 项)

所谓可实时发现之瑕疵,乃指依通常检查程序即可发现之瑕疵,此即"民法"第 356 条第 1 项所指称者。对于此种瑕疵,不论系由于买受人不履行通常之程序,检查所受领之物,以致未发现瑕疵,或买受人虽已做检查,但仍未发现该瑕疵,依第 356 条第 2 项之规定,皆视为买受人承认其所受领之物,即承认其符合契约所约定之质量的要求,而不具有第 354 条所称之瑕疵,因而丧失其本可享有之瑕疵担保请求权。换言之,出卖人在这两种案型,依第 356 条第 2 项之规定,皆不再负瑕疵担保责任。

B.非可实时发现之瑕疵("民法"第 356 条第 3 项)

"民法"第 356 条第 3 项所谓"不能即知之瑕疵",即依通常检查程序,无法发现之瑕疵。

对于依通常程序检查无法发现之瑕疵,买受人于日后始知悉者,应于"知悉"时,立即通知出卖人,若怠于此通知义务,亦"视为承认其所受领之物",从而丧失本来可享有之瑕疵担保请求权。

C.应于保固期间内发现之瑕疵

在买卖契约双方如有保固期间之约定,则不论系争瑕疵发现之难易,只要在保固期间内发现有瑕疵并通知出卖人,出卖人即应负物之瑕疵担保责任。此种担保虽不一定是第 354 条所定之质量保证,但至少因此以意定的方法延长瑕疵之应发现期间。另在保固期间内发见有瑕疵并为通知后,其物之瑕疵担保的除斥期间是否亦应受通知后六个月内为行使的限制?从保固期间之意定担保功能立论,只要尚未逾越保固期间,买受人之物的瑕疵担保请求权应当不会受到第 365 条关于通知后应在六个月内行使之除斥期间的影响。有疑问者为,如保固期间超过五年,第 365 条关于自物之交付时起经过五年而消灭之除斥期间,是否也应因之延长至其所担保之保固期间届满时。应采肯定的见解,以满足各种物之保固期间的规范需要。

②受领之意义

"民法"第 356 条所称之"受领",系指出卖人基于"拟履行依第 348 条所应负之义务"的意义,将该物现实交付于买受人;同时买受人亦以"出卖人之交付,系履行其依第 348 条所应尽之义务"的意思,接受该物之交付。要之,当事人双方皆基于履行债务之意思,而为该物事实上管理之移转时,该交付行为,始为"民法"第 356 条所称之"受领"。否则若当事人双方并非基于此意思,而为该物管理之移转,使出卖人将该物"交付"于买受人,亦不构成第 356 条之"受领"。①

③通知义务规范上之依据及其法律性质

当"民法"第 356 条之"受领"的构成要件经充分时,买受人应就其所受领之物加以检查,并将检查之结果通知出卖人。第 356 条对买受人此种要求之法律性质为何? 又其是否以第 356 条作为规范上之依据?

A.台湾地区"民法"之规定

立法者透过"民法"第 356 条之规定,调整当事人间就物之瑕疵担保责任的法律关系,此调整之法律性质属"法律行为法"之性质,或法律规定之性质? 更精确言之,此调整之规范上的依据为法律、法律行为或契约? 由"民法"第 356 条第 3 项所使用之字眼"视为承认"观之,似乎可认为立法者显然准备,就当事人之所为在法律上应如何了解,进行解释性的规范。盖所谓"承认"系一种意思表示,"视为"则为拟制的信号,将买受人之所为"视为承认",即将之当成意思表示加以处理。从这两个字眼,吾人可推知立法者在此准备对买受人之行为以"法律行为法"上之意义加以处理。

"民法"第 356 条第 1 项系规定买受人受领目标物后,对实时可发现之瑕疵不为检查,或纵为检查,仍未发现瑕疵之案型,第 356 条第 3 项则为规定买受人对非可实时发现之瑕疵,于受领日后发现,而怠于通知之案型。透过第 356 条第 2 项、第 3 项之规定,买受人之所为将被"视为""承认":出卖人所交付之物符合契约所约定之质量的要求,无第 354 条所规定之瑕疵。透过拟制的规定,拟制买受人有此意思表示之存在,以调整当事人间有关瑕疵担保之法律关系。从而,双方当事人间之法律关系将依契约法或法律行为法加以处理。

B.《德国民法典》之规定

《德国民法典》第 464 条:"买受人知有瑕疵,而受领该有瑕疵之物者,仅于受领时,保留其关于瑕疵之权利,始得享有第 462 条及第 463 条所定之请求权。"(笔者按:《德国民法典》第 462 条、第 463 条之规定,即相当于台湾地区"民法"第 359 条、第 360 条之规定)依《德国民法典》第 464 条之规定,买受人受领一明知有瑕疵存在之物,必须于受领时曾为保留"因该瑕疵之存在所能享有之权利"的

---

① 例如甲于 1977 年 7 月 7 日,将其所有之汽车一辆,作价 10 万元,卖与乙并约定同年 9 月 30 日交付汽车。嗣后乙于 9 月 1 日至 9 月 5 日期间急需用车,因此与甲情商借用,若甲同意借乙使用五天,基于"使用借贷"之意思,将该汽车交付于乙。此"交付"行为对出卖人甲而言,并非"民法"第 348 条意义之交付,对买受人乙而言亦非第 356 条之"受领"。因甲之交付行为并非基于履行第 348 条义务之意思。此种区别在实务上有重大意义。盖"受领"不但是第 356 条之检查通知义务,而且也是第 373 条所定危险负担之移转的构成要件要素之一。参见 Larenz, Lehrbuch des Schuldrechts, Bd. Ⅱ/1, 13. Aufl., S.48。

意思表示，才能享有第 462 条、第 463 条所规定之瑕疵担保请求权。反之，台湾地区"民法"第 356 条利用拟制性的方法，规定当买受人充分第 356 条第 2 项之构成要件时，拟制其所受领之目标物，符合契约所要求之质量，从而不正面规定买受人丧失第 359 条、第 360 条所规定之瑕疵担保请求权。

《德国民法典》第 464 条之法律关系的调整，乃因法律之规定而直接发生，而非因拟制，或推定"当事人承认该有瑕疵物符合契约所约定之质量的要求"之意思表示的存在。申言之，《德国民法典》透过第 464 条之规定，课买受人以某种对己义务，当其不履行该义务时，即先丧失第 462 条、第 463 条所规定之权利的法律效力，即失去相当于台湾地区"民法"第 359 条和第 360 条规定之瑕疵担保请求权。由上述说明，可知《德国民法典》第 464 条之以"权利失效"的方式规定其法律效力。

Larenz 亦认为《德国民法典》第 464 条之法律效力的规范基础为法律而非法律行为，亦非契约（规范为契约与法律之上位概念）。如果认为系契约，则将涉及在意思表示有错误时，能否撤销的问题。就此，Larenz 显然认为不宜赋予买受人，以意思表示有瑕疵（例如错误）为基础的撤销权。[①]

因台湾地区"民法"第 356 条系一拟制规定，当不致引起 Larenz 教授之顾虑。盖买受人对所受领之物的承认，既是透过法律之拟制而被认为存在，则基于拟制之性质，买受人事后自不得以意思表示有瑕疵为理由（例如错误），而主张要撤销该被拟制为存在之"承认"的意思表示。

C.二者之比较

基于上述讨论，可知台湾地区"民法"认为第 356 条之规范基础系法律行为。

在这种情形，很可能事实上，买受人真有拟制的意思存在，但亦可能没有，究竟是否有该意思存在仍须依具体情况认定之。因此若不考虑具体案件之实际情况，而直接透过法律之拟制规定，使出卖人获得相当于不负物之瑕疵担保责任的法律效力，其规范上之依据，实际上是法律而非买受人之意思表示。

反之，若依 Larenz 之见解，认为《德国民法典》第 464 条之规范上的基础为法律，则亦可能忽略，事实上，买受人承认其所受领之物符合该契约所要求之质量的案型。

通过上述说明，两种见解皆有与事实不尽相符的地方，而无法圆满顾及所有案型之实际情况。在此笔者不拟更进一步探讨何种见解较适当。此处只是说明依"民法"第 356 条第 2 项、第 3 项之规定，立法者认为出卖人之瑕疵担保责任之免除的规范依据为契约或法律行为，而非法律。

---

① 　Larenz，aaO. S.48.

④通知义务违反之法律效力

依"民法"第 356 条,买受人违反通知义务者,不但丧失其瑕疵担保请求权,而且买受人依积极侵害债权、缔约上过失、侵权行为或其他规定可能取得之损害赔偿请求权,皆相应地被排除。① 其理由为:作为损害赔偿请求权之发生基础的要件事实(物有瑕疵)在规范上被拟制为不存在。

⑤买受人通知之义务系属"对己义务"

"对己义务"之特征,在于法律要求一方当事人为某种作为,或不作为,当其不为法律所要求之作为或不作为时,将受到法律上之不利,但其相对人并不因此享有请求该当事人履行法律所要求之作为或不作为的权利。在此了解下,《德国民法典》认为出卖人不得依第 464 条对买受人请求为是否保留第 464 条、第 463 条之请求权的意思表示,由于出卖人无此请求权,因此《德国民法典》第 464 条对买受人之要求,即非传统意义之义务,而属"对己义务"。基于同样的理由,台湾地区"民法"规定买受人虽负检查与通知义务,但出卖人并无请求买受人为检查或通知之权利,同理买受人依台湾地区"民法"第 356 条所负之义务,亦属对己义务。不因台湾地区"民法"第 356 条与《德国民法典》第 464 条之规范上的差异而有所不同。

7.物之瑕疵担保责任之消极要件

买卖目标物之危险负担移转时,目标物虽然具有第 354 条之瑕疵,但是买受人除了须进一步充分第 356 条、第 357 条、第 358 条等关于瑕疵担保责任之发生的积极要件外,尚须避免有第 355 条、第 366 条等所定之消极要件存在。盖若有该消极要件存在,出卖人还是不负瑕疵担保责任。

(1)"民法"第 355 条之案型

①买受人知物有瑕疵者

"民法"第 355 条第 1 项规定:买受人于契约成立时,知其物有前条第 1 项所称之瑕疵者,②出卖人不负担保之责。代理人知之者亦同。③ 盖法律所保护者为善意之人,买受人既知物有瑕疵,而仍愿成立契约,可能基于两种理由:一是买受

---

① 此为联邦德国通说所持之见解(Larenz, aaO. S.48)。是故,不加保留而受领有瑕疵之物者,负担该等损害之危险,包括因瑕疵所延生之损害在内。唯损害非因物之瑕疵,而因附随义务之违反所致者,不在此限(Soergel-Huber, §464 Rz.4)。

② 买受人自己于契约订立时,知其物有瑕疵之存在时,出卖人不负担保之责,然买受人仅有怀疑仍为未足,须知其瑕疵之全部。若仅知其细小部分尚不能使出卖人免其全部瑕疵担保责任。参见史尚宽:《债法各论》,1977 年版,第 28 页。

③ 买受人之代理人为买卖契约之订立,从事商谈者,其知有瑕疵,等于买受人之知。参见史尚宽:《债法各论》,1977 年版,第 28 页。

人不计较该瑕疵而愿意让步,则基于契约自由原则,法律自无庸干涉。二是买受人既知该物之瑕疵,则于缔约时,在价金之合意上可能已考虑过该瑕疵对于物之价值的影响。是故,若嗣后法律再课出卖人以担保责任,则将反失公平。

唯应注意,因台湾地区"民法"第355条第1项明文规定以第354条第1项所称之瑕疵为限,[①]所以出卖人保证物之质量时("民法"第355条第2项),"民法"第355条之规定并不适用。

②买受人因重大过失而不知物有瑕疵者

"民法"第355条第2项规定:买受人因重大过失,而不知有前条第1项所称之瑕疵者,出卖人如未保证其无瑕疵,不负担保之责,但故意不告知其瑕疵者,不在此限。

按物之瑕疵担保责任的性质,系基于出卖人无过失责任之法律思想,因此在与有过失之处理,常导出对出卖人较有利之规定。盖出卖人所负责者既为无过失责任,则买受人对引起出卖人负担保责任之事由"与有原因"时,立法者会立即倾向于免除出卖人之瑕疵担保责任。[②]

"民法"第355条第2项但书"但故意不告知其瑕疵者,不在此限"之规定,亦从"与有过失"之规定加以规范。可知立法者就瑕疵之有无,及是否知悉,相当注意当事人双方过咎之程度。而就责任之有无的衡量,通常以双方当事人过咎之有无及程度衡量之。

所谓过失,乃指应注意、能注意而不注意而言。在此意义下,当一个人主观之状态被评定为有过失时,必基于一前置条件,即依法律该行为人有应注意之义务。在本案型,亦即买受人被认为有应注意之义务(买受人负有探知目标物是否有瑕疵之义务)。通过此推理,买受人检查目标物之义务,并非于危险负担移转时方始发生。论其实际至迟在契约成立之当时便已存在。有疑问者,只是应在何时,或至迟应在何时检查而已。这个问题与债之清偿期类似:债之发生时点与清偿期并不一定在同一时点。然此检查义务之法律性质如何?其系本来意义之义务?抑系对己义务?又是否对一切买卖契约,买受人皆有检查之义务?

A.买受人事先检查义务之法律性质

由于"民法"第355条第2项"买受人因重大过失……"之规定,固可导出买

---

①　参见史尚宽:《债法各论》,1977年版,第28页。

②　关于无过失责任,当受害人与有过失或与有原因时,立法者倾向于认定受害人无再保护之价值,其基于"无过失责任"所享有之请求权立即归于失效(权利失效)。物之瑕疵担保责任属无过失责任,故受害人(买受人)明知有引起无过失责任之原因(即明知瑕疵之存在)者,无被保护之价值。观之《德国民法典》第460条第1项,或台湾地区"民法"第355条第1项在此情形皆规定,出卖人不再负瑕疵担保责任,可以为证。

受人可能负有对目标物检查之义务。但此义务并不属于"出卖人可请求买受人履行该义务"之类型,亦即非本来意义之义务,而属于对己义务。换言之,出卖人固然不享有请求买受人检查目标物之权利,但如买受人违反第355条第2项之要求,而不为检查,则买受人可能会因第355条第2项所定对己义务之违反,而产生权利失效的法律效力(亦即丧失瑕疵担保请求权)。

B.买受人有无事先检查义务之认定

法律之规范,应取向于事物之性质,考虑该事物之交易习惯加以认定。从而吾人拟对"民法"第355条第2项进行了解时,亦应取向于交易习惯,如此方能与立法者对该生活事实的评价相衔接。在此了解下,若认为就每一买卖契约,其买受人皆有事先检查目标物之义务,不但与生活事实违背,且已把第355条第2项文义之外延扩张得太广。笔者以为,断定买受人是否有检查目标物之义务及其是否有过失,至少须考虑以下三点:

第一,在依通常程序之检查即可发现之瑕疵,且依交易习惯,可认定买受人应视查目标物者,此时如果买受人根本不看,或只看而不进一步检查,且由于这些不作为以致不知目标物具有第354条之瑕疵,则可认为买受人有过失。若这些瑕疵系属一般人只要稍加注意即可发现之瑕疵,而买受人竟不予检查,或虽检查但因太草率,以致未发现瑕疵,则可谓其有重大过失。反之,当事人于缔约时,买受人如未见到目标物,且依交易习惯亦不要求买受人须于缔约前先视查目标物,则纵使由于买受人未检查目标物,以致不知瑕疵之存在,亦不得认定他有重大过失。

第二,在非可实时发现之瑕疵,买受人是否应尽力检查之? 这应视交易习惯是否有此要求而定。[①] 交易习惯若有此要求,买受人自应负检查义务;反之,若无此要求,买受人自不负检查义务。例如:公法规定某笔土地有使用上之限制,对这种限制,也许有人认为并不是任何人皆会查阅,且亦非任何人皆看得懂,但交易习惯则可能要求买受人纵使看不懂亦应请他人代查。此时若买受人未请人代查,以致不知目标物有公法上之限制者,即属有重大过失。

---

① 当买卖目标物为土地时,买受人是否有勘察该土地之义务? 如甲向乙购买一块位于河边之土地,在一次水灾中,该土地已塌向河床,若甲于缔约时,不勘察以致不知土地下陷,此时是否可认为买受人违反"民法"第355条第2项之对己义务? 对此案型不宜抽象地概略规范之。首先就瑕疵部分应以交易上之习惯为准,然后探讨主管机关之意见。为使规范能符合该生活类型特征之要求,主管机关在意见之采取或形成时,应考虑交易习惯,如交易习惯认为在某种买卖类型,买受人理当视查买卖目标物,并作适当之检查,则买受人就负有第355条第2项之对己义务。唯其下陷之程度,若至于构成可通运之水道之一部分时,则因依"土地法"第12条,其所有权视为消灭,故其问题点由物之瑕疵转为给付不能。

第三,若出卖人于缔约过程中,曾阻止或说服买受人不必检查目标物,则买受人之所为虽充分上二案型关于违反检查义务的规定,仍应认为其无重大过失。例如甲向乙买汽车,出卖人乙推三阻四地不让甲前往查看,此时由于买受人甲无机会检查,则当然不负检查目标物之对己义务。

综合言之,如果买受人于缔约之当时,已获有查看目标物之机会(事实上已看到或只要愿意即可看到),且处于可为检查之状况,但不为检查以致不知该依通常程序之检查,一般人即可发现之瑕疵,则就此瑕疵之不知,买受人有重大过失。至于买受人于缔约时,若非处于可检查目标物之状态,则买受人是否负有第355条第2项检查目标物之对己义务?须依交易上习惯是否有此要求及具体情况认定之。另应注意者为,第355条第2项前段之规定乃自第1项规定延伸而来。其意旨其实不在于因买受人就瑕疵之不知有重大过失而无受保护之价值,而在于在这种情形,究诸实际难以认定买受人到底是否真的不知有瑕疵,以及在其价格之决定中,是否已经将该瑕疵考虑进来。

C.“民法”第355条第2项之例外

买受人有重大过失而不知时,出卖人原则上固不负担保之责,唯下列两种情形,出卖人仍应负担保责任。

第一,出卖人特别保证其无瑕疵者,此时不问买受人就其不知有无重大过失,出卖人皆应负担保之责。盖在保证质量之案型,纵买受人知其瑕疵,出卖人都须负责,则举重以明轻,买受人不知其瑕疵,虽有过失,出卖人亦应负责。

第二,出卖人故意不告知其瑕疵者,出卖人知有瑕疵,却故意不告知,而使买受人蒙受不利,此时,纵买受人因重大过失而不知,依诚实信用原则,亦应以让出卖人负担保之责为当。有数出卖人时,其中一人故意不告知瑕疵者,买受人对于全部出卖人皆有瑕疵担保请求权。对于出卖人不告知瑕疵,无所谓买受人与有过失的问题。[1] 故意炫示买卖目标物有一特种品质者,应与故意不告知瑕疵同视。[2]

③“民法”第355条与第351条法律效力之区别

“民法”第348条第1项规定出卖人两个主要给付义务:一是物之交付义务,一是所有权移转义务。就前段而言,出卖人只负有该物之交付义务,而不负有无瑕疵之物的给付义务。就后段而言,出卖人不但负有移转该所有权之义务,且同时负有正如该契约所约定状态之所有权的移转义务。换言之无瑕疵之物的给付,除非出卖人有保证质量之情形,原则上不构成出卖人之主要给付义务。而无

---

① 参见史尚宽:《债法各论》,1977年版,第29页。
② 参见史尚宽:《债法各论》,1977年版,第29页。

瑕疵之权利的移转,却原则上构成出卖人之主要给付义务。

　　唯在一具体契约案型中,当我们可以认定出卖人与买受人本来互相即获一合意,双方愿以带有某种瑕疵状态之所有权为目标,则应例外地认为出卖人依该买卖契约仅负有给付一带有该权利瑕疵之所有权的主要给付义务。例如:甲将一土地卖给乙,在该买卖契约缔结时,该土地设有新台币100万元之抵押权,若双方当事人都知道这个抵押权的存在,且依其具体情况足以认定双方合意,以带有该抵押权负担之所有权作为买卖目标,则出卖人依"民法"第348条第1项后段所负移转所有权的主要给付义务也就限制在该有新台币100万元抵押权之负担的所有权。在这个意义下,相对于系争契约,该抵押权之负担不论为该所有权之权利瑕疵。

　　反之,在物之瑕疵的情形,将"民法"第348条第1项前段与第355条结合加以适用,其法律效力会产生重大的不同。因为将"民法"第348条第1项前段了解成:只要交付该物,无论其是否有瑕疵,关于物之瑕疵,就全然依"民法"第354条以下关于物之瑕疵担保的规定来解决。在一具体案型,若这个救济途径已阻绝,买受人将不能通过其他法律制度受到适当的保护,此与权利瑕疵之规定不同。在权利瑕疵之案型,纵出卖人依"民法"第351条前段不负权利瑕疵担保义务,然由于一完整无瑕之所有权的移转,在买卖契约中构成出卖人之主要的给付义务,所以,买受人虽不能依"民法"第349条与第353条之有关规定来对出卖人行使权利瑕疵担保请求权,但还留下另一可能的救济途径:即依"民法"第348条第1项后段,主张出卖人尚未履行其依买卖契约所负之主要的给付义务,从而可透过"同时履行抗辩权"或债务不履行之规定,拒绝价金之给付,或解除契约。这种救济途径在物之瑕疵担保中是不存在的。盖依"民法"第354条以下之规定,出卖人并不负给付无瑕疵之物的义务。是故,第351条所称"买受人于契约成立时,知有权利之瑕疵"之构成要件虽然与第355条第1项所称"买受人于契约成立时知其物有前条第1项所称之瑕疵者"之构成要件相同,且二者亦皆赋予出卖人不负瑕疵担保责任的法律效力。但基于上述分析,可见当将"民法"对权利瑕疵担保与物之瑕疵担保的规定分别同出卖人所负之主要给付义务联结并加以比较时,还是会发现第351条与第355条在适用上会引出完全不同的法律效力。

　　(2)"民法"第366条之案型

　　"民法"第366条:以特约免除或限制出卖人关于权利或物之瑕疵担保义务者,如出卖人故意不告知其瑕疵,其特约为无效。

　　基于契约自由原则,在本来可构成出卖人瑕疵担保责任之情形,若其间有免除或限制之特约,则出卖人原已或可能发生之担保责任,将因该特约之存在而被免除或限制(第366条前段)。至于第366条后段,系同条前段之特别的限制规定。此与第 357 条对于第 356 条之关系相同,皆具限缩的作用。第 357 条与第 366 条后段所规定者之共同特征为:出卖人掩饰存在之瑕疵的案型。第 366 条后段虽然只规定出卖人故意不告知瑕疵之案型,但正如德国通说①所示,它尚应包括出卖人故意宣称其优点存在而实际上该优点并不存在的案型。因为这两种案型之法律上的重要之点相同(就瑕疵之有无,分别以不作为或作为瞒欺买受人),所以,出卖人夸张目标物优点之案型,可类推适用第 366 条后段之规定。申言之,出卖人故意不告知瑕疵与故意夸张有某项优点存在的案型,在性质上并无不同。因为利用不作为(故意不告知),或利用作为(故意夸张目标物事实上不具备之优点),皆构成瑕疵存在之"掩饰",皆可能误导相对人关于是否缔结该买卖契约的决定,所以,所利用之手段不论是"作为"或"不作为",作用相同,从而其法律上重要之点相同。是故,关于故意不告知瑕疵之规定(第 355 条第 2 项但书、第 357 条后段),皆可类推适用于出卖人故意夸张目标物具有事实上不存在之优点的案型。要之,出卖人故意不告知瑕疵者,纵其间有免除或限制担保义务的特约存在,依第 366 条还是不生特约的效力。同理,出卖人夸张目标物事实上不具有之优点者,该特约依然无效。

8.物之瑕疵担保之效力

在权利之瑕疵担保,出卖人负有排除该权利瑕疵之义务,且依"民法"第 353 条规定:出卖人不履行"民法"第 348 条至第 351 条所定之义务者,买受人得依关于债务不履行之规定,行使其权利。若出卖人不能排除该权利瑕疵,买受人在给付价金前尚可主张同时履行抗辩权。在物之瑕疵担保则不同,其非但不课出卖人以排除瑕疵之义务,且买受人亦不得据以主张同时履行抗辩权。要之,物之瑕疵担保所生之效力,随其瑕疵类型之不同,而可能有得"解除契约"或"请求减少价金",或更得"请求不履行之损害赔偿"。在种类买卖之案型,买受人甚至可请求另行交付无瑕疵之物。至于此等权利之性质为何?有待进一步之探讨。

(1)"民法"第 359 条、第 360 条、第 364 条规定之权利的性质

①"民法"第 360 条为第 359 条之延伸规定。

②"民法"第 364 条为第 359 条及第 360 条之延伸规定。

在"民法"第 359 条之案型,买受人得主张之权利为解除契约或请求减少价金。此乃物之瑕疵担保最典型的效力。在第 360 条所定出卖人保证质量或故意不告知瑕疵之案型,买受人得不解除契约或请求减少价金,而请求不履行之损害赔偿(给付利益)。第 360 条之规定,系第 359 条之延伸,如此认定之意义为:一

---

① 参见 Larenz,Schuldrecht,Lehrbuch des Schuldrecht,Band Ⅱ,Besonderer Teil (SBT),11. Aufl.,1977,S.52f..

且出卖人充分第 360 条之构成要件,则买受人同时有三种权利可供选择(即解除契约、请求减少价金或请求不履行之损害赔偿)。若买受人选择前二者之一,则其请求权之规范依据为第 359 条,而非第 360 条。若买受人选择第三个权利,则其规范依据方为第 360 条。要之,并非出卖人充分第 360 条要件后,买受人之请求的规范依据均改为第 360 条。同理,第 364 条之规定,亦为第 359 条和第 360 条之延伸。依第 364 条第 1 项:"买卖之物,仅指定种类者,如其物有瑕疵,买受人得不解除契约或请求减少价金,而实时请求另行交付无瑕疵之物。"

③瑕疵担保请求权为形成权。在此首须澄清者为,"民法"第 359 条、第 360 条、第 364 条所规定之买受人的权利,习惯上固多以"物之瑕疵担保请求权"称之,但其实这些权利并非"民法"第 125 条所定之传统意义的请求权,而系属于形成权的性质。① 严格言之,此处所谓之"请求",应解释为"主张",而非真正之"请

---

① 将出卖人所负物之瑕疵担保责任习称为物之瑕疵担保请求权,可能渊源于《德国民法典》第 462 条、第 463 条之规定。第 462 条规定"基于出卖人依第 459 条、第 460 条应负责之瑕疵,买受人得请求解除买卖契约或减少价金",第 463 条规定"在买卖时,买卖目标物欠缺保证之质量者,买受人得不请求解除或减少价金,而请求不履行之损害赔偿。出卖人恶意不告知瑕疵者,亦同"。在该两条规定中,悉以"请求"规定买受人在物有瑕疵时得行使之权利。然由于该两条规定行使之结果确实会改变买卖契约之内容,所以,在物有瑕疵时,买受人依该二条规定所享有之权利究竟是请求权或形成权,或买受人究应如何行使其权利在德国学说上也不是了无争议。由于依该两条规定买受人并不能片面变更买卖契约之内容,而必须与出卖人共同协议,始能最后决定其改变后之内容。所以,学说上有以契约说(Vertragstheorie)称呼其变更之依据者。然倘双方就其应变更之内容如不能像第 465 条所定获得协议,买受人只得诉请法院,以裁判的方式命出卖人同意解除契约或按一定之内容与买受人缔结契约,以调整买卖契约之内容,使之与瑕疵状态相匹配。唯因不但该判决具有形成之作用,而且物之瑕疵担保责任自始即以一定之状态(解除契约后之原状或恰如质量水平之对价关系)的回复为其目标。在解除的情形,买受人得申诉请返还以给付之价金,而不需要先诉请法院判令出卖人表示同意解除契约;其尚未给付价金者,即得诉请判决免除价金之给付义务;其已受领目标物者,应同时履行。是故,学说上亦有以回复说(Herstellungstheorie)称之者。回复说不区分解除契约之请求权及买受人自解除契约取得的之请求权。然该区别对于第 477 条规定之时效期间的适用是重要的。不区分该两个请求权的结果,容许买受人不必经由诉请判令出卖人表示同意买受人关于解除契约或减少价金之请求,而可直接诉请返还价金。唯这个看法必须在返还或减少价金之请求或判决中隐藏一个前置的形成请求或判决。这种形成之诉与台湾地区"民法"第 244 条所定之撤销诉权不同。它并不是一种非以诉的方式请求不可的权利。论诸实际,它是在当事人已有争议,而不能自己经由和解,重新调整其间之契约关系的内容时,诉请法院为其以裁判的方式解决纷争的方法。现行法上与之类似的情形例如"民法"第 779 条以下关于相邻关系之偿金的给付规定。就该偿金之数额当事人如果不能获得协议,只好诉请法院以裁判的方法定之。参见 Larenz, Lehrbuch des Schuldrechts, Halbband 1, Besonderer Teil, 13. Aufl., 1986, S.54ff。

求"，即买受人得"主张"解除契约或"主张"减少价金等。然何以此等权利实为形成权，兹试分别述之。

按由于出卖人给付之物有瑕疵，而使买卖关系自"民法"第 348 条所定之给付义务转为物之瑕疵担保责任后，基于物之瑕疵担保责任，买受人处于有多种权利并存供其选择的状态。当其选择某项权利而为主张后，即不得出尔反尔，再为片面主张要改变其原先之选择。换言之，在买受人为其中某一权利之主张的时点，亦即其失去选择权之时点，从而其"主张"具有形成性，属于形成权之行使的行为。其意义首先在将出卖人所负的物之瑕疵担保责任集中到买受人所选择的项目，而不再处于可选择的状态，而后在其所做选择之瑕疵担保责任的基础上发展下去。例如：A.设买受人主张者为解除契约，则除非有第 359 条但书之情形而为法院判决败诉确定，否则，买卖契约即因其解除之意思表示的通知到达出卖人，不待于法院判决而生解除的效力。盖解除契约之权利为一种形成权，不须，也不得以诉的方法为之。如以诉的方法为之，其诉之提起会被论为欠缺权利保护要件。B.若买受人主张者为请求减少价金，则其减少之额度，固非买受人一方可依自己之意思表示自治地决定之，但其应付价金，在概念上还是被了解为已因其减少价金之请求而减至其适当的额度。只是其适当额度究竟为何，于双方有争议时尚待法院以裁判的方法确认而已。基于该认识，买受人之减少价金的请求，具有改变价金数额的形成性。当然就应减额度，若原先之买卖契约，无仲裁条款之约定，则此减少价金之争议，最后必依自治或非自治方法解决。所谓自治之解决方法，乃当事人依私法自治原则，就该争议达成和解，双方和解后，即有形成效力，改变原来之价金额度。所谓非自治之解决方法，乃指法院之介入，此时法院之判决，应属形成判决或确认判决？当以确认判决较为贴切。[①] 该请求减少价金之形成效力系于买受人之请求，而非法院之判决。法院之判决在这里的作用仅是确认一个在规范上经认为已客观存在，但当事人尚有争议的价金数额。C.若买受人主张不履行之损害赔偿，则出卖人与买受人之法律关系，将由约定内容之给付，变为损害赔偿之债，此种以单方之意思表示，即可变更当事人间之法律关系者，具有形成权之特征。

---

① 这种诉讼究竟是形成之诉或确认之诉的认定，系于依法，物之瑕疵担保请求权的行使是否应以诉的方法为之。如属否定，则属确认之诉；如属肯定，则属形成之诉。就与之类似的问题，关于违约金之酌减，"最高法院"1996 年 12 月 20 日 1996 年台上字第 2995 号民事判决认为："'民法'第 252 条规定之违约金核减权，系属法院职权，该条规定并未赋与当事人以形成权，债务人自不得提起形成之诉，仅得提起确认或给付之诉，于该诉讼中请求法院核减。"违约金之酌减权既然属于法院，而其酌减的结果又会变更契约中关于违约金之约款的内容，将这种诉定性为确认之诉，似不尽妥。

　　④瑕疵担保诸请求权间为选择之债的关系。当买受人依买卖契约而请求出卖人负瑕疵担保责任时,其得主张之权利依情形有解除契约、请求减少价金("民法"第359条)、请求损害赔偿("民法"第360条)及请求另行交付无瑕疵之物等四种("民法"第364条),已如前述。该四种权利,在存在上虽是并存的,但在行使上是选择的。因此,瑕疵担保请求权之性质在两个层次上具有形成权的性格。首先是该四种权利间之选择,其次是选定后之权利的行使。盖不但其选择,而且其行使皆具有"通过单方之意思表示,而使当事人间之法律关系即告变更或确定"的形成权特征。

　　就物之瑕疵担保请求权,当买受人选择其中任一种权利而为主张或行使时,其与出卖人间之法律关系首先即因选择单纯化成为其中之一担保态样,不得再为变更。故曰:瑕疵担保诸请求权间类似于选择之债的关系,而非请求权竞合的关系。盖基于请求权竞合理论,当债权人主张其中之一权利时,若其债权已被满足,其余之请求权固亦随之消灭,但其债权若未被满足或只满足其中一部分,则就其未满足之部分,债权人仍得据其他权利而为请求,直到完全满足为止。例如,在不当得利和侵权行为皆存在之案型,设债权人之损害大于债务人之得利,若债权人主张不当得利返还请求权,则由于该请求权在数量范围上受有"损害大于利益,其请求范围以利益为限"之原则的限制,所以,债权人经由不当得利之返还的请求,势必无法填补其全部损害。从而就其不足部分,仍得依侵权行为请求赔偿。①

　　基于以上的了解,若肯认瑕疵担保责任之数请求权间的关系为请求权竞合,则无异于肯认买受人得先请求减少价金,待出卖人已为价金之减少后,再为解除权之行使,并主张依第260条请求信赖利益的赔偿,甚或进一步为不履行之损害赔偿的请求。如此之处理,显会使法律关系的安定性遭受挑战,故当非物之瑕疵担保制度的立法精神所在。所以,瑕疵担保诸请求权间,应论为选择关系而非竞

----

　　① 然为何不一开始便依侵权行为之规定请求损害赔偿,其理由为:依不当得利之规定而为请求,仅需证明相对人因请求人受有损害而受有利益,无须证明其受领利益有故意或过失,至于有法律上原因则应由相对人举证;反之,依侵权行为之规定而为请求,请求人必须证明相对人有故意或过失侵害其权利致受有损害。其间举证之难易有别。

合关系，①应受"民法"第208条以下规定之类推适用，②一旦债权人为选择权之行使，其法律关系即告确定，不得再另为选择以变更之。③

（2）"民法"第359条之案型

"民法"第359条规定：买卖因物有瑕疵，而出卖人依前五条之规定，应负担保之责者，买受人得解除其契约，或请求减少其价金。兹更详述之。

①解除契约

A.解除契约之限制

"民法"第359条但书规定：但依其情形，解除契约显失公平者，买受人仅得请求减少价金。盖出卖人应负瑕疵担保责任时，若因瑕疵之存在而不能达契约之目的，甚或因有瑕疵而于买受人已无利益可言，固可解除契约，唯如瑕疵对于买受人所生之不利，与因解约后对出卖人所生之不利显失平衡时，则似不当再予

---

① 当基于《德国民法典》第462条、第463条之规定将买受人因物之瑕疵担保享有之权利定性为请求权，以请求出卖人同意其以解除契约或减少价金的方法处理其间之瑕疵担保关系，则在买受人请求后，出卖人同意其请求前（第465条），买受人还可改变其主意（Larenz, Lehrbuch des Schuldrechts, Bd. 2, Halbband 1, Bes. Teil, 13. Aufl., 1986, S.54）。此与将之定性为形成权者不同。

② "民法"第208条："于数宗给付中，得选定其一者，其选择权属于债务人。但法律另有规定或契约另有订定者，不在此限。"申言之，在选择之债，通常其选择权属于债务人，唯在买卖之瑕疵担保请求权，其选择权则属于债权人（买受人），此即第208条但书之规定也。

又"民法"第210条："数宗给付中，有自始不能或嗣后不能给付者，债之关系仅存在于余存之给付。"例如：买受人有第359条但书"依情形解除契约显失公平者"，则其只能就其余之请求权选择主张之（此时解除权即属自始不能）。又如买受人因第365条除斥期间之规定而丧失解除权或减少价金请求权者，则其是否尚能就"不履行之损害赔偿"和"另行交付无瑕疵之物"二者之中，选择行使？颇有疑问（当然此时必须充分第360条和第364条之构成要件）。按由同一瑕疵所生之各个物的瑕疵担保请求权，在"民法"第365条之期间下同其命运，盖它们在除斥期间或消灭时效时间之设定上有同样的考虑。该条未就不履行之损害赔偿及另行交付无瑕疵之物加以规定，显然是一个立法上的疏漏，参见《德国民法典》第477条、第480条第1项。

《德国民法典》第477条第1项："解除契约或减少价金之请求权，及基于欠缺所保证质量之损害赔偿请求权，除出卖人恶意不告知其瑕疵外，在动产自交付后六个月间，在土地自交付后一年间不行使而罹于时效，唯时效之期间得以契约延长之"。《德国民法典》第480条第1项："仅以种类指定买卖之物者，如其物有瑕疵，买受人得不请求解除契约或减少价金，而请求另行交付无瑕疵之物。对于此项请求权准用……第477条关于契约解除请求权之规定。"

③ 数形成权同时存在时，其间之关系亦属选择之债而非竞合，是故，当债权人主张撤销后（按撤销权为形成权），若基于该撤销权，不能主张损害赔偿者，则嗣后债权人亦不能再主张解约，而图谋信赖利益之赔偿。申言之，债权人有数个形成权存在时，纵先主张之权利无法满足其利益，亦不得通过其余之权利，再为主张，此乃选择之债与请求权竞合最大不同之处。

买受人解约之权利。① 至若如之何可谓显失公平？则当视具体情况，斟酌交易习惯而定。

在买卖目标物有主物从物之分者，若因主物有瑕疵而解除契约，其效力固及于从物；然若仅从物有瑕疵者，则买受人只能就从物之部分为解除（参见"民法"第362条）。又为买卖目标之数物中，仅一物或部分有瑕疵者，买受人仅得就有瑕疵之物为解除；此时，买受人得请求减少或返还与瑕疵部分相当之价额。在前述情形当事人之任何一方，如因有瑕疵之物，与他物分离而显受损害者，得解除全部契约（参见"民法"第363条）。

B.解除契约之效力

第一，"民法"第257条以下解除权规定之准用问题。当买受人依"民法"第359条解除契约时，会使当事人间之买卖契约溯及缔约时归于消灭，而转化为"民法"第257条以下所定，尤其是第259条所定：双方当事人互负回复原状义务的法律关系。由于台湾地区"民法"第257条以下之规定，系针对约定解除权而发，而物之瑕疵担保责任所引发出之解除权乃为法定解除权，且台湾地区"民法"又无类似《德国民法典》第467条之规定，②将约定解除权之规定授权准用至买卖节中，是故于法定解除权之场合，就必须进一步检讨，"民法"第257条以下之规定，有哪些在第359条、第360条、第364条之解除契约案型中可被引用？③

第二，"民法"第257条与第361条之比较。关于"民法"第257条之规定能否被适用，在此较无问题，因第361条已有类似之规定。第361条规定："买受人主张物有瑕疵者，出卖人得定相当期限，催告买受人于期限内，是否解除契约。买受人于前项期限内不解除契约者，丧失其解除权。"

如果注意"民法"上有关形成权之规定，则会发现几乎在所有未定有存续期

---

① 参见史尚宽：《债法各论》，1977年版，第36页。

② 《德国民法典》以为物之瑕疵担保责任成立后所引出之解除权乃法定之解除权，因此《德国民法典》第346条以下就约定解除权所做之规定，适用到此一法定解除权时，就只是准用而已，而第467条正是准用的法律依据。《德国民法典》第467条之规定为："第346条、第348条、第350条至第354条及第356条有关约定解除权的规定，准用于（买卖之物的瑕疵担保中之）法定的契约解除权。物之瑕疵在物之改造中方始显现者，第352条不排除解除契约之权利。出卖人并应赔偿买受人契约费用。"

③ 如上节所述，关于台湾地区"民法"第359条、第360条、第364条所规定解除权之法律性质，虽属形成权，而与"民法"第257条以下所规定之解除权的法律性质相同。唯由于约定解除权与法定解除权有重大的区别，而吾"民法"对各种解除权并未就其为法定或约定而加以区别待遇。是故第257条以下规定，可否毫无保留地适用到第359条、第360条、第364条之解除案型，并非毫无疑问。亦即在这里必须分别讨论有哪些应被适用，有哪些不应被适用，有哪些应被目的限缩地适用。

间的形成权,都会有如第 361 条之规定(例如"民法"第 80 条第 2 项、第 170 条第 2 项)。因为形成权属于一种权利:透过形成权人单方的意思表示,可以改变其与相对人之法律关系。所以,在有形成权存在的场合,当事人间之关系,陷于不确定的状态中。该状态之存在与法的安定性之要求并不吻合。在此了解下,基于法的安定性的要求,在形成权的规范上,通常情形一定会有如第 361 条之规定,让形成权人之相对人有权定期限催告形成权人在期限内行使形成权,如果不行使的话,该形成权就归于消灭,以尽早安定其间之法律关系。

若将"民法"第 257 条与第 361 条加以比较,其唯一不同之处乃在第 257 条第一句"解除权之行使,未定有期间者",盖因第 257 条为兼对约定解除权之规定,故必须考虑当事人当时有无对解除权之存续期间做了约定,换言之,第 257 条第一句之规定,实系尊重契约自由原则而发。①

第三,"民法"第 258 条。"民法"第 258 条第 1 项:"解除权之行使,应向他方当事人以意思表示为之。"第 2 项:"契约当事人之一方有数人者,前项意思表示,应由其全体或向其全体为之。"第 3 项:"解除契约之意思表示,不得撤销。"

由于台湾地区"民法"在第 359 条、第 360 条、第 364 条就解除及减少价金的请求所作的规定,从规范之形式上看,是采形成权说,即买受人通过单方的意思表示,可以将本来之买卖关系转化为解除后或价金减少后之法律关系,就此性质其与"民法"第 257 条以下所规定之解除的性质同一(换言之,皆属形成权),在此了解下,第 258 条就可以毫无保留地适用第 359 条、第 360 条、第 364 条之解除案型,乃无庸置疑。

第四,"民法"第 259 条。"民法"第 259 条系对于解除契约后,双方互负回复原状义务之最主要的规定,在此当能准用,否则行使第 359 条之解除权即毫无意义。

第五,"民法"第 260 条——损害赔偿之范围(信赖利益)。"民法"第 260 条规定"解除权之行使不妨碍损害赔偿之请求",然其损害赔偿的请求之规范上依据究竟是何?换言之,第 260 条之存在上意义,是其本身即为损害赔偿之请求权的发生依据,或只是对已依据其他法律而发生之损害赔偿的请求权,使之更清楚:不因为契约之解除而归于消灭?笔者检讨之结果以为第 260 条当是该条文所牵涉之损害赔偿请求权的发生依据,而非用以清楚一个法律问题。在此了解

---

① "民法"第 257 条前段"解除权之行使,未定有期间者"中所称之期间当非指"民法"第 365 条所称之六个月内应为行使之除斥期间。从而在该除斥期间经过前,出卖人仍得依第 361 条定相当期限催告买受人表示是否行使解除权。买受人如不于所定期限内为解除之意思表示,则该解除权归于消灭。买受人不得据第 365 条第 1 项、第 257 条主张除斥期间尚未经过,以为抗辩。

下,第260条之规范上意义就只有一个,即因为解除权之行使,而使解除权人因而受有损害者,得以第260条作为损害赔偿请求权发生上的规范基础。换言之,解除权人在依第259条回复原状后,如仍受有损害,可更依第260条就其所受损害,请求赔偿。唯此时其赔偿范围为何? 则颇有疑问。学者有认为其赔偿范围应为给付利益者,[①]笔者则以为应以信赖利益为限。[②] 盖契约之订立,乃为强化或增益当事人之利益状态,故当事人因契约之订立,而负特别之个别给付或保护义务。只要其契约成立生效,则依此契约,当事人可因对方之履行,而如所约定地享有约定之给付。[③] 今契约既已解除,则其个别之给付义务已不存在。当事人间关于约定之给付的规范依据(契约)既已消失,则其所欲借此契约取得之利

---

① 此种见解为"民法"之基本原则是不相符合的。即根据私法自治原则及其派属之契约自由原则,契约之本来给付或为其代替之给付利益的请求,以有效契约之继续存在为前提,没有有效的契约,就没有本来的给付或以给付利益为范围之损害赔偿请求权。是故在契约解除后,解除权人无论如何是不可以享有给付利益的保障的。若认为第359条解除案型中损害赔偿之范围是给付利益(因依第359条解除契约后,必又主张第260条请求损害赔偿),将使第359条与第360条在要件上的区别丧失意义。盖第360条所谓之请求不履行之损害赔偿,其赔偿范围始为给付利益,而唯有在充分第360条案型之构成要件下(出卖人保证质量或故意不告知瑕疵),买受人方能请求不履行之损害赔偿,而获得给付利益之补偿,今若认定依第359条解除契约而后衍生出之赔偿亦为给付利益,则第360条之规范岂不失其意义? 是故第260条之赔偿范围应以信赖利益为限。

② 信赖利益所指称者,乃因相信契约能被缔结成功或履行所做之花费,因信赖落空,所造成之损害。详言之,一个人因相信其所拟缔结之契约能够被缔结成功,并且被顺利地履行,当做相应之花费;这些花费,势必由于该契约后来没有顺利缔结成功,或由于没有顺利履行,以致落空,从而产生损害,此种损害,即信赖利益。信赖利益产生之态样,可能有三种:(1)因订立契约所支出者:如为缔约而不去工作,以抽时间来做缔约活动(机会成本);或如:为到缔约之场所而花之交通费。(2)因准备履行契约而生者:如为给付价金而先向银行贷款,其因此支出之利息。(3)因准备受领给付所支出者:如某人相信其买狗之契约会顺利履行,而购置狗食、清洁剂、狗梳子和建筑狗屋一间等。

③ 所要注意者"民法"第216条第2项所规定:依通常情形,或依已定计划设备,或其他特别情事,可得预期之利益,视为所失利益。此种"期待利益"在信赖利益之赔偿,并无适用之余地,盖其情形应属给付利益之范围,盖信赖利益者,乃指:假如能够顺利地履行,就不损失什么;而非假如能够顺利地履行,就能得到什么。关于所失利益之赔偿,参见黄茂荣:《所失利益之赔偿》,载《植根杂志》第14卷第8期。

当事人基于有效之契约而取得履行请求权,当他要通过以该契约为基础(规范上之依据),而对相对人请求如所约定之给付时,若该请求一旦落空而造成损害(期待利益之落空),则相对人即负损害赔偿义务,此种损害赔偿即给付利益之赔偿。然其赔偿之额度如何? 最常为学者引用者乃"差额说",即赔偿履行请求权被满足时与未被满足时,其间利益状态之差额,亦即债务人因其可归责之事由,而致不履行债务时,应负责填补到好像损害原因不存在时(即契约内容被顺利履行时),债权人应有之利益状态。

益或其替代之利益状态（给付利益），即失其依据。然给付利益虽不存在，但当事人为订立此契约，因信赖对方将忠实地缔约或履行契约而做之投入，还是会因期待落空而造成伤害。就其损害当仍可请求填补，是乃信赖利益之赔偿。是故，第260条之赔偿范围，应限于信赖利益。①

又同一生活类型，如果同时充分买卖中之物的瑕疵担保的要件和积极侵害债权的要件，则买受人不但依物之瑕疵担保规定，而且依积极侵害债权的规定，皆可取得解除权。②但无论其所据以行使之解除权的基础为何，就损害赔偿而言，都将依第260条处理。虽然此二途径都可达到相同法律效力，然并非谓其主观要件即无区别。至少在出卖人责任要件是否具备的认定，有其实益。换言之，如依物之瑕疵担保责任请求，则买受人不必举证出卖人就有瑕疵之物之给付有故意或过失；如依积极侵害债权之规定去解除契约，则关于出卖人就瑕疵之物的给付有故意或过失，买受人负举证责任。

综合言之，因契约解除，而依第259条回复原状后，解除权人如还受有信赖利益之损害时，即得依第260条请求损害赔偿。第260条即为该信赖利益之损害赔偿请求权的直接依据；即使在买受人依据积极侵害债权而解除契约时，此见解亦成立。因其首先是依据积极侵害债权享有解除权，再基于解除权之行使而依第260条，享有信赖利益之损害赔偿请求权。在此了解下，第260条仍为其损害赔偿请求权之直接依据。

第六，"民法"第261条。"民法"第261条："当事人因契约解除而生之相互义务，准用第264条至第267条之规定。"本来第259条所定双方当事人之回复原状的义务并无对价关系。利用第261条之授权式类推适用，使因双务契约解除而互负回复原状之给付义务，实质上等同为具有对价性之双务契约上的义务。若不使该回复原状之给付义务处于一种类似于对价性的关系，将可能由于"民法"第182条之适用，而不能适当地处理当事人间之利益冲突。

按该互负之回复原状的给付义务乃因当事人基于双务契约而为给付后，该契约被解除而发生。则存在于该双务契约之给付义务间的对价性关系，亦应存

---

① 契约无效或失效后之损害赔偿的规定，尚有"民法"第113条及第114条。

② 例如：甲将有虫之苹果卖与乙，这些虫后来又钻到乙原来没有虫的苹果内，此时乙受到之损害，不止因为所买到的苹果不能转卖出去所受到的损失而已，同时亦会因原有的苹果受虫吃而受到损失，此部分亦即通常所称由瑕疵所延生出来之损害（Mangelfolgeschaden）。此种案型在联邦德国通常归入积极侵害债权处理。而积极侵害债权案型之法律效力，或者去解除契约，或者请求债务人（出卖人）以给付利益为范围之不履行的损害赔偿，此二途径存在上是并存的，但行使上是选择的。而由瑕疵所延生之损害，即本例中完好无虫之苹果遭虫吃之损害，属固有利益之损害类型，买受人亦可请求赔偿。

在于其逆向发展之回复原状的给付义务。是故,将第264条至第267条关于对价给付义务间的规定,类推适用到其逆向之回复原状的给付义务是妥当的。因而将第261条之规定无保留地引用到第359条之解除契约的案型亦可肯认为正当。

第七,"民法"第262条须做目的的限缩。"民法"第257条以下关于解除之一般规定,是否可直接适用至像买卖中第359条所规定之解除的案型?必须做进一步的探讨,已如前述。兹就"民法"第262条与买卖之生活类型间有无冲突,申述如次。

首先提出两个问题:一是买受人在发现瑕疵前,已将该目标物一度转卖或设定负担,在此情形是否会影响到买受人之解除权?特别是在把物转卖之情形。二是买受人已将买卖目标物加工或改造才发现有瑕疵,此时买受人是否仍依第262条丧失解除权?

依"民法"第262条后段"有解除权人因加工或改造,将所受领之给付物变其种类者",解除权消灭。以上两个情形,在通常之约定解除权,依第262条原则上固构成解除权之消灭事由。但如将该条适用第359条之法定解除权的案型(在第360条或第364条所规定之情形,其解除权的依据仍然是第359条),是否妥当,则深有疑问。

关于加工或改造之情形,《德国民法典》第467条直截了当地明白规定:①该瑕疵如因系争之加工改造才被发现,则加工改造之行为不会使买受人(像在"民法"第262条规定之情形一样),丧失其(依"民法"第359条享有之)解除权。《德国民法典》此种规定与买卖契约之交易需要相符,因此是合理的规定。在此了解下,笔者以为《德国民法典》第467条中段之规定,可以被引为台湾地区"民法"关于此问题之解决的参考。具体言之,将第262条后段规定适用到第359条之法定的解除权的类型上时,应将第262条后段之"加工改造所受领之物而变成其他种类之物"的案型加以限缩。亦即:如果该瑕疵直到对该物为加工改造时,始显现出来,则即使因该加工改造而将所受领之给付物变其种类,买受人亦不因而丧失其解除权。

至于"民法"第262条前段:"有解除权人因可归责于自己之事由,致其所受领之给付物有毁损或灭失或其他情形不能返还者,解除权消灭。"是否亦应参照前述之考虑,即视所受领之给付物的毁损或灭失或其他情形不能返还之事由,是

---

① 《德国民法典》第467条中段:"……于第352条之情形,在物直至变更其形状时,始显现其瑕疵者,仍得为解除。"而《德国民法典》第352条即相当于台湾地区"民法"第262条后段。

不是直到做"使该目标物归于毁损或其他情形而不能返还"之行为时,才能探知瑕疵之存在,而持类似之见解。如是,则即使该目标物因可归责于买受人之事由而致毁损或灭失或因其他情形不能返还,亦不使解除权人(买受人)之解除权归于消灭。

例如:甲向水果商买香瓜,买回后切开才发现里面已腐坏,而香瓜此种瑕疵对一般人非切开后,并不能知晓;又若甲非用刀切开,而用口咬,此时甲是消费了一口才知道香瓜是坏的。但咬过后或切开后,该香瓜都是已受毁损矣!此时水果商是否不得主张甲不得解除契约:上例虽非"民法"第262条之加工或改造之情形,但具备同样的特征,即买受人须从事足使买卖目标物毁损或灭失或其他情形不能返还之行为,始能探知买卖目标物之瑕疵。是故,即使该探知行为可归责于买受人(即解除权人),但基于前述在加工案型相同之考虑,其解除权不宜因第262条而归于消灭。要之,在将第262条前段引用到第359条之解除案型时,必须做如前述之目的的限缩。①

②减少价金

A.减少幅度之决定

依"民法"第359条,买受人若不解除契约,可请求减少价金。减少价金之请求,字面上看起来虽规定为"请求权",然实际上是一种"形成权",已如前述。唯若因此认为买受人可单方地、片面地决定价金之减少数额,则显然与事实不符。盖买受人依第359条请求减少价金时,其享有之形成权是有限度的,即其可减少之额度,除当事人曾有特约预定外,应依客观标准公平认定之,双方各不享有片面的决定权。是故,在实务上,若欲自治地决定减少之数额,就应减少之数额必须与出卖人获致协议,始能将转化为物之瑕疵担保后之法律关系的内容确定下来。要之,不能从第359条之外表,误解买受人得以单方之意思表示,通过形成权之行使,将价金决定在减少后之特定数目上。倘就是不是要减少,及减少多

---

① 《德国民法典》第354条:"(1)权利人就其所受领目标物或其重要部分之返还有迟延者,他方得定相当期间请求其返还,并声明期间届满后,即拒绝受领。(2)如在期间届满前未为返还者,其解除权消灭。"《德国民法典》第354条是双务契约在解除之重要原则的宣示,为台湾地区"民法"所无,可为台湾地区"民法"之参考。契约解除后依台湾地区"民法"第259条规定,双方当事人互负回复原状之义务。如契约解除权人就原状之回复,陷于给付迟延时,其法律效力应如何?《德国民法典》第354条规定此时相对人得定相当期限催告已为契约解除之解除权人,履行回复原状之义务,如在相当期间内不履行,尤其是不返还所受领之物时,该契约解除之意思表示就重归于无效,换言之,原契约就不再被当成已经解除。当然,依台湾地区"民法",在契约解除权人所受领之物之返还义务陷于给付迟延的案型上,可以适用债务不履行之规定去处理,但如此处理过于迂回,如果直截了当给予解除权人之相对人如《德国民法典》第354条之救济途径的话,可以更允当快捷地处理此种问题。

少,出卖人与买受人不能获致协议,则必须诉请法院以判决的方式定之。当然买受人在发现物有瑕疵时,直接向法院起诉请求减少价金或返还已全部给付之价金的一部分,亦无不可。①(换言之,买受人可以直接以诉之方式行使,亦可以不直接以诉之方式行使第359条所赋予之价金减少请求权。如不以诉之方式,则就减少之额度买受人必须与出卖人达成协议,如以诉之方式行使,减少的额度将由法院决定。)是故,将"民法"第359条所定之请求减少价金的权利定性为"形成权",似乎无法合理印证其实际操作的过程。与之相接近的规定是那些应以诉的方式行使的形成诉权,例如"民法"第74条、第244条(撤销诉权)、②第824条(共有物分割之方法)。③

B.减少幅度之算定

关于减少价金之幅度,在以诉讼外的方式行使减少价金之请求权的情形,因主要还是要透过当事人之合意来决定,所以,应依何种公式来计算,比较没有重大实益。反之,在以诉之方式请求减少价金时,则法院不能没有一个客观的、具体的标准。一般所当引用者为下列计算公式:

---

① 此时若买受人已将价金全部给付,可在诉之声明中请求法院判令出卖人返还已给付价金中之若干元,或在声明中请求返还"法院认为适当之额度"。在后者是否会被认为诉讼目标不确定?笔者以为应当不会,盖在此它可被认为是得确定的。而且即使在诉之声明中书明请求判令被告返还价金中之一万元,法院亦不一定即如声明之内容判决之。法院必须斟酌具体情况,认定瑕疵之存在究竟使买卖目标物的价值减损多少。法院必须为此认定后才能判决。是故,诉讼目标在此本来就无法正如买受人所声明的被确定下来。既然如此与后者又有何不同(Soergel-Huber, Kommentar zum BGB, §462 Rz.49)。

② "最高法院"1967年台上字第19号判例:"'民法'第244条所规定债权人撤销权之行使方法,与一般撤销权不同,一般撤销权仅依一方之意思表示为之为已足,而'民法'第244条所规定之撤销权,则必须声请法院撤销之,因此在学说上称之为撤销诉权。撤销诉权虽亦为实体法上之权利而非诉讼法上之权利,然倘非以诉之方法行使,即不生撤销之效力,在未生撤销之效力以前,债务人之处分行为尚非当然无效,从而亦不能因债务人之处分具有撤销之原因,即谓已登记与第三人之权利当然应予涂销。"

③ "分割共有物之诉,乃共有人间就分割方法不能成立协议,始由共有人诉请法院定分割方法之诉讼。若是项诉讼系属中,在受诉法院受命推事前,因和解而成立协议者,仍为协议上分割。此项诉讼上和解,只有与确定给付判决同一之效力"("最高法院"1968年台上字第3476号民事判决),"不生法院判决分割之效力,共有人可依和解成立之内容请求履行为债权关系,并无物权对世效力"("最高法院"1997年台上字第289号民事判决)。盖"形成判决所生之形成力,无由当事人以和解之方式代之……诉讼上和解分割共有不动产者,仅生协议分割之效力,非经办妥分割登记,不生丧失其所有权及取得所有权之效力"(同院1991年度台上字第1471号判决)。要之,尚不得以和解与确定判决有同一效力为理由,主张依"民法"第759条,于登记前已取得不动产物权。

$$减少额度＝约定价金\times(1-\frac{该瑕疵之物实际上现有之价值}{买卖目标物无瑕疵时之价值})$$

例如:书桌一架,约定价金为 1200 元,其无瑕疵时应值 1500 元,今因有瑕疵,于买卖契约缔结时仅实值 1000 元,则应减少之额度为 400 元:

$$[1200\times(1-\frac{1000}{1500})=400]$$

从而其减少后之价金变为 800 元。

在具体买卖中,买受人之给付义务若不仅为金钱,而兼有其他内容之给付,则不管所兼者为代替物、非代替物或甚至是劳务,其请求减少价金时,应就各种给付同时减低。如上例,双方原约定买受人除付现金 900 元外,尚应给付录音带三卷,则嗣后减少价金时,除约定价金减少 300 元外,亦可减少录音带一卷,而只须给付两卷:

$$[900\times(1-\frac{1000}{1500})=300];[3\times(1-\frac{1000}{1500})=1]。$$

C.价值决定之时点

关于买卖目标物无瑕疵或有瑕疵时,其价值为何之决定的标准时点究以缔约时? 清偿期届至时? 或危险负担移转时为准? 就此"民法"并无明文规定。

《德国民法典》第 472 条第 1 项:"在减少价金之案型,买卖之价金应按买卖契约缔结当时,有瑕疵之物之价值对于无瑕疵之物之价值的比例减少之。"由该项规定可见,关于此问题,《德国民法典》以买卖契约缔约时为准。然该规定可能失之笼统,比较妥切的处理为:应通过类型化解决之。亦即在期货买卖,应以清偿期为价值之决定时点;在非期货买卖,则以缔约时为标准时点。其理由为:在期货买卖,双方当事人所关注的是在清偿期该货所会有之价值。在此认识下,双方才去决定价金。故其价金之取向应是清偿时无瑕疵之物在市场上具有之价值,从而以清偿期为其价值之决定时点当比较符合当事人之真意。在非期货买卖,因为当事人是否注重买卖目标物在清偿期之价值并未在契约上明白表现出来,所以,如果统一地以缔约时或清偿时之价值作为其标准,都可能不尽符合当事人的真意。在此情况下,与其说当事人是以将来不可知之具体情况来决定契约缔结时之价金,不如说是以买卖契约缔结时已知之情况来决定价金较为可靠。这当是《德国民法典》第 472 条第 1 项所以规定以买卖契约缔结时做标准时点的道理。

至于以危险负担移转时作为标准时点,其不适当性在考虑到给付迟延之案型时,即可看出。盖在给付迟延时,给付之时点并不是当事人在缔约时所能预见的,因不能预见,故在买卖契约缔结时,当事人根本没有办法考虑可能影响于买卖目标物之价值及价金的决定因素。因此以危险负担移转时,就不适当。

D.第二次之物的瑕疵担保请求权

买受人基于某瑕疵而去请求减少价金时,并不因此排除,将来基于另一瑕疵再为另一次减少价金的请求,或甚至为契约之解除。亦即买受人基于某一瑕疵而请求减少价金后,若再发现另一瑕疵,且充分瑕疵担保之要件,则基于该另一瑕疵,仍可再为减少价金或解除契约之请求。唯应注意,作为第二次之请求基础的瑕疵,必须与据为第一次请求之基础者不同一。

在此必须强调的是,第二次之物的瑕疵担保请求权若要有意义,必须是在第一次物之瑕疵担保责任成立时,买受人所行使的是减少价金之请求权,而不是契约解除权。盖买受人在第一次所行使者若不是减少价金之请求权,而是契约解除权,则由于契约解除权的行使会终局地使契约溯及的归于消灭,从而使第二次之瑕疵担保责任失所附丽。

(3)"民法"第360条之案型

"民法"第360条:买卖之物,缺少出卖人所保证之质量者,买受人得不解除契约或请求减少价金,而请求不履行之损害赔偿。出卖人故意不告知物之瑕疵者,亦同。

本条所规定者,包括"保证质量"与"故意不告知瑕疵"两案型,其法律效力(即买受人所得主张之权利),则为解除契约、减少价金或请求不履行之损害赔偿。兹更详述之。

①出卖人保证质量

A.保证责任系无过失责任

"民法"第354条第2项所规定之出卖人保证质量之案型,其法律上之性质属担保契约(或称担保约款),其为含有"担保要素"之案型乃不待言。所谓担保要素,其法律上之意义为:为担保之人,因其为担保之意思表示或因其与相对人有担保之合意,而负有履行该担保约款之义务。基于担保的意思表示,担保人若违反该担保义务,将不问其故意过失之有无,就该违反所生之一切结果,皆认为可归责于为担保允诺之人,概负赔偿责任。所以,在责任之发生依据上担保可谓为法律行为性中最强的一种。此为此种责任案型之特征。"民法"第354条第2项所规定之案型,即具备此种特征。

B."民法"第354条第1项但书在保证质量之案型不适用

在"民法"第360条之案型,由于所牵涉的瑕疵是第354条第2项所称之保证的质量,因此第354条第1项但书的规定就不会受到适用。盖既然出卖人愿意保证该目标物之质量,则纵然该瑕疵依客观情况被认为并不十分严重,亦将因此担保约款而主观地被认为是重要的。其理由是:依契约自由原则,只要当事人认为重要的,就是重要的,法律无庸介入其中。

C.保证质量不免除检查通知义务

按买卖目标物,有"民法"第354条第1项所定之瑕疵者,出卖人对于买受人固应负瑕疵担保责任,但依同法第356条第1项规定,买受人为取得物之瑕疵担保请求权,必须对于所受领之目标物,按物之性质,依通常程序从速检查,发现有应由出卖人负担保责任之瑕疵时,应实时通知出卖人。此为买受人之对己义务。买受人怠于从速检查并实时通知出卖人者,依同法条第2项规定,视为承认其所受领之物,故交付之物事实上纵有瑕疵,亦不发生瑕疵担保请求权。然依同法第357条规定,若出卖人故意不告知瑕疵,则买受人无同法第356条所定之检查通知义务。

由于第360条对交付之买卖目标物缺少出卖人所保证之质量者与出卖人故意不告知物之瑕疵的情形课以相同的担保责任,而依第357条于出卖人故意不告知瑕疵于买受人者,不适用前条关于检查通知义务的规定,所以,在出卖人保证质量之案型,买受人是否仍有检查通知之义务,引起疑问。当以肯定见解,认为此时买受人仍负检查、通知义务为妥。盖就立法意旨而言,同法第356条之规定,系基于买卖目标物交付后,买受人即取得管领地位,其若不速为检查通知,则瑕疵究为原始存在、于运送途中发生抑或在交付于买受人后始发生,将难以证明。为免日后争执,故课买受人以检查通知之义务,以确定责任之归属。该证明上之需要,并不因出卖人之保证质量而有所差异。又就法律解释而言,"民法"第357条仅明白规定于出卖人故意不告知时,买受人免负同法第356条之义务,而就保证质量之案型并无规定。今瑕疵究于何时便已存在,既有加以确定之必要,自不宜任意将第357条类推或目的性扩张适用于出卖人保证质量的情形。综上所述,纵使出卖人为质量之保证,买受人应仍有检查通知之义务,其怠于依循该义务者,将不丧失其瑕疵担保请求权(按《德国商法》第377条之规定与台湾地区"民法"第356条及第357条相当)。该观点亦为"最高法院"1976年台上字第1746号判决所采,该号判决谓:"上诉人尤不得于验收后年余,再向被上诉人主张应负瑕疵担保责任,至上诉人谓被上诉人明知上诉人买受之布匹,系加工成衣外销,应具备国际标准,竟以有瑕疵之货交付,即属明知有瑕疵而故意不告知上诉人之情形云云,为被上诉人所不承认,上诉人又未提出证据证明,自亦无上诉人援引'民法'第357条规定(以)为对抗(之)余地。至当事人间订有出卖人应负担保责任之特约者,其特约之效果,与'民法'第354条所定之担保责任相同者,并不排除同法第356条规定之适用,故上诉人(虽)提出……被上诉人出具之瑕疵担保责任保证书,亦不足为上诉人有利之证据。"

②出卖人故意不告知瑕疵

A.本案型之规范基础为法律而非契约

"民法"第354条规定物之瑕疵担保。该瑕疵担保无论是法定的瑕疵担保或是约定的瑕疵担保,其规范基础皆为契约而非法律,既如前述。然于第360条后段之案型,笔者则以为其并非本来意义之下的物之瑕疵担保的类型,因此,此种类型亦非前面讨论过的物之瑕疵担保的理论,所能圆满地加以说明。盖出卖人既故意不告知物之瑕疵,则显然无负物之瑕疵担保责任的法效意思。从而根本不符本来意义下的物之瑕疵担保之特征(契约性)。是故,在这种情形,出卖人之责任的规范基础,只有另辟法律途径,在契约之外另寻其法定的规范基础。

B.与"民法"第86条之比较

"民法"第86条:"表意人无欲为意思表示所拘束之意,而为意思表示者,其意思表示,不因之无效。但其情形为相对人所明知者,不在此限。"

本条之规定,乃系立法者将本来不存在而经表意人表示其为存在之意思表示,拟制为真正的存在来处理。盖一个意思表示之成立,以表意人有从事该意思表示的法效意思存在为前提。今表意人既无欲受意思表示之拘束,则在系争意思表示的形成上显然谈不上有法效意思存在,从而也未从事一个"有效"的意思表示。而"民法"第86条所以规定其有效,系为制裁"无欲为其意思表示所拘束之意,而为意思表示之表意人",而不顾在该案型中,根本无本来意义之意思表示存在,运用拟制的立法技巧,使本来不存在的意思表示,在规范上认其为存在,要表意人为"被拟制为存在之意思表示"负责。这种法律类型具有恶意抗辩的特征。

"民法"第360条后段之规范意旨亦有类似的考虑。按出卖人既明知买卖目标物有瑕疵,而又故意不告知瑕疵,将之当成无瑕疵之物而价卖之,则其所为与第86条规定之情形类似,含有恶意。盖出卖人明知而将有瑕疵之物当成无瑕疵之物价卖于买受人,隐藏有希望买受人相信其无瑕疵之期望,该期望在交易上要能产生作用,又以买受人相信为前提。然买受人为何会相信,当然系基于出卖人有默示表示该目标物有适当质量存在。出卖人明知有瑕疵之物时,为使买受人将之当成无瑕疵之物买受,在交付时必须掩饰该物之瑕疵,也就是说,他必须采取一些使买受人相信该目标物有某种质量之行为,以使表见的事实状态与其意思表示的内容相符合。此种行为之法律评价应与保证相当。为意思表示之人,本来就应有欲为其意思表示所被客观认知之内容拘束之意思。是故,若出卖人谓其本无保证买卖目标物有适当的质量之意思,其主张与第86条所规定者类似,含有恶意之心中保留。唯因对故意不告知瑕疵者,第360条已有明文规定,并无类推适用第86条的必要。

由上述说明可知,"民法"第360条后段之案型,乃系采取第86条类似之操作方式,透过隐藏的拟制,使买受人获得与第354条第2项保证质量相同的法律效力。

C.本案型包括故意夸大质量

故意告知买卖目标物事实上不存在之质量,以夸大质量的案型,与上述故意不告知物的瑕疵之案型的区别,只在于"行为"之态样不同,即在故意不告知之案型,出卖人系通过"不作为",使买受人对该瑕疵的认知保持在错误的状态;而在故意夸大质量的案型,出卖人系通过积极的"作为"使买受人陷于错误,以为存在有该夸大之质量,并且在这个基础上使买受人为买受之意思表示。

由于法律所了解之行为,基本上并不区别作为与不作为而分别赋予不同之法律效力,因此,故意不告知物之瑕疵与故意夸大品质这两个案型,在规范的意义上即无何差别。于是基于平等原则之要求"相同的案型必须被做相同的处理,不同的案型必须被做不同的处理",既然立法者通过"民法"第 360 条对故意不告知瑕疵之案型允以特别之法律效力,则故意夸大质量之案型的法律效力,亦得类推适用第 360 条之规定。①

唯必须注意,不论是故意不告知物之瑕疵或故意夸大质量,其行为皆必须发生于缔约时。有疑问者为在将来之物的买卖,例如预售屋之买卖,如后来兴建完成交付之房屋有瑕疵,就应论为一般之物的瑕疵担保或应目的性扩张适用第 360 条之规定,论为特种之物的瑕疵担保。为获得与适用第 360 条相同的结果,还可经由适用债务不履行之一般规定。其立论依据为物之瑕疵担保规定不排除发生在缔约后之嗣后瑕疵。② 不过,在实务上不但关于保证质量约定之有无,而且即便在订购生产的情形,关于瑕疵是否发生在缔约后之认定,"最高法院"都是

---

① "民法"买卖节中关于"故意不告知"案型,一共规定了五个条文,即第 355 条第 2 项、第 357 条、第 360 条、第 365 条第 2 项、第 366 条这些条文皆可被类推适用于故意告知买卖目标物不具备之质量的案型。关于第 360 条已如上述,在第 355 条第 2 项,若出卖人故意告知目标物事实上所不具备之质量,买受人纵因重大过失而不知该质量系不具备的,出卖人仍应负瑕疵担保义务,并依第 360 条定其法律效力。在第 357 条若出卖人故意告知目标物事实上不具备之质量,买受人不负第 356 条所规定之检查及通知义务。第 365 条第 1 项所规定之短期时效在出卖人故意告知不存在之质量,则即使出卖人与买受人曾为特约免除瑕疵担保责任,该特约仍为无效。

② "最高法院"1998 年 3 月 19 日 1998 年度台上字第 575 号民事判决:"买卖之物,缺少出卖人所保证之质量者,买受人得不解除契约或请求减少价金,而请求不履行之损害赔偿;出卖人故意不告知物之瑕疵者亦同,'民法'第 360 条定有明文。又出卖人就其交付之买卖目标物有应负担保责任之瑕疵,而其瑕疵系于契约成立后始发生,且应可归责于出卖人之事由所致者,则出卖人除负物之瑕疵担保责任外,同时构成不完全给付之债务不履行责任。"

倾向采否定的看法。①

③法律效力

欠缺保证质量或出卖人故意不告知物之瑕疵之类型特征与一般瑕疵不同者为：不但物不具备应有之质量而有瑕疵，而且有保证不实或出卖人故意不告知买受人的情形。所以其法律效力除"民法"第359条所定关于一般瑕疵者外，另增一个选择：买受人得不解除契约或请求减少价金，而依第360条请求不履行之损害赔偿。

综合言之，不管在保证质量或故意不告知物之瑕疵之案型，买受人就解除契约、减少价金和请求不履行之损害赔偿三者皆得选择行使。这已为"民法"第360条所明定。关于解除契约和请求减少价金，于第359条案型中已论及，在此不再赘述。若买受人选择请求赔偿损害，其赔偿之范围，当为给付利益。盖固有利益之损害赔偿的保护不宜论为"民法"第360条所规定之类型所独专。固有利益之赔偿的必要性与妥当性，不在于出卖人之保证或故意不告知物之瑕疵，而在于出卖人不得利用买卖契约之缔结或履行的机会，因故意或过失加损害于买受人。唯固有利益得因特约而同时具有给付利益的性格。至于信赖利益之赔偿，于请求减少价金的情形，一方面缔约目的尚可谓为已达，另一方纵有填补之必要，亦可在价金之减少中予以考虑，从而在未解除契约的情形没有关于其填补的规范需要。反之，在解除契约的情形，依"民法"第260条买受人不待于第360条已可享有其以信赖利益为范围之损害赔偿请求权，且不得因出卖人未为保证或无故意不告知物之瑕疵的情形而横遭剥夺。是故第360条所规定之损害赔偿请求权，若具有任何存在上之意义，当以给付利益为其范围。何况必也如是，其法

————————

① "最高法院"2000年9月7日2000年台上字第2037号民事判决："按买受人得向出卖人请求不履行之损害赔偿者，以买卖之物缺少出卖人所保证之质量或出卖人故意不告知物之瑕疵为限，若出卖人就目标物之质量未有特别之保证或故意不告知物之瑕疵时，纵有瑕疵，买受人亦仅得解除契约或请求减少价金，而不得请求不履行之损害赔偿，此观诸'民法'第359条、第360条之规定自明。原审就上诉人对其所出售之气垫，有无为一定质量之特约保证或故意不告知物之瑕疵，疏未推阐调查明晰，遽以系争气垫系装置于一般运动鞋之鞋底，鞋底乃承受人体总重量之处，上诉人于出卖系争鞋底气垫时，即应保证该气垫具有一般承受重量之质量及效用为由，认被上诉人得向上诉人请求损害赔偿，依上开说明，已有未合。又出卖人就其交付之买卖目标物有应负担保责任之瑕疵，而其瑕疵系于契约成立后始发生，且应可归责于出卖人之事由所致者，出卖人除负物之瑕疵担保责任外，同时构成不完全给付之债务不履行责任。唯买受人依不完全给付请求出卖人负损害赔偿责任，须物之瑕疵系契约成立后始发生，并因可归责于出卖人之事由所致之情形方可。原审就系争气垫之瑕疵系于何时发生，有无可归责于上诉人之事由，胥未调查审认，遽谓被上诉人得类推适用'民法'第226条第2项规定，请求上诉人赔偿损害，亦嫌疏略。"

律效力始与其主观要件之升高相当。此外,尚须注意,如果认为依第 360 条得请求信赖利益或固有利益的赔偿,其反面解释的结果容易引起一个误导:认为如不该当于该条所定之要件,买受人即不得依缔约上过失、积极侵害债权、侵权行为或"消费者保护法"等有关规定请求损害赔偿。

　　因物有瑕疵而欲请求给付利益之赔偿时,买受人会遭遇一个特殊的困难:如不解除契约,必须保有有瑕疵之物;如解除契约,会丧失其请求给付利益之赔偿所需之契约基础。然在请求给付利益之赔偿的情形,买受人常不愿受领并保有该有瑕疵之买卖目标物。为化解这个制度上的矛盾,德国实务上直截了当肯认,买受人无须证明有瑕疵之买卖目标物的给付对其无利益,即可自由选择,或者受领该有瑕疵之物,或者拒绝受领或返还该有瑕疵之物,以计算其给付利益上之损害。并称前者为小损害赔偿请求权(kleiner Schadensersatzanspruch),这与部分不能之效力相当;后者为大损害赔偿请求权(großer Schadensersatzanspruch),这与全部不能之效力相当。该见解并为通说所采。[①] 当采该见解,且买受人选择拒绝或退还有物之瑕疵的给付,其外观与买受人解除契约请求给付利益之赔偿无异。因之,引起在此种情形是否应容许买受人解除契约,选择请求信赖利益或给付利益之赔偿的问题。为降低法律规定之技术性,以提高其对于一般人之操作上的方便性,在一定的前提下方便当事人选择其行使之债权,固然值得考虑,但仍应注意这只是一种例外,而非常制。细审物之瑕疵担保制度在施行上所以发生上述困境,主要肇因于"民法"根本否定买受人请求出卖人排除物之瑕疵的义务,以至于不适于发展出一定的理论,容许买受人在一定的前提下,得拒绝出卖人修复,退还有瑕疵之物,请求全部不履行之损害赔偿。为维持契约上请求权应以有效契约存在为前提的原则,比较周到的说明应当还是,在第 360 条所定情形,直接以有瑕疵之给付视为对于买受人已无利益为理由,容许买受人拒绝或退还该有瑕疵之给付请求全部不履行之损害赔偿。[②] 唯与解除契约的情形一样("民法"第 359 条但书),如买受人拒绝或退还该有瑕疵之给付,请求全部不履行之损害赔偿显失公平者,仍应解释为,依诚信原则买受人应受领给付,而请求赔偿有瑕疵与无瑕疵给付间之给付利益上的差额。[③]

---

　　① 　Esser/Wyers, Schuldrecht Band Ⅱ, Besonderer Teil Teilband 1, 8. Aufl., 1998, § 5 Ⅲ 3 a); Larenz, Lehrbuch des Schulderechts , Band Ⅱ · Halbband 1, Besonderer Teil, 13. Aufl., 1986, S.60 f..
　　② 　Soergel-Huber, Kommentar zum BGB, 11. Aufl., 1986, § 463 Rz 40ff..
　　③ 　Soergel-Huber, Kommentar zum BGB, 11. Aufl., 1986, § 463 Rz 44.

（4）种类买卖（"民法"第 364 条）之案型

"民法"第 364 条第 1 项："买卖之物，仅指定种类者，如其物有瑕疵，买受人得不解除契约或请求减少价金，而实时请求另行交付无瑕疵之物。"本条之规定系针对种类买卖而言，在讨论本案型前，首先须了解有关种类买卖的一些特点。

①出卖人在种类买卖中所负之义务

"民法"第 348 条第 1 项"物之出卖人，负交付其物于买受人并使其取得该物所有权之义务"；而"民法"第 200 条第 1 项："给付物仅以种类指示者，依法律行为之性质或当事人之意思不能定其质量时，债务人应给以中等品质之物。"今试就此二条之规定说明之：

由于"民法"第 348 条第 1 项之规定，出卖人只要交付该买卖目标物并移转所有权，即完成其给付之义务，至于该物是否有瑕疵，并非第 348 条第 1 项所规范。因此，无瑕疵之物的给付也不是第 348 条第 1 项所定出卖人之主要的给付义务。是故，排除物之瑕疵根本不构成出卖人之主要给付义务的内容。在种类买卖，虽有第 200 条第 1 项规定，出卖人不仅应给付合于约定种类之物，且于依法律行为之性质或当事人之意思不能定其质量时，应给以中等品质之物。但其给付之物的质量纵有低劣于此，首先亦只构成瑕疵给付，应负瑕疵担保责任。至其是否因此而负债务不履行的责任，原则上仍应经由"民法"第 364 条论断。有疑问者为，在种类买卖，将种类之债集中为特定物之债的行为系由出卖人依"民法"第 200 条第 2 项在缔约后为之者，是否可因此认为其给付物之瑕疵等同于发生在缔约后，从而认为其瑕疵给付与其他嗣后瑕疵的情形一样，当然有债务不履行之一般规定的适用？应采肯定的见解。

②出卖人违反瑕疵担保义务之法律效力

在种类买卖中，出卖人之给付如有瑕疵，依"民法"第 364 条之特别规定，买受人得不解除契约或请求减少价金，而实时请求另行交付无瑕疵之物。在请求另行交付无瑕疵之物后，关于该买卖契约之履行，回复至未履行的阶段。其与出卖人根本未履行不同者为，买受人必须证明出卖人给付之物有瑕疵。有疑问者为，如果出卖人一再给付有瑕疵之物，可否认定为：出卖人系故意不告知物有瑕疵，从而容许买受人依第 360 条直接请求不履行之损害赔偿。另一种可能的看法是，认为出卖人就给付之物具有第 200 条所要求之质量，负保证质量之责任。

从而只要所给付之物不符该条规定之质量,即应负第 360 条规定之担保责任。[①]在一再给付有瑕疵之物的情形,将之认定为故意不告知瑕疵与实情较为贴切,应可采肯定的见解;至于认为种类买卖之出卖人就第 200 条所要求之质量,应负保证质量之责任,从第 364 条第 1 项之明文规定论之,固应采否定的看法。但其为给付而集中之行为如由出卖人为之,当以将之等同于嗣后瑕疵论断为妥。

③"民法"第 364 条系"民法"第 359 条及"民法"第 360 条之补充规定

在物之瑕疵担保,种类买卖,可依"民法"第 364 条之规定请求。然这并不意味着第 364 条排除第 359 条及第 360 条在种类买卖的适用。盖依第 364 条乃为第 359 条、第 360 条之补充规定,而非特别规定。在种类买卖,若买受人因物有瑕疵而欲解除契约或请求减少价金,其规范基础仍在于第 359 条。同理,若买受人欲请求不履行之损害赔偿,则其法律依据为第 360 条(当然此时必须先充分第 360 条的构成要件)。要之,第 364 条之规定应解释成"买卖之目标物,仅指定种类且其物有瑕疵者,买受人得不依'民法'第 359 条解除契约或请求减少价金,而

---

① 类似的问题存在于将来之物的买卖,例如习见之预售屋的买卖。唯就预售屋之瑕疵,出卖人是否应负债务不履行的责任,"最高法院"采否定的见解,认为:"按'民法'第 360 条后段所称之瑕疵,应指于契约订定时即已存在于目标物之固有瑕疵,并非指契约订定后始发生之瑕疵而言,买受人原本即有按物之性质依通常程序检查所受领目标物有无固有瑕疵之义务,此观之同法第 356 条第 1 项和第 2 项之规定自明,是出卖人所以应例外的负不履行之赔偿责任,实因其违背契约上之诚实告知义务,而于立法上课以其债务不履行之责,故出卖人负此赔偿责任,以其明知买卖目标物于契约订定时,已具有瑕疵而隐匿故意不告知买受人为前提。本件为预售屋之买卖,其目标物即系争房屋于订约当时尚不存在,自不生固有瑕疵之问题;又前开广告平面图上所载之'私有面积'与实际房屋建造完成后所登记之'权状面积'亦相差甚微,不能因双方对'私有面积'之解释不同,遽谓被上诉人明知买卖目标物于契约订定时已具有瑕疵,而有隐匿故意不告知上诉人之情事;再卖卖契约第 1 条第 2 项后段订明:'房屋买卖面积与完工后经地政机关实际丈量之面积误差在百分之一之内者,双方同意不增减价款,但超过或不足上述误差时,应就超过或不足部分,双方同意依本约规定之房屋销售单价互相找补。'足见被上诉人与上诉人订约时,已预定若建成之房屋之面积逾越或不足原约定面积达一定比例时,双方间相互找补之合意,足征被上诉人并无故意不告知系争房屋关于面积瑕疵甚明,故上诉人此部分之主张亦属无据。"(同院 1997 年 6 月 5 日 1997 年台上字第 1777 号民事判决)在预售屋的买卖,论其实质等于是一种工作物供给契约。而工作物供给契约所以被论为界于买卖与承揽间之类型,其主要的理由在于认为,其财产权的移转应依买卖之规定,其物之瑕疵担保应依承揽之规定,始符合其存在特征之规范需要。("民法"第 495 条第 1 项:因可归责于承揽人之事由,致工作发生瑕疵者,定做人除依前两条之规定,请求修补或解除契约,或请求减少报酬外,并得请求损害赔偿。)盖在这种情形,物之瑕疵的防免,正像其他与债务之履行有关的事务,债务人应尽其应尽之努力与注意程度。至于在双方就房屋买卖面积有找补约定的情形,原则上可解释为出卖人无故意不告知瑕疵的情事,或就其相关之责任有所保留。

实时请求另行交付无瑕疵之物。"于此情形,解除契约显失公平,买受人仅得请求减少价金时,如此之安排,亦可避免必须引用第 359 条但书时之不自然。

至于出卖人于买受人拒绝受领有瑕疵之物,并请求交付无瑕疵之物后,若延不为无瑕疵之物的履行,出卖人之所为自然构成债务不履行,应依债务不履行之规定解决。

④买受人选择权之行使

在种类买卖,于给付之物有瑕疵时,买受人依"民法"第 359 条、第 360 条及第 364 条所享有之权利在存在上虽是并存的,但在行使上是择一的。这与请求权竞合的情形不同。在其为给付而集中之行为系由出卖人为之的情形,如将之等同于嗣后瑕疵论断,则由之尚可延伸出债务不履行的损害赔偿请求权可供选择。

(5)物之瑕疵担保请求权之消灭

关于解除权或请求权之行使期间,"民法"第 365 条:"买受人因物有瑕疵,而得解除契约或请求减少价金者,其解除权或请求权,于买受人依第 356 条规定为通知后六个月间不行使或自物之交付时起经过五年而消灭。(第 1 项)前项关于六个月期间之规定,于出卖人故意不告知瑕疵者,不适用之。(第 2 项)"该条修正前之规定为"买受人因物有瑕疵,而得解除契约或请求减少价金者,其解除权或请求权,于物之交付后六个月间,不行使而消灭。(第 1 项)前项规定,于出卖人故意不告知瑕疵者,不适用之。(第 2 项)"其第 1 项之修正理由在于:原来单纯以"物之交付时"作为权利行使期间之起算点,未能契合第 356 条关于瑕疵之检查及通知的规定。至于另增定自物之交付时起,经过五年无论如何皆消灭的理由在于:使权利状态早日安定。

买受人依"民法"第 356 条规定为通知后六个月期间之届满日,与自物之交付时起经过五年之届满日,以先到者为准,解除权消灭。所以,买受人依第 356 条规定为通知时距物之交付时起经过五年之届满日的期间如果短于六个月,其解除权于物之交付时起经过五年之届满日时依然消灭。

第 2 项并因之限缩其适用对象至"前项关于六个月期间之规定"。换言之,纵使出卖人有故意不告知瑕疵的情事,买受人之解除权或减少价金请求权自物之交付时起经过五年而未行使者,依然消灭。而不似修正前,只要是出卖人故意不告知瑕疵,即无第 1 项所定短期时效的适用。

①本条所定之期间为除斥期间

本条所定六个月之期间为除斥期间(法定期间)。买受人于该期间内不行使权利者,其解除权及减少价金请求权即随之消灭,无时效不完成或时效中断等问题。其规范意旨在于:时日一久,则物之瑕疵究为在交付前即已存在,或在交付后方始生？将难以确实证明。将其定性为除斥期间,较能尽早整齐地确定当事人间之法律关系。至于不规定为短期消灭时效的理由为,时效不完成与时效中断之考虑,和物之瑕疵之有无之认定上的考虑所针对者,层次不同:前者单纯涉及已存在之权利的行使,后者还涉及系争权利所据以发生之物的瑕疵到底能否有把握地客观证明其存在。

唯应注意,自条文观之,本条之适用范围虽仅规定到解除权及减少价金请求权,但解释上自当依其规范意旨,扩张及于不履行之损害赔偿请求权及另行交付无瑕疵之物的请求权。① 盖"民法"第 360 条之不履行的损害赔偿请求权及第 364 条之另行交付无瑕疵之物的请求权皆系第 359 条之延伸性规定。亦即买受人在充分第 359 条所定要件后,若再充分第 360 条之要件,则可就其中三种请求权选择行使。故丧失解除权及减少价金请求权者,亦不得再依第 360 条或第 364 条而为主张。且必也如此解释,方能贯彻第 365 条之立法意旨。盖其乃是顾及目标物经相当时日后,瑕疵之存在或发生难以证明而为之规定,以避免当事人之争执,并确定其间之法律关系。

②"民法"第 365 条第 2 项保证质量案型不适用

"民法"第 365 条第 2 项规定:"前项关于六个月期间之规定,于出卖人故意不告知瑕疵者,不适用之。"此乃针对该条第 1 项短期期间之限缩规定。在第 360 条,台湾地区"民法"对故意不告知瑕疵之案型与保证质量之案型一起规定,并赋予相同之法律效力。基于此一法律明文之事实,是否有可推论出,在第 365 条第 2 项之适用上,这两种案型亦适当做相同之处理,即是否能把第 365 条第 2 项规定,进一步适用到保证质量的案型来？探讨此问题之前,首先必须讨论系争两种案型在法律特征上的区别。

由于"民法"第 365 条第 2 项对出卖人之保证质量的案型并未为明文规定,所以,若要把第 365 条第 2 项适用到保证质量的案型,就不能为直接适用,极其量只能通过法律补充,而为间接适用。而在法律补充,必须先为前置的操作,即必须先比较法律所已规定之案型及拟去处理之案型在特征上之异同。当其法律上有意义之特征一致时,可谓该二案型是相同的。此际,法律如只对其一做了规定,而对拟处理之案型并无规定,则基于平等原则之要求,该未被规定之案型,应适用已被规定之案型的规定做相同的处理。此种操作就是类推适用②。

---

① 关于此问题,史尚宽先生有不同见解,参见史尚宽:《债法各论》,1977 年版,第 43 页。

② 类推适用的操作中最重要的就是这种适用的前置过程,即比较法律所已规定之案型及拟处理之案型的特征。经此前置过程而证明,规定之案型及拟处理之案型特征相同,即取得类推适用之理由或要求。是故判决若省略此前置过程而为类推适用,就是理由不备。

回到本问题。故意不告知瑕疵之案型与保证质量之案型的最大区别在于："民法"第 354 条第 2 项所规定之"保证"，必须构成该案型之契约内容，由之导出第 354 条第 2 项之保证系以该契约作为其规范上之依据，而非以法律作为其规范依据。反之，在故意不告知瑕疵之案型，则系以法律作为其规范之依据。唯这个区别，在这里并无意义。盖这里所关注的是，时日一久，在交付时物之瑕疵是否存在的举证，及该影响之考虑的必要性与价值（由于保证的有无，与瑕疵是否存在之事实的探知，并无影响，故对之没有做与"民法"第 354 条第 1 项所规定之案型相区别之必要）。反之，在故意不告知物之瑕疵之情形，出卖人于缔约时，既已知瑕疵之存在，则"民法"第 365 条第 1 项之考虑已不必要，因此宜有第 365 条第 2 项之规定。是故，第 365 条第 2 项应不适用于保证质量之案型。从而买受人基于出卖人之保证质量而主张解除契约或减少价金者，仍应受第 365 条第 1 项之适用。

③除斥期间与限期确答是否解除之催告

依私法自治原则，涉及二人以上利益之私法自治事项，其规范之形成原则上应以协议的方式为之。该协议被称为契约，因此该原则也被称为契约原则。是故，由当事人之一方以单方行为决定双方法律关系之发生、变更或消灭属于例外的情形。在私法上须有法律之规定或当事人事先之约定为其规范基础，始能享有此种权利。该权利称之为形成权。例如撤销权、解除权、终止权、承认权、选择权、抵销权。其中除抵销权，因事实上属于债之清偿，无相对人限期行使之催告及除斥期间的规定外，其他各种形成权例有此种规定，以便相对人可以主动，经由定相当期限催告形成权人确答是否行使其形成权的方法，尽速结束因形成权之存在所造成之不安定状态（其与解除权有关者例如"民法"第 257 条），或者在除斥期间之经过而未行使时，自然消灭（例如"民法"第 365 条）。然由于除斥期间通常长于相对人在催告中所定之相当期间，因此引起一个疑问，例如在相对人催告确答是否解除之相当期限经过后，而除斥期间尚未经过前，解除权人如果未为解除权之行使，该解除权是否消灭？这应采肯定的见解。盖非如是，前述关于定相当期限催告确答是否行使的规定势成具文。以上是兼顾法之安定性的缓冲规定。比较属于形式上的考虑。此外，因形成权之行使所要改变的法律关系，本来亦有其以合意为依据的契约基础，所以，纵使因前述时间上的因素而使系争形成权消灭，只是一动不如一静，尚不致于导致在契约原则下过度不正确的结果。

另"民法"第 359 条所定之减少价金的请求权虽亦被定性为形成权，但因其实践事实上需要双方以协议的方式，找到应减少之价金的数额。是故，对之同样地没有由出卖人（相对人）定相当期限催告买受人确答是否行使该权利的实益。

9.瑕疵给付是否合乎债务本旨？

(1)本书见解:肯定说(合于债务本旨)

所谓瑕疵给付,指给付之目标物带有瑕疵。为给付而提出有瑕疵之买卖目标物,仍属依债务本旨之提出。此固为台湾地区学说与实务所肯定,不过,由于台湾地区文献在"不完全给付"与"物之瑕疵担保"的讨论上,似未足够注意到"信赖利益及给付利益"分别与"固有利益"间之区别,以致有时引起误导,认为在所给付之物有瑕疵的情形,就给付利益亦得依债务不履行之一般规定,特别是给付迟延,请求赔偿。因此延伸地引起怀疑"为给付而提出有瑕疵之买卖目标物,仍属依债务本旨之提出"的观点。实际上,像郑玉波老师在其所著《民法债篇总论》(1962年版,第286页)所称:就可归责于债务人之不完全给付,债务人负债务不履行责任。但其所称之债务不履行,实际上并不是指给付不能或给付迟延,而系指"积极侵害债权"而言,[1]而积极侵害债权在这里所涉及之案型为台湾地区学

---

[1]　参见郑玉波:《民法债篇总论》,第286页:"不完全给付可归责于债务人者固多,不可归责债务人者亦非无有,后者债务人自不负债务不履行责任(但有时应负瑕疵担保责任,"民法"第354条以下),故使债务人负债务不履行责任之不完全给付,乃专指因可归责于债务人之事由者而言。……"按债务不履行之状态,在《德国民法典》及其普通法上原只有给付不能与给付迟延两种,但经其学者史陶布氏(Staub)主张,债务不履行不仅有给付不能与给付延迟两种消极的侵害,且可能发生不完全给付之积极侵害态样后,德国学说与判决实务均肯认不完全给付亦为债务不履行的态样之一。关于给付不能与给付迟延之外的债务不履行,"民法"(2000年4月26日修正)第227条规定:"因可归责于债务人之事由,致为不完全给付者,债权人得依关于给付迟延或给付不能之规定行使其权利。(第1项)因不完全给付而生前项以外之损害者,债权人并得请求赔偿。(第2项)"该条规定所称不完全给付不含根本不为给付或仅属给付之量不足的情形,而系指其给付有值之不足的情形。该值之不足,依法且事实上能够补正者,债权人得依关于给付迟延,其不足之补正有法律上或事实上不能者,得依给付不能之规定行使其权利。此为与履行或给付有关之利益的部分。其中在缔约时即已存在之自始瑕疵,因有物之瑕疵担保的特别规定,如无特约,其补正即属依法债权人不能请求补正的情形。倘债权人因给付之值的不足而受有固有利益上之损害,依同条第2项,债权人并得请求赔偿。

说上所称之"加害给付"。①

所谓加害给付,在其与瑕疵有关的情形,系指因物之瑕疵所具有的有害性,使其具有伤害买受人之固有利益的可能性(危险),当此可能性实现时,买受人之固有利益即因而受到损害。例如给付败坏之饲料,致买受人之毛猪食后中毒死亡。在这里,不败坏(即无瑕疵)之饲料的给付请求权,为买受人依该买卖契约所享有之"约定的给付请求权"。当该请求权因出卖人给付败坏之饲料而落空时,买受人即无法拥有该"约定给付请求权"所表彰的利益。这种利益,法律上常用"因不履行而生之损害"称之(参见"民法"第226条第2项、第232条),这也就是学说与实务上所称之"给付利益"或"履行利益"。其请求以有效契约之存在为其

---

① 加害给付通常用来与瑕疵给付相对比。其对比的意义首先在于加害可能是,也可能不是因瑕疵而引起。其次为瑕疵给付所关涉之问题在于,因给付有瑕疵,而致债权人之履行的利益未能获得满足;反之,加害给付所关涉者则为债权人之固有利益因给付有瑕疵或不完全而受到损害。由于买卖法对于物的瑕疵之法律效力有特别规定,至少就自始瑕疵的部分排除了债务不履行之一般规定的适用。关于物之瑕疵担保请求权与积极侵害债权间之关系:瑕疵给付应与违反契约上之保护义务互相区别。瑕疵给付指交付在质量上比应有者为低之给付,致其价值及效用偏低于应有值之情形。例如有瑕疵之买卖目标物或不完善的修理服务。在这种情形,只要其瑕疵所涉及者是债之目标本身,法律对之已经作了一些特别规定,例如"民法"第354条以下(关于买卖)、第423条以下(关于租赁)、第492条以下(关于承揽)。因为这些规定不以故意过失为要件,因而构成对于消极或积极债务不履行的特别规定。但纵使给付之人有故意或过失,只要所牵涉之问题为与"债之目标"的质量有关之履行或其履行利益,则物之瑕疵担保请求权,还是排除积极侵害债权("民法"第227条第1项)的适用。不过,物之瑕疵或给付之瑕疵常常对于债权人固有利益造成损害,例如,有毒的米糠油之给付,不但本身是低于通常应有价值或效用之给付,而且该瑕疵还因其食用而对于买受人之健康引起损害。这种超出买受人之给付利益上的损害,通常构成出卖人所负之契约上保护或维持义务的违反,并为积极侵害债权原则所规范("民法"第227条第2项)。唯在这里其赔偿义务以出卖人有故意或过失为必要(参见 Soergel-Reimer Schmidt, Kommentar zum BGB, 10 Aufl., Rz.38 vor §275)。

规范基础。故契约经解除者,即不得请求给付利益。① 这种给付利益,并不是积极侵害债权在这里所要处理的案型。是故,倘将"民法"第 227 条之不为完全之给付,了解成"不完全给付",然后又以之指称加害给付,并将之归纳于德国学说与实务所称之"积极侵害债权"的观点下时,便不应将加害给付与给付不能或给付迟延互相混淆,而并论为债务人(出卖人)未依债务本旨而为给付。盖给付不能与给付迟延以债务人"不给付之消极行为"为加害手段,而"积极侵害债权"却以债务人"给付之积极行为"为加害手段,且"不给付之消极行为"所加害者为债权人之给付利益,而"积极侵害债权"所加害者在这里为固有利益。鉴于"买卖法"对于瑕疵给付已有瑕疵担保之特别规定,认为瑕疵给付亦为符合债务本旨之给付,以及出卖人所违反者可能仅是具有保护作用之说明义务,而非目标物之给付本身,所以,在加害给付,为肯认以加害给付为理由,并以固有利益为其填补对象之损害赔偿请求权,并没有否认加害给付为符合债务本旨之给付的必要性及妥当性。唯造成给付有害之事由如与给付之瑕疵无关,则仍可能构成债务不履行。这是"民法"第 227 条第 1 项之存在理由:"因可归责于债务人之事由,致为不完全给付者,债权人得依关于给付迟延或给付不能之规定行使其权利。"

　　要之,当出卖人将所约定之特定物或经特定之种类买卖之目标物提出,并经证明为有瑕疵时,出卖人对买受人所负之交付买卖目标物的主要给付义务,在此限度内转为物之瑕疵担保义务,亦即买受人在物之瑕疵担保责任成立时,往后仅得视具体情况对出卖人解除契约,或请求减少价金("民法"第 359 条),或在买卖之物缺少出卖人所保证之质量,或出卖人故意不告知物之瑕疵的情形,得不解除

---

① 由此亦可显出"民法"第 360 条之规范意义,盖在依"民法"第 359 条解除契约之情形,买受人依"民法"第 260 条本来便享有以信赖利益为范围之损害赔偿请求权,今"民法"第 360 条一方面就在买卖目标物有瑕疵的情形,是否得不解除契约而请求损害赔偿,严格其构成要件要素,即买卖目标物缺乏出卖人所保证之质量,或出卖人故意不告知瑕疵,另一方面并买受人以不解除契约或请求减少价金为其要件。是故,在这种情形,买受人所得请求填补者,当不限于其在解除契约的情形,依"民法"第 260 条已得请求者(信赖利益)。因此,买受人依第 360 条所享有之损害赔偿请求权的赔偿范围,当大于信赖利益,亦即其所得请求者当属给付利益。至于"固有利益",则非"民法"第 360 条所规范之损害赔偿请求权所包含。盖固有利益所属之范畴,与请求减少价金之权利,或解除契约而生之损害赔偿请求权不同,从而不能处在像请求权竞合学说所称之竞合关系,使请求权人得择一行使,并因其一之被满足而同归于消灭。至于信赖利益系指缔约人因信赖相对人会尽其"正直义务"(Redlichkeitspflicht),与其从事缔约之商谈或履行契约,所作之支出,在该信赖落空时,所构成之损害。通常情形,给付利益固大于信赖利益。但在双方原来约定之对价关系显然有不利于买受人之情事时,因为解除契约正可让买受人脱困于该不利之对价关系,所以解除契约,请求信赖利益之赔偿,对其反而会比较有利。

契约或请求减少价金,而请求不履行之损害赔偿(给付利益)("民法"第 360 条)。此外,在种类买卖,买受人更得不为前述之请求而实时请求另行交付无瑕疵之物。这种权利义务关系的转化,在法律上有重大的意义。例如,在有瑕疵之物的提出前,因出卖人无排除瑕疵之义务,故出卖人在排除瑕疵与负瑕疵担保责任间享有选择权,买受人不得请求出卖人排除瑕疵,亦不得拒绝出卖人之排除;反之,在有瑕疵之物提出后,转为买受人视情形,在解除契约,请求减少价金("民法"第 359 条)、请求不履行之损害赔偿("民法"第 360 条)和请求另行交付无瑕疵之物("民法"第 364 条)间享有选择权。此时,出卖人除有特约外[①]不得主张其愿意排除该瑕疵,而谓买受人之瑕疵担保请求权之行使为违反诚实信用原则。这种选择权之移转,在种类买卖的情形更见实益。盖在这种情形,如买受人不愿请求另行交付无瑕疵之物,而请求减少价金或解除契约,出卖人虽欲给付无瑕疵之物亦莫可奈何。唯买受人若请求另行交付无瑕疵之物,则当事人间之关系又由"物之瑕疵担保请求权"转为"约定的给付请求权"("民法"第 348 条)。从而,视出卖人是否还来得及在原约定之清偿期前为无瑕疵之物的给付,论其是否负给付迟延的责任。不过,买受人若不请求另行交付无瑕疵之物,则纵使出卖人原来所交付之物有瑕疵,只要其给付之提出系在清偿期前,亦不使出卖人负给付迟延责任。由此亦可看出,有瑕疵之物的给付仍属依债务本旨之给付。其结果,买受人之所以得拒绝有瑕疵之物的给付而不陷于受领迟延("民法"第 234 条),并非因出卖人之给付不合债务本旨,而系因买受人依物之瑕疵担保规定,得拒绝受领有瑕疵之物。当然,此时买受人便不得再请求减少价金,而只得解除契约("民法"

---

① 在买卖之定型化契约中,常有将出卖人依法所负之瑕疵担保责任加以排除,而代以出卖人负排除瑕疵义务的一般约款。由于物之瑕疵担保规定属于任意规定,故这种一般约款,只要不违反诚信原则,当属有效。唯若出卖人不适当履行其排除物之瑕疵的义务,则买受人原来所享有之法定的瑕疵担保请求权便再复活。所谓"不适当履行排除物之瑕疵的义务",其意义首先指"出卖人拒绝排除"或"排除迟延",然后指系争瑕疵不能排除的情形。至于出卖人在排除无效果时,究竟可以为"几次"排除之努力,则应该视该瑕疵一再不能被有效果地排除的状态,依诚信原则及交易习惯对买受人是否可期待其忍受而定,不能一概而论(详请参见 Hensen in Ulmer-Brandner-Hensen,AGB-Gesetz,§ 11 Nr,10 Rdn, 354 ff.)。物之瑕疵担保规定虽为任意规定,但其适用之"完全排除"则属违反诚信原则,就此德国契约一般约款法 § 11 Nr 10b 加以禁止。

第 359 条)或请求损害赔偿("民法"第 360 条),[①]或请求另行交付无瑕疵之物("民法"第 364 条),乃不待言。

（2）对否定说之批评

假若认为"为给付"而提出有瑕疵之买卖目标物,为不符债务本旨之提出,则将引起下述不当的结果：

第一,依"民法"第 359 条,买受人于买卖目标物有瑕疵的情形,仅得解除契约或请求减少价金而不得请求排除系争瑕疵。"民法"在这个问题上之基本的决定,亦可由"民法"以下规定得到印证：就权利之瑕疵担保的违反,依"民法"第 353 条准许买受人依债务不履行之规定,行使权利,而就物之瑕疵担保的违反,则在"民法"第 359 条、第 360 条、第 364 条另行为相异之法律效力的规定。在此了解下,于物有瑕疵的情形,买受人原则上既只得解除契约或请求减少价金,例外地才得请求不履行之损害赔偿或另行交付无瑕疵之物,则当然必须将出卖人所做之提出,定性为符合债务本旨,否则,买受人当得以"民法"第 359 条、第 360 条、第 364 条以外之规定,例如给付迟延之规定,请求给付无瑕疵之物,或请求迟

---

①　本来,买受人若欲依"民法"第 360 条请求损害赔偿,则不得拒绝受领该有瑕疵之物,盖拒绝受领构成该有瑕疵之物的返还,而所受领之物的返还"义务"或"权利"则以解除系争买卖契约为前提。于是,在这种情形,若不赋予买受人得以返还该有瑕疵之物的权利,则买受人为请求损害赔偿势必接受该有瑕疵之买卖目标物,不能真正享受"民法"第 360 条所赋予之进一步的保护。故为使买受人既得退回或拒绝受领有瑕疵之买卖目标物,并得依第 360 条请求不履行之损害赔偿,必须在理论上去除前述规范上之矛盾。为解决这个问题,联邦德国学者与实务将"有瑕疵之买卖目标物之返还"了解成"损害之计算或转嫁之手段"以使保有"有瑕疵之物"的不利益,无条件地归由出卖人承担,买受人甚至不必证明有瑕疵之物的保有对其没有利益（详请参见 Esser, Schuldrecht, Bd. 2, Bes. Teil, 4. Aufl. S.47；Larenz, Lehrbuch des Schuldrechts, Bd. 2, Halbband 1, Bes. Teil, 13. Aufl., 1986, S.60 f.）。依"民法"第 360 条请求损害赔偿之范围,在买受人保有"有瑕疵之物"的情形,首先为"有瑕疵之物与无瑕疵之物"间之价值的差额,其次为因该瑕疵使买受人损失的原有预期之利益（"民法"第 216 条）。该"有瑕疵之物与无瑕疵之物的差额,不一定等于买受人若请求减少价金时所得减付之金额,该差额有时大于,有时小于所得请求减少之价金,盖所约定之价金有时小于,有时大于该物之客观或市场价值,例如就时值 100 元之录音带,双方合意以 80 元成交时,若该录音带因有瑕疵而只值 60 元,则所得请求减少之价金为：

$$80 \times (1 - \frac{60}{100}) = 32$$

但若请求给付利益之赔偿,则其有瑕疵与无瑕疵之物的价值差额为：（100 - 60）= 40；反之,在其他条件相同时,双方所合意之价金若为 200 元,则买受人所得请求之价值差额仍为 40 元,但其所得请求减少之价金则为：

$$200 \times (1 - \frac{60}{100}) = 80"。$$

延损害的赔偿。这不但逸出"民法"所明白肯认之物的瑕疵担保范围,而且与"民法"第353条和第360条的规定亦不尽协调。盖"民法"第353条,原仅肯认买受人在权利瑕疵的情形,得依关于债务不履行(给付迟延或给付不能)之规定行使权利。今若认为在物有瑕疵之情形,买受人亦得依债务不履行的规定行使权利,则第353条就所规定之案型的列举,便可疑为有所不周,这当与事实不符。

第二,依"民法"第360条,只有在买卖目标物缺乏出卖人保证之质量,或出卖人故意不告知瑕疵之情形,才得请求损害赔偿。今若认为买受人在物有瑕疵之情形,一概得依债务不履行的规定行使权利,则买受人所享有者不但超过"民法"第360条在前述例外情形所肯认之权利,而且还得请求排除系争瑕疵。

依否定说,买受人固然应先请求排除瑕疵,而后始得依债务不履行之一般规定请求损害赔偿(例如迟延损害)。然因迟延损害所属之范畴与"民法"第360条规定之损害赔偿所属者,同样是给付利益,而"民法"第360条限制买受人仅于出卖人故意不告知瑕疵,或买卖之物缺少出卖人所保证之质量时,始得请求不履行之损害赔偿,故由否定说导致之前述结果显然与该条之构成要件的要求不符。

第三,纵使在种类买卖,出卖人一旦为有瑕疵之物的交付,双方之债的关系亦由约定之给付义务转为瑕疵担保关系。买受人取得在解除契约、请求减少价金和请求另行交付无瑕疵之物等权利间的选择权。若依否定说的见解认为"有瑕疵之物的给付不合债务本旨",则其给付或该给付之提出,依"民法"第235条之规定,当不生提出的效力,从而买受人所得主张者,应是依"民法"第348条请求交付无瑕疵之物,而不能依第364条,在解除契约、请求减少价金与请求另行交付无瑕疵之物诸权利间享有选择权。盖若认为有瑕疵之买卖目标物的提出不生提出之效力,则买受人当不能主张瑕疵担保请求权。是故依否定说所导出的结果,显然与现行法不一致。

10.以物有瑕疵为理由,买受人所得采取之措施

(1)拒绝受领

买受人就出卖人所送到之物,得以有瑕疵为理由拒绝受领。请求减少价金以受领有瑕疵之物为其前提,故以送到之物有瑕疵为理由拒绝受领送到之物,除

生返还送到之目标物于出卖人之效力外,①并使当事人间之法律关系转为物之瑕疵担保的法律关系。由于买受人以拒绝受领使其买卖关系发展至瑕疵担保的法律关系,故买受人得享有之物的瑕疵担保请求权,在特定物之买卖限于请求损害赔偿("民法"第 360 条)或解除契约,而不再包含请求减少价金("民法"第 359 条);在种类买卖,除此之外,还得请求交付无瑕疵之物("民法"第 364 条)。由于拒绝受领兼具不选择请求减少价金,而要行使其他物之瑕疵担保请求权的意义,所以,"最高法院"认为在退货后(亦即拒绝受领后),买受人之物的瑕疵担保请求权,便不再受"民法"第 365 条第 1 项所定期间之限制(参见"最高法院"1976 年

---

① "民法"第 358 条第 1 项规定:"买受人对于由他地送到之物主张有瑕疵不愿受领者,如出卖人于受领地无代理人,买受人有暂为保管之责。"即以此观点为其基础。盖必也其拒绝受领,发生返还送到之物于出卖人之法律效力,买受人依该项所作之保管始具有为出卖人之利益而保管的意义。在买卖目标物之送到系经由运送人的情形,因有"民法"第 650 条规定:"受货人所在不明或对运送物受领迟延或有其他交付上之障碍时,运送人应即通知托运人,并请求其指示。(第 1 项)如托运人未即为指示,或其指示事实上不能实行,或运送人不能继续保管运送物时,运送人得以托运人之费用,寄存运送物于仓库。(第 2 项)运送物如有不能寄存于仓库之情形,或有易于腐坏之性质或显见其价值不足抵偿运费及其他费用时,运送人得拍卖之。(第 3 项)运送人于可能之范围内,应将寄存仓库或拍卖之事情,通知托运人及受货人。(第 4 项)"应可认为出卖人于受领地有代理人,所以买受人于送到时如即为拒绝受领,无暂为保管之责。

台上字第 725 号民事判决)。①

(2)受领

买受人若受领出卖人所给付之物,则其法律效力分别视买受人知或不知物有瑕疵而定。兹分述之:

①受领时明知物有瑕疵者

买受人于受领时明知物有瑕疵,而不保留其物之瑕疵担保请求权者,依"民法"第 356 条之规范意旨,应生视为承认所受领之物的法律效力。反之,若买受人已为保留,则可享有"民法"第 359 条以下所定之瑕疵担保请求权。

---

①　买受人得以送到之物有瑕疵为理由拒绝受领,但买受人在这种情形,一方面,依"民法"第 358 条第 1 项,在出卖人于受领地无代理人时,负暂为保管之责;另一方面,依同条第 2 项,为保有其瑕疵担保请求权,还必须以相当方法证明其所主张之瑕疵的存在。否则,将推定目标物于受领时为无瑕疵。此外,送到之物若易于毁坏,买受人除有变卖之权限与义务外,并应将变卖的情形通知出卖人。其怠于通知者,应负损害赔偿之责。又因危险负担之移转以交付为要件,而拒绝受领使得出卖人之给付,不生"交付"之效果,所以,拒绝受领亦足以阻止危险负担的移转。至于在"民法"第 374 条之情形,由于危险负担在出卖人交付其目标物于运送人或承揽运送人时,便已移转于买受人,所以当买受人以提出之物有瑕疵为理由拒绝受领时,其对于危险负担之移转的影响,便有讨论的余地。基于危险负担可因交付于运送人或承揽运送人而移转于买受人之相通理由,当买受人拒绝受领,而等于经由买受人交付于运送人或承揽运送人,将送到之物运还出卖人时,危险负担准用"民法"第 374 条,应于拒绝受领时重归于出卖人负担。至于自出卖人交付于运送人或承揽运送人时起,至买受人拒绝受领时止之危险,仍应归买受人负担。盖"物之瑕疵并不阻止危险负担之移转,因为瑕疵担保请求权如果会发生的话,那么系争瑕疵正必须在危险负担移转时已经存在"("民法"第 354 条)(参见 Esser Schuldrecht,2. Aufl. S.475)。唯在实务上,送到之物所具有之瑕疵究竟存在于运送人或承揽运送人之前或之后,出卖人、买受人、运送人或承揽运送人三方对之如有争议,谁应负举证责任? 买受人就送到之物的质量状态依"民法"第 356 条及第 358 条应以相当方法证明瑕疵之存在,至于瑕疵之发生的时点,应由出卖人、运送人或承揽运送人负举证责任,证明该瑕疵究竟发生在交付运送人或承揽运送人之前或之后。其发生在交付前者,买受人对出卖人享有物之瑕疵担保请求权;发生在交付后者,因危险负担已于交付时移转于买受人,故买受人只得对运送人或承揽运送人主张运送责任("民法"第 634 条、第 661 条)。唯如出卖人与运送人或承揽运送人皆不能证明瑕疵究竟发生于交付前或交付后,则出卖人应对买受人负担瑕疵担保责任,必要时再由出卖人对运送人或承揽运送人依运送契约请求损害赔偿。或谓在这种情形可准用"民法"第 637 条由出卖人与运送人或承揽运送人对买受人连带负责,但由于运送人与出卖人之责任,因其构成要件不能并存(瑕疵发生于交付前或交付后)而不能并存,故课以连带责任显然矛盾。何况只使出卖人对买受人负瑕疵担保责任,并没有改变买受人之利益状态,故本书认为,在这种情形,应认为仅出卖人对于买受人负瑕疵担保责任。这与"运送物由数运送人相继运送者,除其中有能证明无第 635 条所规定之责任者外,对于运送物之丧失、毁损或迟到,应连带负责"者("民法"第 637 条),不同。类似的法律思想规定于"民法"第 185 条第 1 项后段。

②受领时不知物有瑕疵者

买受人于受领时不知物有瑕疵者，依"民法"第356条第1项，应按物之性质依通常程序从速检查所受领之物，如系争瑕疵属于依通常程序得以发现之瑕疵，而买受人根本未为检查，或经检查而未发现，或虽发现而未为通知出卖人，则买受人皆因怠于尽其依"民法"第356条第1项、第2项所规定之检查、通知的对己义务，而生失权（物之瑕疵担保请求权）的效果，视为承认其所受领之物具有应具之质量。如系争瑕疵属于依通常程序不能发现之瑕疵，则买受人于日后发现时，应即通知出卖人，怠于为通知者，亦生视为承认所受领之物的法律效力。此外，由于"民法"第365条规定："买受人因物有瑕疵，而得解除契约或请求减少价金者，其解除权或请求权，于买受人依第356条规定为通知后六个月间不行使或自物之交付时起经过五年而消灭。（第1项）前项关于六个月期间之规定，于出卖人故意不告知瑕疵者，不适用之。（第2项）"上述关于买受人检查、通知义务（"民法"第357条），及六个月短期除斥期间之规定（"民法"第365条第2项），于出卖人故意不告知瑕疵于买受人者，不适用之。

③小结

出卖人对于买受人提出之给付物有瑕疵时，若买受人以之为理由而拒绝受领，并即依相当方法证明该瑕疵之存在（"民法"第358条第2项），或虽受领而已尽"民法"第356条所规定之检查、通知义务者，则买受人得依"民法"第359条以下之规定行使物之瑕疵担保请求权。但除其依"民法"第364条请求另行交付无瑕疵之物外，不会再生债务不履行的问题。

"民法"第359条、第360条、第364条分别所规定之各种物之瑕疵担保请求权间，在存在上是并存的，在行使上是选择的，买受人必须选择其一而为行使，唯一旦为选择后，便不再能后悔，此为"选择之债"的特色，与请求权竞合说意义下之请求权间之关系不同。① 是故，买受人若请求另行交付无瑕疵之物，而出卖人竟置之不理，则基于物之瑕疵担保请求权间，在选择权之行使上的不可撤回性，买受人只能依债务不履行的规定行使权利，而不得改依其他当时未经其选中之物的瑕疵担保请求权对于出卖人有所主张。反之，在请求权竞合的情形，权利人得任意依竞合中之任一请求权对相对人请求给付，其他请求权不单纯地因未被引为请求的依据而消灭，它只在被引为依据之请求权被满足的限度内归于消灭。此外，在被引为依据之请求权被满足前，原则上权利人得改依其他请求权对相对人请求给付。此际，权利人之"后请求"有撤回"前请求"之效力。唯权利人之出尔反尔若增加相对人之履行上的费用或引起损害，则请求权人应填补之。不过，

---

① 　Larenz，aaO. S.78f..

在请求权竞合的情形,亦有受请求顺位之约束的情形,例如为给付货款,双方合意以支票为支付方法时,出卖人于收受买受人为给付货款所签发之支票后,必须先就支票向付款人请求付款,待经退票,始得更依原货款债权对买受人请求给付,此即新债权在间接给付中对旧债权之请求上的优先顺位(参见"民法"第712条第2项)。

11.当事人间关于瑕疵之有无及其善后的争执成立和解

在物之瑕疵担保的案型,当事人间首先是就瑕疵之有无及程度,其次是就瑕疵之程度是否达到可以解除契约①或得请求减少价金的额度("民法"第354条

---

①　"民法"第354条第1项规定:"物之出卖人对于买受人应担保其物依第373条之规定危险移转于买受人时,无灭失或减少其价值之瑕疵,亦无灭失或减少其通常效用,或契约预定效用之瑕疵,但减少之程度,无关重要者,不得视为瑕疵。"是故,在买受人欲以目标物有瑕疵为理由解除契约时,出卖人得就系争瑕疵是否重要而为争执,盖该瑕疵若被定性为"无关重要",则依"民法"第354条第1项但书之规定,即不得被视为瑕疵。例如"最高法院"1970年台上字第877号民事判决认为:"汽车碰撞损害仅在外表,重为喷漆而已,其机件性能并无如何损害之处,此项瑕疵对于车辆价值或效用减少之程度,显无关重要,原不得认有解除契约之原因。""最高法院"这种看法,显然忽视交易性贬值的问题。按在像汽车之碰撞这种案型所引起之物的毁损,其贬值通常包含"与回复原状有关"之"技术性贬值"的部分,"与回复原状无关"但"与交易价值有关"之"交易性贬值"的部分,鉴于"交易性贬值"事实上可能存在,故在其存在时若予以忽略,在经济上便不能真正将受害人之利益状态回复到与未发生毁损事故的情形一样。故为完全地填补因物之毁损所发生之损害,在"技术性贬值"之外,应就"交易性贬值"加以填补。由于"交易性贬值"与"回复原状"无关,或更精确地讲,其乃属于"民法"第215条所称之"不能回复原状的情形",故就"交易性贬值",加害人应以金钱赔偿的方式加以填补,它可以与"技术性贬值"部分之"回复原状"并存。实务上所以否认在回复原状之外,更就"交易性贬值"部分以金钱加以赔偿,可能系被"回复原状"一语中之"原状"的表面意义所惑,认为原状既经回复,当再无待于以金钱加以填补之损害。唯其实,不但就"交易性贬值"这种市场心理所引起的贬值,而且就"技术性贬值"之回复,都常有不能完全回复的情形,此亦正为"民法"第215条所以存在的理由。或谓市场心理所引起之评价性的贬值,在损害赔偿法上,应无意义。但这是不正确的。盖物之价值的评价,乃以其经济上之效用为基础。而经济上之效用,本来便必须考虑市场参与者对一一般所做的评价。"交易性的贬值"正是这种评价的结果。且若进一步探讨,市场所以将像碰撞后之汽车评低其交易价值,常有其经验的基础,亦即这种汽车实际上可能存有不易察知的瑕疵。此外,纵使其交易价值的降低全系于参与交易者之心理,亦即不喜欢购买这种车辆,但因这种心理实际上影响供需价格,故也应赋予经济上的意义,从而作为经济规范的法律,对之也不得昧于事实而不顾。这当是"民法"第354条第1项定义物之瑕疵时,不单以物之效用为标准,而兼顾物之价值的道理。而价值在这里之了解,当指其交易价值而言。是故,"最高法院"在前述判决中所持见解,在此意义下还有斟酌的余地。

第 1 项但书、第 359 条但书）①常有争执。是故,在提出或交付之物有瑕疵争议时,买卖双方就此常常必须进行协议,以确定瑕疵之有无及其善后的方法。善后的方法常常包括出卖人在约定期间内排除系争瑕疵,另行交付无瑕疵之物或减少价金及其他双方认为重要的事项。由于这种争执本身构成法律上的争执,故双方为终止或防止该争执的扩大,所作之协谈应被定性为和解的尝试;其协议若成立,属于和解契约。所以,买卖双方就与争执有关的事项达成协议后,各不得就当时已引为和解客体之瑕疵再为争执。例如买受人嗣后不得再以这些经和解之瑕疵,包括在和解时已知或应知之瑕疵,②主张物之瑕疵担保请求权。但就未经和解之瑕疵,嗣后,买受人自得更为行使物之瑕疵担保请求权,于是双方有再就之更为和解之必要与可能。唯第二次之和解或第二次瑕疵担保请求权之行使,应以第一次之和解或第一次之物的瑕疵担保请求权的行使结果为基础。例如买受人在第二次所行使者若为请求减少价金,则应以第一次调整所得之价金为约定之价金,并以带有"第一次和第二次和解效力所及之瑕疵"的买卖目标物所具有之客观或市场价值为其计算基础,依请求减少价金之处理方法计算之。例如:甲作价 8000 元,将无瑕疵时实值 10000 元之录音机一台卖给乙,嗣后针对该录音机之扬声器之瑕疵,经鉴定仅有 6000 元之价值,于是双方经依减少价金

---

①　依"民法"第 354 条第 1 项但书规定:物之通常或契约预定效用或价值的减少程度无关重要者,不得视为瑕疵。贯彻该条但书之规定,出卖人就这种无关重要之效用或价值的减少,当不负之瑕疵担保责任。这种结果,由"契约之解除"观之,固可谓尚称公平,然由"请求减少价金"观之,则似有不妥。盖效用或价值既有减少,其价金亦即交易价值当然要相应地受到调整。是故,本书认为,在"民法"第 359 条但书的背景底下,"民法"第 354 条之但书似无存在的必要。因为解除契约显失公平的情形原可包括无关紧要之效用或价值的减少之情形,故第 354 条第 1 项但书对欲解除契约的情形是多余的,而若删除第 354 条但书,则买受人对这种瑕疵便可享有其应受保护之减少价金请求权的可能。这种结果在实务上当更为圆满。

②　所谓已知之瑕疵,当然指事实上为买受人所知之瑕疵;至于应知之瑕疵,则指在和解时依"民法"第 356 条所应知之瑕疵。就这些应知之瑕疵,买受人若不知其存在,则不能为该条所规定之通知,而其若不能为通知,则因视为买受人承认所受领之物,故不能享有物之瑕疵担保请求权。同样地,第 355 条第 2 项所规定之"因重大过失而不知前条第 1 项所称之瑕疵"的案型,亦属于买受人于和解缔约时"应知该瑕疵之存在"的案型,盖"民法"第 355 条第 2 项应被准用于和解时"因重大过失而不知系争瑕疵"的案型。因为就与瑕疵有关之事项,特别是价金的调整,当事人间之所为与重新缔结买卖契约无异,故和解契约缔结时,与该条"买卖契约成立时"有同样的意义。因此,经和解之瑕疵应包括和解时买受人应知之瑕疵。至于已知之瑕疵,则基于与"因重大过失而不知瑕疵之存在"的案型相同之理由,准用"民法"第 355 条第 1 项"买受人于契约成立时,知其物有前条第 1 项所称之瑕疵者,出卖人不负担保之责"之规定,亦应为"经和解之瑕疵"所包括。

之公式[①]算出乙得减少价金3200元：

$$(10000-6000)\times 8000\div 10000=3200$$

亦即乙只须支付4800元。后乙又发现录音机之马达有瑕疵，针对此瑕疵，经鉴定该录音机仅值4000元，此时，乙所得请求再减少之价金为1600元：

$$(6000-4000)\times 4800\div 6000=1600$$

即乙只须给付3200元。[②]

在此了解下，在第一次和解（行使物之瑕疵担保请求权）后，买受人若更就未经和解之瑕疵而第二次行使物之瑕疵担保请求权，则其所为的意义，并非撤销第一次和解或撤销第一次行使瑕疵担保请求权的结果（例如经法院所裁判之减少价金的结果），而系第二次和解的尝试，其若成立，则为第二次和解；其若不成立，则为获得解决，便只得请求法院裁判之。[③]

当事人间因物之瑕疵而进行协议，除了特别在前述关于请求减少价金的请求有其意义外，该协议之和解性和创设效力，还有使一度因出卖人所提出之物有瑕疵而为买受人所拒绝受领，以致丧失请求减少价金之可能的法律状态获得"重生"，使双方得经合意用减少价金的方式，解决该瑕疵所引起的问题。于是，为贯彻该协议之意旨，出卖人应对买受人再为给付之提出，盖第一次之提出，已因买受人之合法拒绝受领（"民法"第358条），而失其提出之效力。唯买受人在受出卖人第二次提出时，不得再就协议时，买受人已知（准用"民法"第355条第1项）或应知（"民法"第355条第2项、"民法"第356条）之瑕疵更为主张物之瑕疵担保请求权，自不待言。

（三）瑕疵担保与债务不履行之竞合关系

无论是权利或物之瑕疵，如系发生在缔约后，亦即属于嗣后瑕疵，引起其是

---

①　减少价金之计算公式为，无瑕疵之物与有瑕疵之物的价差乘以双方约定之价金对于无瑕疵之物之价值的比例（对价关系）。

②　Soergel-Ballerstedt, Kommentar zum BGB, 10. Aufl. §475 Rz.2.

③　关于此问题，《德国民法典》第475条规定："买受人并不因就某一瑕疵曾为有效果之减少价金的请求，而丧失其依另一瑕疵解除契约或重新请求减少价金的权利。"就第一次发现之瑕疵，本条只对于买受人以请求减少价金的方式行使其物之瑕疵担保请求权者有意义。因契约不能有两次之解除，该条对于以解除契约的方式行使其物之瑕疵担保请求权者，无意义。若无本条之规定，则买受人是否因一度曾为有效果之物之瑕疵担保请求权的行使，而不再以其他瑕疵为理由，行使物之瑕疵担保请求权，非无疑义。由于若不许买受人就在第一次减少价金的请求时，未曾斟酌之瑕疵，再为物之瑕疵担保的请求，则未免凭空使出卖人占尽便宜，故应许之。不过，买受人也不得据其在第一次行使时，已知或应知的瑕疵更为第二次之瑕疵担保的请求，否则即有背于诚信原则（Soergel-Ballerstedt, aaO. §475 Rz.1）。

否亦应有债法总则中关于债务不履行之一般规定之适用的问题。应采肯定之见解。盖瑕疵与给付不能或给付迟延对于债权人既然同样造成不能圆满实现债权之结果，自无给予瑕疵不同待遇之理由。唯当采肯定之见解，自然引起瑕疵担保责任与债务不履行责任之规定间的竞合问题。在权利瑕疵之竞合状态为：依"民法"第349条至第353条之规定，无论瑕疵之存在是否可归责于出卖人，买受人皆得依关于债务不履行之规定，行使其权利；而依"民法"第226条及第230条之规定，给付不能及给付迟延皆以因可归责于债务人之事由而发生者为限，债务人始负损害赔偿责任。要之，就嗣后之权利瑕疵，"民法"第353条与第226条及第230条之规定间有规范冲突。就债务不履行责任，关于可归责于出卖人一事，前者不以之为要件，而后者以之为要件。为使导致债务不履行之嗣后事由，适用同一要件，自当调整第353条之主观要件，使其亦以可归责于出卖人为要件。

在物之瑕疵亦有类似之竞合状态。依"民法"第359条及第364条之规定，不论瑕疵之存在是否可归责于出卖人，买受人皆应负瑕疵担保责任：买受人得解除契约、请求减少价金，在种类买卖并可请求另行交付无瑕疵之物，但不得依关于债务不履行之规定，行使其权利；而依"民法"第226条及第230条之规定，给付不能及给付迟延皆以因可归责于债务人之事由而发生者为限，债务人始负损害赔偿责任。要之，就嗣后之物的瑕疵，"民法"第359条及第364条与第226条及第230条之规定间，其构成要件及法律效力亦有不一致的情形。唯因其不一致不是单纯存在于构成要件，而是并存于构成要件及法律效力。此外，在物之瑕疵担保，其要件虽然较松（不以可归责于出卖人为要件），但其法律效力亦较弱，仅得解除契约、请求减少价金，在种类买卖并可请求另行交付无瑕疵之物，但不得依关于债务不履行之规定，行使其权利。反之，在给付不能及给付迟延，其要件虽然较严（以可归责于出卖人为要件），但其法律效力亦较强，债权人得依关于债务不履行之规定，行使其权利。所以，其间并不真正构成规范冲突。没有为使导致债务不履行之嗣后事由，适用同一要件，而加以调整的必要。换言之，在嗣后物之瑕疵，其可归责于出卖人者，买受人可依其选择，或者依物之瑕疵担保的规定，或者依债务不履行之一般规定行使其权利。

经过上述的调整，在权利瑕疵之情形，其瑕疵发生于缔约后者，出卖人仅在其就瑕疵之发生有过失之情形始负其责任，而不依担保之规定负无过失责任的问题；在物之瑕疵之情形，其瑕疵发生于缔约后者，出卖人在其就瑕疵之发生有过失的情形，除负物之瑕疵担保责任外，并应依债务不履行之规定负其责任，以贯彻债务不履行制度原则上采取过失责任主义的精神，消除瑕疵担保规定与债务不履行规定间之价值判断上的矛盾。

就前述两个问题肯定说时，权利瑕疵发生在缔约后者，限缩了出卖人之权利瑕疵担保责任;物之瑕疵发生在缔约后者,扩张了出卖人之物的瑕疵担保责任。[1] 权利瑕疵担保经此限缩,其所受之影响为:就其责任之成立,增加瑕疵之发生应以可归责于出卖人为要件。出卖人就不可归责的情形,不负权利瑕疵担保责任及债务不履行责任。物之瑕疵担保经此扩张,其所受之影响为:在瑕疵之发生可归责于债务人之情形,债务人不但得主张物之瑕疵担保责任,而且也得主张债务不履行责任,其区别主要在所得主张之责任的范围,特别是依物之瑕疵担保的规定,买受人不得请求排除瑕疵,除在种类之债,也不得请求另行给付无瑕疵之物。反之,依债务不履行之规定,则一般地得请求给付无瑕疵之物。出卖人不能给付无瑕疵之物者,应分别按瑕疵是否能排除负给付迟延或给付不能的责任。该债务不履行之责任范围,除得请求本来约定之无瑕疵的给付外,其他情形与"民法"第360条所规定之不履行的损害赔偿相当,以赔偿履行利益为其范围。其与"民法"第360条所规定之损害赔偿范围所以相当的理由在于:出卖人于缔约时故意不告知瑕疵,或虽保证有特定之质量而事实确非如此。其故意或保证,满足债务不履行责任应具备之可归责的要件。债务不履行责任范围与"民法"第359条所规定之物的瑕疵担保责任,在请求减少价金的情形有区别:前者,以回复与所约定之给付相当之利益(履行利益)为范围,而后者则以回复给付带有瑕疵时,其带有瑕疵之给付与对待给付间之对等关系,亦即以经按瑕疵调整后之对价利益为范围。至于在解除契约的情形则无区别,盖其所要回复者,皆为缔约前之利益状态,除以解除契约消灭双方债之关系外,另可依"民法"第260条之规定课出卖人以赔偿信赖利益的责任。

(四)污染之状态责任与瑕疵担保

1.行为责任与状态责任

"土壤及地下水污染整治法"第1条规定:"为预防及整治土壤及地下水污染,确保土地及地下水资源永续利用,改善生活环境,维护健康。"该法对于土壤之污染的规范,虽兼以"污染行为"及"污染状态"为规范对象,但偏重于"污染行为"。但仍没有充分意识到"污染行为"及"污染状态"之存在特征不同。因此,适合分别以之为独立的规范对象,按其存在特征,规划其相关规范之构成要件及法律效力。

二者中,以"污染行为"为规范对象者,其规范内容应首先在于一定污染行为之禁止。其次为如已有污染行为,对其课以停止义务。当已有污染结果,并对其

---

① "最高法院"1970年台上字第2882号:"查买卖目标物有瑕疵者,买受人固得主张瑕疵担保权,但无履行请求权,故不得为同时履行之抗辩。"

结果,课以污染之除去及损害之赔偿责任。此种责任之性质为行为责任。关于污染行为之停止的命令或请求,不以故意、过失为要件;关于污染结果的除去或损害赔偿,若从污染行为出发,可能规定为"过失责任"或"危险责任"。课以"过失责任"之意旨在于归责,课以"危险责任"之意旨在于分散污染结果引起之危险造成的损害。

以"污染状态"为规范对象者,以环境之保护或复育为目标,其规范内容首先在对该污染状态所存在之载体的所有人或占有人(例如土地所有人或占有人),课以整治该污染,使其达于法定要求之标准的义务。此种责任之性质为状态责任。课以状态责任,并不以污染载体之所有人或占有人对于污染之发生,有过失为要件,而客观地以污染之存在状态为要件。

行为责任为对人所课、状态责任为对物所课的责任。无论是行为责任或状态责任,如其不以过失为要件,其课责必须考虑责任人之负担能力及其将负担费用分散于其载体效益之受益对象的可能性。否则,其责任之课予,在行为责任会导致禁止,在状态责任会导致形同没入的结果。状态责任在课责上,虽以其载体之所有人或占有人为义务人,但因其责任随其载体受污染而发生及存续,所以在其所有人或占有人变更时,改以新的所有人或占有人(受让人)为责任人。是故,论诸实际,状态责任为对物所课的责任。在买卖契约履行后,该状态责任之义务人由出卖人转为买受人。此与行为责任,除有责任债务之承担的情形外,恒以造成污染之行为人为其义务人者不同。

2.行为责任或状态责任的规范依据

污染行为之课责,固以行为引起污染为要件,但在概念上,其污染行为构成之法律事实,应只存续至污染行为终止之时,不延续至造成污染之状态的存续期间。所以规范行为责任之法令,应以行为时之法令为限,不含行为后始制定施行之法令。如以行为后制定施行之法令规范发生并终了在先之污染行为,课以行为责任,有法令之溯及适用。至于规范污染状态之对物的法令,则应以状态存续时之法令为依据。纵使引起污染状态之行为,发生在规范状态责任之法令制定施行前,依然无溯及适用。

3.行为责任或状态责任之承担

行为责任与状态责任是一种责任债务。因其是债务,所以首先在其发生阶段,基于其据以发生之法律事实,决定该债务之归属,以定其债务人,而后才可能又基于法律或契约,发生债务承担,改变该债务在主体上之归属。

因为行为是一个人之有意识的动静,所以自然应归属于有意识而为该动静之人。他人除非基于法律,应为该有意识而为该动静者之行为人负责,[①]否则,必须基于债务承担,始可能承担该有意识而为该动静者之行为责任。债务承担可能直接以债务承担契约为其法律上原因("民法"第 300 条、第 301 条),也可能因"就他人之财产或营业,概括承受其资产及负债"("民法"第 305 条),或因"营业与他营业合并,而互相承受其资产及负债",而生与前条相同之概括承受的效力。其合并之新营业,对于各营业之债务,负其责任("民法"第 306 条)。同理,"因合并而消灭之公司,其权利义务,应由合并后存续或另立之公司承受"("公司法"第 75 条)。[②]

4.状态责任与物之瑕疵

当物因受污染而被课以公法("土壤及地下水污染整治法")上之整治义务(状态责任)时,该状态责任具有减损其污染载体之交易价值及效用的性质,客观上构成物之瑕疵("民法"第 354 条)。

有疑问者为:污染状态虽在买卖契约缔结时即已存在,但其状态责任之规定,如果在买卖契约缔结后,始制定施行,则该买卖目标物,是否有"民法"第 354 条所定之物的瑕疵。鉴于土地一旦受有污染,即当会灭失或减少其价值,或灭失或减少其效用,从而客观上有因污染引起之物的瑕疵。因此,无论是否有"土壤及地下水污染整治法"之制定施行,该受污染之土地,客观上可谓即有物之瑕疵。所不同者仅是,如无该法之制定施行,不因其污染而生公法上之整治义务而已。唯需注意:"民法"第 354 条以下所定之瑕疵的概念属于就个案具体情形认定之主观的瑕疵,具有对于个案之相对性。例如"民法"第 354 条关于契约预定效用之瑕疵;第 355 条关于物之瑕疵担保责任之免除的规定:"买受人于契约成立时,知其物有前条第 1 项所称之瑕疵者,出卖人不负担保之责。(第 1 项)买受人因

---

① 例如"民法"第 28 条规定,法人对于其董事或其他有代表权之人因执行职务所加于他人之损害,应与该行为人连带负赔偿之责任。"民法"第 287 条规定,无行为能力人或限制行为能力人,不法侵害他人之权利者,其法定代理人负损害赔偿责任。"民法"第 188 条规定,受雇人因执行职务,不法侵害他人之权利者,由雇用人与行为人连带负损害赔偿责任。第 224 条规定,债务人之代理人或使用人,关于债之履行有故意或过失时,债务人应与自己之故意或过失负同一责任。第 221 条规定,债务人为无行为能力或限制行为能力人者,其责任依第 187 条之规定定之。

② "合并:指依本法或其他法律规定参与之公司全部消灭,由新成立之公司概括承受消灭公司之全部权利义务;或参与之其中一公司存续,由存续公司概括承受消灭公司之全部权利义务,并以存续或新设公司之股份,或其他公司之股份、现金或其他财产作为对价之行为。"("企业并购法"第 4 条第 3 款)同法第 24 条规定:"因合并而消灭之公司,其权利义务应由合并后存续或新设之公司概括承受;消灭公司继续中之诉讼、非讼、商务仲裁及其他程序,由存续公司或新设公司承受消灭公司之当事人地位。"

重大过失,而不知有前条第 1 项所称之瑕疵者,出卖人如未保证其无瑕疵时,不负担保之责。但故意不告知其瑕疵者,不在此限。(第 2 项)"因此,"民法"上之瑕疵担保责任仍应视具体情形,解释"民法"第 354 条以下关于瑕疵之规定认定之,特别是要考虑到瑕疵之主观相对性的问题。

(五)公司之并购与瑕疵担保

"企业并购法"第 4 条规定,公司之并购,指公司之合并、收购及分割。(第 2 款)合并,指依"企业并购法"或其他法律规定参与之公司全部消灭,由新成立之公司概括承受消灭公司之全部权利义务;或参与之其中一公司存续,由存续公司概括承受消灭公司之全部权利义务,并以存续或新设公司之股份,或其他公司之股份、现金或其他财产作为对价之行为。(第 3 款)收购,指公司依本法、"公司法"、"证券交易法"、"金融机构合并法"或"金融控股公司法"规定取得他公司之股份、营业或财产,并以股份、现金或其他财产作为对价之行为。(第 4 款)股份转换,指公司经股东会决议,让与全部已发行股份予他公司作为对价,以缴足公司股东承购他公司所发行之新股或发起设立所需之股款之行为。(第 5 款)分割,指公司依本法或其他法律规定将其得独立营运之一部或全部之营业让与既存或新设之他公司,作为既存公司或新设公司发行新股予该公司或该公司股东对价之行为。无论以上述何种方式为公司之并购,受让得独立营运之一部或全部之营业、他公司全部权利义务或全部已发行股份,皆会因营业、全部权利义务之概括承受,而产生债务之承担的效力。在这种情形,因为授受之财产目标为营业或权利义务之概括承受,因此尚有可能存在让与目标之物的瑕疵问题。反之,在全部股份之受让,因受让之目标为权利,所以,原则上让与人仅担保权利之存在,而不担保其好坏。是故,假设发行该股份之公司的财产有瑕疵,不必然能论为所让与之股份的瑕疵。例如该发行公司之土地因污染而有整治之状态责任时,其股份之让与人对于其受让人,不当然负有物之瑕疵担保责任。而其受让人在受让后,则因其为该土地之现所有权人,而应负该污染之整治的状态责任。另在并购的情形,如具有让与人之法律地位之受让的性质,例如在合并或全部股份之受让的情形,受让人更可能因让与人之法律地位承受,而并概括承受让与人之污染的行为责任。

第二节　对买受人之效力

一、交付价金之义务

目标物及价金为买卖契约之二要点,出卖人既负有交付目标物和移转所有权之义务,则相对地,买受人当亦负交付价金之义务,此为"民法"第 367 条所明定。[①] 唯若买受人有正当理由,恐第三人主张权利,致失其因买卖契约所得权利之全部或一部者,得拒绝支付价金之全部或一部(参阅"民法"第 368 条),此乃买受人之"价金支付拒绝权",其作用与"民法"第 265 条所规定之"不安抗辩"相当。兹更详述之:

(一)价金支付拒绝权

1."民法"第 368 条与"民法"第 264 条之比较

(1)法律效力相同

依"民法"第 368 条,买受人得拒绝支付价金之全部或一部;依第 264 条,"因契约互负债务者,于他方当事人未为对待给付前,得拒绝自己之给付"。该二条所定之法律效力相同:得拒绝给付价金。唯其要件并不相同。第 264 条所规范者以出卖人未依第 348 条第 1 项为全部之给付为要件,[②]而第 368 条以出卖人虽已为给付,但"买受人有正当理由,恐第三人主张权利,致失其因买卖契约所得权

---

①　参见(1)"最高法院"1959 年台上字第 683 号:"按买卖契约成立后,买受人应负交付约定价金于出卖人之义务,此观'民法'第 367 条之规定甚明。本件系争坐落新竹县香山乡南隘段第 71 号溜池,被上诉人有四分之一之应有部分共有权利,经其于 1957 年 2 月 27 日以价金 4000 元出卖与上诉人张火生为业,此项事实有卷附之土地买卖契约书第五款之约定足据,并为该上诉人所不争执。是被上诉人执是提起请求上诉人张火生给付系争价金 4000 元,按诸前开法条,自难谓非法之所许,殊无该上诉人所得以被上诉人出卖其应有部分四分之一溜池之权利,已因第一审法院 1956 年第 1349 号判决而推翻,以及被上诉人催告书中已表示上诉人张火生不于期限内交付价金即解除契约等词,资为争辩之余地,亦均经原判决详予说明。原审基此论据,认上诉人张火生之抗辩为非足采,并判断被上诉人之诉为有理由,爰予维持第一审所为有利于被上诉人之判决,于法亦无违背。"(2)"最高法院"1952 年台上字第 1560 号判例:"买卖契约成立后,买受人应负交付约定价金于出卖人之义务,既为'民法'第 367 条所明定。则买受人对于出卖人所交付之价金,在买卖契约未失其效力之前,自无返还请求权。"

②　关于买卖契约中之同时履行抗辩,"民法"第 369 条另有进一步之具体规定。

利之全部或一部"为要件。①

（2）构成要件不同

按买卖契约有效成立后，出卖人依"民法"第 348 条第 1 项负有买卖目标物之交付及其所有权之移转义务，此二义务构成出卖人之主要的给付义务，只要出卖人不履行其一，就会构成全部债务之不履行。换言之，当出卖人仅移转所有权而未交付目标物，或只交付目标物而未移转所有权时，买受人即可以出卖人不履行债务为理由，依"民法"第 264 条所定之同时履行抗辩权，拒绝支付价金。反之，"民法"第 368 条所规范者，并非出卖人未交付目标物或移转所有权之问题，而是买受人已得到之权利，后来又有丧失之虞的情形。亦即不是那种根本未取得权利的情形。此为"民法"第 368 条和"民法"第 264 条所规定者间最重要的区别所在。换言之，"民法"第 368 条所规范者为出卖人已将买卖目标物之所有权如契约所定移转于买受人，而在移转后，由于出卖人与第三人间的某些法律关系，以致使买受人有"恐第三人主张权利，致失其因买卖契约所得权利之全部或一部"之虞。必因有如此之危险存在，始容许尚未给付价金之买受人得拒绝价金之给付。② "民法"第 368 条也因此才有其规范上的意义。

---

① 参见（1）"最高法院"1970 年台上字第 4368 号判决："按'民法'第 368 条所定买受人有正当理由恐第三人主张权利致失其因买卖契约所部或一部而拒绝支付价金之全部或一部者，并不以出卖物业已交付，即得排除其适用，本件出卖之机械全套，既在第三人华永昌有限公司直接占有中，复为该第三人之债权人，指为该第三人所有，声请法院予以查封，正在以执行异议之诉涉讼，虽第一审上诉人已受胜诉判决，唯尚未确定，则上诉人能否取得该买受机械全部之所有权，显在未定之数，于此情形，上诉人依'民法'第 368 条规定，抗辩于被上诉人提出相当担保前，拒付一部价金，能否仅以目标物业已交付为理由，即谓得排除该条之适用，尚不无研究余地，此为本院前次发回更审旨所在，兹原审虽以上诉人与案外人杞盐丁等异议事件第一、二审均已为上诉人胜诉之判决，因认上诉人所持买卖成立后，尚未将机械交付，及恐第三人主张权利，致失去买卖契约所得之权利，依'民法'第 368 条第 1 项之规定，上诉人得拒绝交付价金。"（2）"最高法院"1970 年台上字第 2029 号判决："'民法'第 368 条所为：'买受人有正当理由，恐第三人主张权利，致失其因买卖契约所得权利之全部或一部，得拒绝支付价金之全部或一部'之规定，并不以出卖物业已交付即得排除其适用，盖物之出卖人，除负交付其物于买受人之义务外，并负使买受人取得该物所有权之义务。"

② 关于"民法"第 368 条的规定可参见史尚宽先生的《债法各论》第 56 页。谓："如定买卖目标物之价金，自其实价中已扣除其目标物所担保债权额之部分时，则买受人不得主张权利瑕疵担保，无请求出卖人除去其权利上负担之权利，亦无价金支付拒绝权。"故订立契约时，在契约书上一定要书明清楚目标物上是否有负担，否则当事人容易在价金上引起讼争。譬如：买卖目标物是土地，如该土地上有抵押权负担时，此时尚不当然意味着该买卖目标物上的所有权一定有权利瑕疵，尚必须依具体情况视当事人到底是以一个没有抵押权负担的所有权，或者以一个有抵押权负担的所有权为其买卖内容。

（3）"民法"第 368 条所称之权利乃指物权法或准物权法上之权利

按在买卖之债，"民法"第 264 条所规定之给付的客体，除了如契约所约定状态之权利的移转外，尚包括目标物的交付，而"民法"第 368 条则专就权利部分加以规定。且其所称之权利，应限于物权或准物权。盖债权并无对世效力，不足以使买受人已自出卖人取得之权利，事后因第三人主张权利，致得而复失。至于租赁虽因买卖不破租赁原则而有追及力，但因"民法"第 425 条规定该原则之适用以"出租人于租赁物交付后，承租人占有中，纵将其所有权让与第三人"为要件，尚不至于发生"民法"第 368 条所定的情事。盖目标物如在承租人（第三人）之占有中，买受人不能经现实交付取得所有权。至于买卖双方如经由指示交付移转作为买卖目标物之租赁物的所有权给买受人，因该目标物有足以对抗买受人之租赁权存在本为买受人所悉，自不发生第 368 条所定的问题。

（4）"民法"第 368 条与"民法"第 264 条有无法规竞合关系？

"民法"第 368 条和"民法"第 264 条之规范对象，虽然在权利（法律效果）部分相同，然其所规范之案型仍然不同，已如前述。是故"民法"第 368 条与"民法"第 264 条间并无法规竞合的关系。然在以下之具体案型，其间是否有竞合关系可能有疑义：

在出卖人已为所有权之移转，而尚未交付买卖目标物的情形，若买受人有正当理由恐第三人主张权利而致失其因买卖契约所得权利之全部或一部时，买受人得以出卖人未为买卖目标物之交付而依"民法"第 264 条来主张同时履行抗辩，亦可依"民法"第 368 条而拒绝支付价金。该二主张（即拒绝交付价金），其法律上之基础不同。在第 264 条，系以目标物未交付之法律事实为前提；而在第 368 条，则系以"恐第三人主张权利而致失其所得权利"为依据。是故，虽然买受人以同一之买卖契约之法律事实为基础，但第 368 条和第 264 条在这里，并无如竞合理论上所称之"就同一事实有两个以上法律规定加以规范"之情形，而仅是就同一法律效果有两个以上法律规定加以规范之情形，其间仍无法规竞合关系。

本案型非法规竞合既如上所述，然则在此限度内，其是否为请求权竞合？由于第 368 条和第 264 条之法律效力。为拒绝价金给付之"权利"：为一种抗辩权，而非请求权，是故不符合请求权竞合之态样。并且，在请求权竞合之情形，当一个请求权受满足后，则另外一个请求权即归于消灭，亦与此不同。例如买受人首先依"民法"第 368 条来拒绝价金之给付，后来出卖人依第 368 条第 1 项但书之规定提出相当之担保，使得买受人不得再依第 368 条第 1 项而拒绝支付价金时，买受人尚得依第 264 条拒绝给付价金，盖买受人不因他曾有效行使第 368 条第 1 项之拒绝给付价金的抗辩权，而使得他依第 264 条享有之同时履行抗辩权归于消灭。基于此了解，可知本案型并不适当被归类于传统上所谓之请求权竞合的类型,而是属于抗辩权竞合之情形。所谓"抗辩权竞合",即不同的法律事实同时充分数法律构成要件,使得该当事人享有数个抗辩权。此时,该抗辩权人可依其意思任择一抗辩权来行使,且其所享有两个以上的抗辩权,并不因为他行使其一,而使另一抗辩权可以被认为因目的已达而归于消灭。

2.出卖人之选择权

依"民法"第 368 条第 1 项本书之规定,买受人固可行使价金给付拒绝权,然出卖人亦可透过"提出担保"或"请求买受人提存价金"以阻止之。究竟行使哪项,出卖人有选择权。

(1)"民法"第 368 条第 1 项但书

"民法"第 368 条第 1 项但书规定:"但出卖人已提出相当担保者,不在此限。"按在第 368 条前段的情形,买受人事实上已经取得依该买卖契约可得之权利,只是有丧失之虞而已。是故,只要出卖人能提出相当之担保,以备将来真的有如买受人所疑虑的情形发生时,其损害可因有出卖人供有担保,而得到充分的保障。买受人的利益既已充分受到考虑,买受人便不得再依"民法"第 368 条第 1 项来拒绝价金之给付。此乃第 368 条但书之所以规定的理由。

(2)"民法"第 368 条第 2 项

"民法"第 368 条第 2 项规定"前项情形,出卖人可请求买受人提存价金"。

本条项中所称"前项情形",应不包括第 368 条第 1 项但书在内,因为第 368 条第 1 项但书已清楚地规定,当出卖人提出相当担保的时候,就不得再依据该项前段之规定来为价金给付之拒绝,买受人既不得拒绝交付,出卖人即无庸再请求其提存价金。因此第 368 条第 2 项所规定之情形,当可解释作出卖人可以不提供担保,而请求买受人提存价金。此所以本节前段一开始即指出"出卖人有选择权"之理由所在。

(二)价金交付之时期

"民法"第 369 条:买卖目标物与其价金之交付,除法律另有规定或契约另有订定,或另有习惯外,应同时为之,[①]本条论其实际为"民法"第 264 条,在双务契约,原则上得主张同时履行之意旨的重申。只是因本条规定而使买卖上之习惯具有决定清偿期之直接的法源地位。但第 369 条与第 264 条之间,并无竞合上

①　参见(1)最高法院 1928 年上字第 901 号:"不动产买卖契约为双务契约,移转所有权与交付价金,原则上应同时履行。"(2)"最高法院"1956 年台上字第 147 号:"买卖目标物与其价金之交付,除法律另有规定或契约另有订定或另有习惯外,应同时为之,为'民法'第 369 条所明定。倘被上诉人不能证明自己已为全部给付,则除上诉人有先给付之义务外,即应为被上诉人提出对待给付时上诉人应向被上诉人为交付目标物之判决。"

之排斥关系,在此无所谓第 369 条优于第 264 条的问题,两者皆有适用性。台湾地区"民法"规定目标物原则上自交付时起,其利益归属于买受人("民法"第 373 条),买受人既因交付而享有利益,则在交付目标物之时,自当同时给付价金。此时,若买受人不即为给付,则除其另有约定价金之清偿期外,买受人即应支付迟延利息("民法"第 233 条第 1 项)。

又目标物交付定有期限者,其期限推定为价金之交付期限("民法"第 370 条),此乃以通常当事人之意思为基础,而设之推定规定。反之,如仅就价金定有期限,因"民法"未设有该期限即推定为目标物之交付期限的规定,引起"民法"第 370 条对之是否可类推适用的疑问,应采否定的见解。[①] 此际,买受人得于契约生效后,随时请求交付买卖目标物("民法"第 315 条)。其结果关于价金之期限的约定,具有融资的授信意义。

有疑问者为:买受人是否得以出卖人给付之物有瑕疵作为"同时履行抗辩"之事由?这应视瑕疵发生于缔约前或缔约后,以及其发生于缔约前者,其所属之瑕疵担保责任的类型及买受人选择哪种物之瑕疵担保请求权而定。其发生于缔约后交付前者,就瑕疵之给付,出卖人仍应分别按可补正与否、可归责与否决定其是否负给付迟延(可归责,且可补正情形,其逾清偿期者),或给付不能(可归责,不能补正之情形)之债务不履行责任,其负给付迟延责任者,买受人可行使同时履行抗辩权,其负给付不能责任者,买受人如请求损害赔偿,则价金债权与不履行之损害赔偿请求权间构成对价关系,有同时履行抗辩之适用。

在给付不能买受人如不依"民法"第 226 条请求损害赔偿,而依第 256 条解除契约,则买受人尚未给付价金者,其价金给付之拒绝,非以同时履行抗辩权为依据,而以价金债权已消灭为依据。至其因不可归责于出卖人之事由而后发生瑕疵者,因出卖人无排除瑕疵之义务,故其法律效力无论依"民法"第 225 条连结第 266 条,或依瑕疵担保之一般规定("民法"第 359 条),在减少价金方面结果上并无两样,但如拟解除契约,则必须依第 359 条,因依第 225 条,即便可准用第 226 条第 2 项,也必须在有瑕疵之给付对买受人已无利益时,始得解除契约。反之,依第 359 条,则只要在危险负担移转时,物有瑕疵,无论其瑕疵发生于何时,及出卖人对其发生有无过失,买受人皆可解除契约。唯如解除契约,其拒绝给付价金之意义仍为无价金义务,而非同时履行抗辩权。此外,物之瑕疵担保如属于第 360 条或第 364 条规定之情形,且买受人或依第 360 条请求不履行之损害赔偿,或依第 364 条请求另行交付无瑕疵之物,这些请求因与价金债权之间具有对

---

① 参见史尚宽:《债法各论》,第 54 页。

价关系,故买受人可以在出卖人为各该给付之前,行使同时履行抗辩权。①

(三)价金之支付处所

目标物与价金应同时交付者,其价金应于目标物之交付处所交付之(参见"民法"第 371 条)。② 然如有反对习惯,可认为当事人有依其习惯之意思时,则依其习惯。唯应注意本条规定之前提为:限于"目标物与价金应同时交付"的情形,其价金始应于目标物交付之处所交付;若目标物之交付时期与价金之交付时期相异时,则价金之支付,于未约定之情形,通常应于出卖人之住所地为之(参见"民法"第 314 条第 1 项第 2 款)。

二、受领目标物之义务

依"民法"第 367 条之规定,买受人除负支付价金之义务外,尚负有受领目标物之义务。故出卖人依债之本旨提出买卖目标物,而买受人受领迟延者,出卖人

---

① "最高法院"1988 年第七次民事庭会议就下列问题:甲向乙购买货物一批,价金新台币 50000 元,经签发同额远期支票一纸,交付于乙,以资清偿。嗣后甲发现该批货物有应由乙负担保责任之瑕疵,乃即通知乙,追支票票载发票日,又故意使支票不获支付。乙于是起诉请求甲支付票款。问:甲可否以乙交付之货物有瑕疵,应负物之瑕疵担保责任或债务不履行责任为由,提出同时履行之抗辩? 决议:出卖人就其交付之买卖目标物有应负担保责任之瑕疵,而其瑕疵系于契约成立后始发生,且因可归责于出卖人之事由所致者,则出卖人除负物之瑕疵担保责任外,同时构成不完全给付之债务不履行责任。买受人如主张:一、出卖人应负物之瑕疵担保责任,依"民法"第 360 条规定请求不履行之损害赔偿;或依同法第 364 条规定请求另行交付无瑕疵之物,则在出卖人为各该给付以前,买受人非不得行使同时履行抗辩权。二、出卖人应负不完全给付之债务不履行责任者,买受人得类推适用"民法"第 226 条第 2 项规定请求损害赔偿;或类推适用给付迟延之法则,请求补正或赔偿损害,并有"民法"第 264 条规定之适用。又种类之债在特定时,即存有瑕疵者,出卖人除应负物之瑕疵担保责任外,并应负不完全给付之债务不履行责任。并此说明。

② 参见"最高法院"1950 年台上字第 182 号判决:"按互负债务之契约,依'民法'第 264 条第 1 项之规定,于他方当事人未为对待给付前,固得拒绝自己之给付。唯关于买卖之目标物与价金应同时交付者,其价金应于目标物之交付处所交付之,为同法第 371 条所明定。本件上诉人向被上诉人所订买卖碎铁契约,虽为双方互负债务之契约,第依原审认定其契约之内容,既无何方应先为给付之约定,自应认买卖之目标物与价金应同时交付。而关于交货地点,上诉人主张为嘉义火车站,被上诉人则主张应在其营业所之所在地交付,是双方对交货之地点,非无争执,原审对此既未审认明确,且忽于'民法'第 371 条规定之注意,遽以上诉人未先将货款交清及经被上诉人催告上诉人仍未履行其交款之义务,认被上诉人主张已经解除契约为有据,维持第一审判决将上诉人之上诉驳回,殊嫌疏率。"

得请求其赔偿提出及保管给付物之必要费用(参见"民法"第240条),①但出卖人之交付目标物的债务不因买受人受领迟延而消灭,买卖关系也不因此而得解除,但得以提存的方法以代清偿。然如果买受人一直不受领目标物,或目标物有易于败坏,或保管需费过巨,或会妨害公共卫生的情形,买受人视情形提存给付物或提存拍卖或变卖目标物的价金("民法"第331条、第332条)。给付物除对买受人外,没有价值者,买受人有时就抛弃目标物之费用,还应对出卖人负赔偿责任。例如馊水买卖之受领迟延。

三、保管及变卖义务("民法"第358条)

(一)保管义务

1.保管义务之发生

保管义务之发生,原则上乃基于当事人间存在之法律关系。若其间并无特别之法律关系,而仅依一般之法律规定,例如无因管理、不当得利等,则依这些法律制度,受货人原则上并不负保管义务。受货者是否负保管他人对其所发送之货物的义务,既系于发送人与受货人间是否有特别法律关系存在而定,但此法律关系,并不以已成立之契约为必要。换言之,双方当事人如已开始从事缔结契约之商谈等业务上的接触,依通说契约协商人间亦可发生特别的法律关系,基于此种特别法律关系,受货人就相对人为契约之商谈送到之物即负有保管的义务。

"民法"第358条第1项规定:"买受人对于由他地送到之物,主张有瑕疵,不愿受领者,如出卖人于受领地无代理人,买受人有暂为保管之责。"

当买受人通过"民法"第356条之检查程序,发现目标物有瑕疵时,依"民法"第358条第1项,买受人得以该物具有瑕疵为理由拒绝受领,使该物不入于买受人之管领范围,或纵使其曾一度入于其管领范围,然于拒绝后,再将之排除于管领范围外,从而对送到之物有不负保管义务之可能。基于此种可能性,立法者乃透过第358条第1项之规定加以限制,即买受人虽可拒绝受领,但如出卖人于受领地无代理人,仍有保管义务。

2.买受人得否拒绝受领?

由于"民法"第367条规定:"买受人对于出卖人,有交付约定价金及受领目

---

①　参见最高法院1930年上字第3044号:"定约时既无交货期限,则出卖人依照约载数额,请求买受人收货交价,买受人即无可以拒绝之理。"又大理院1915年上字第2231号:"不特定物之买卖,买主不应过问货所从来,并迟不起货,应任赔偿。"

标物之义务。"且出卖人并不负排除瑕疵之义务。因此,出卖人可能主张:只要出卖人提出目标物,买受人即应依第367条之规定受领之,不得拒绝受领。对于该主张,于送到之物有瑕疵时,买受人是否得依第358条第1项规定对抗之? 应采肯定的看法。盖买受人依第367条对出卖人固然负交付约定价金及受领目标物之义务,但因第358条第1项已明白规定,由他地送到之物有瑕疵者,买受人可以不愿受领。既可不愿受领,当然可拒绝受领。若立法者规定买受人依第367条无论如何非受领不可,则当无所谓愿不愿受领的问题。所以第367条所定之受领目标物之义务,应以目标物无第354条所定之瑕疵时为限。

然送到之物有瑕疵是否因此使其不生给付之提出的效力? 鉴于出卖人原则上并不负给付无瑕疵之物的义务,所以,出卖人交付或送到之目标物纵使有瑕疵,首先仍可生给付之提出的效力,自提出之时起不再处于给付迟延的状态。其代价为双方的关系发展为物之瑕疵担保关系。只有在种类的买卖,于买受人依第364条请求出卖人另行交付无瑕疵之物时,关于出卖人债务之履行方使退转至给付提出前的阶段。这时如已逾清偿期,出卖人即陷于给付迟延。

3.买受人拒绝受领之意思表示,能否被了解为解除契约之意思表示?

当买受人依第358条第1项表示拒绝受领送到之有瑕疵之物,该拒绝受领之意思通知,是否可被解释为:同时依第359条为解除契约之意思表示? 这必须视具体情况而定。盖关于物之瑕疵担保之责任态样除第359条外,尚有第360条及第364条对之加以规定。因此买受人发现送到之物有瑕疵而要拒绝受领时,必须谨慎处理,清楚表示其关于瑕疵担保责任之态样的选择意思。否则,其拒绝受领之行为,在法律上可能经由解释而得到与其意思相异之表示内容,从而延伸出与买受人所预期者不同之法律效力。这对买受人而言,自属不利。该顾虑在第354条第2项所规定之案型,及种类之债特别有意义。兹分述之。

(1)"民法"第354条第1项所规定之案型

就特定物之买卖,除有第359条但书所定情形,在第354条第1项所规定之案型,因第359条仅赋予买受人两个担保责任的态样供其选择:解除契约或请求减少价金,所以,买受人如依第358条第1项拒绝受领,可解释为:表示其不欲主张请求减少价金的责任态样。

(2)"民法"第354条第2项所规定之案型

就"民法"第354条第2项"保证质量"的案型,于目标物有瑕疵时,因第360条赋予买受人三个担保责任的态样供其选择:即解除契约、请求减少价金,及请求不履行之损害赔偿。此三种责任态样在存在上固然是并存的,但在行使上是选择的。因此,当买受人依"民法"第358条第1项拒绝受领送到之有瑕疵之物时,只能合理排除"请求减少价金"的责任态样。至于买受人究竟拟依解除契约或请求不履行之损害赔偿以获救济,则还未清楚表示出来。因此,若断然认定其拒绝受领有瑕疵物之意思通知同时含有解除契约之意思表示,则该认定可能与买受人之意思不符,而使买受人在法律上意外蒙受不利。①

鉴于请求赔偿与解约二者,在买受人拒绝受领有瑕疵物之意思表示时,尚能并存,故其选择权应予保障,买受人于拒绝受领之意思通知后,更须进一步地另为意思表示,以决定其主张之担保责任的态样。

(3)"民法"第364条所规定之案型

"民法"第364条规定:"买卖之物,仅指定种类者,如其物有瑕疵,买受人得不解除契约或请求减少价金,而实时请求另行交付无瑕疵之物。"是故在种类之物的买卖,买受人因交付之目标物有瑕疵,而依第358条第1项拒绝受领时,不宜认为其拒绝受领之意思通知,包含解除契约之意思表示,而应予买受人选择的机会,进一步决定其究竟拟依解除契约,或请求另行交付无瑕疵之物,获得救济。

4.买受人主张物有瑕疵而不愿受领之举证责任

"民法"第358条第2项规定"前项情形,如买受人不即依相当方法证明其瑕疵之存在者,推定于受领时为无瑕疵"。此为买受人依"民法"第358条第1项主

----

① 目前德国学界对此问题,亦认为拒绝受领有瑕疵之物,并不一定为契约解除之意思表示。由于出卖人不负排除瑕疵之义务,因此若买受人不拟解除契约,就必须保有该瑕疵物,亦即无论如何买受人须保有该瑕疵物,才能依《德国民法典》第463条请求损害赔偿;但若当事人双方曾为第459条第2项之约定:"出卖人并应担保其物于危险负担移转时具有其所保证之质量。"吾人即可推知买受人很注意目标物是否有瑕疵,因此买受人势必希望将有瑕疵之物返还。故如将"返还有瑕疵物"一定解释为解除契约之意思表示,则其所能采取之解决途径,便被自始限于"契约之解除",从而第360条(《德国民法典》第463条)针对第354条第2项(《德国民法典》第459条第2项)所做之规定,在实务上会根本地失去规范意义。由上说明,笔者以为联邦德国当今学者之见解相当可采。即第360条对第354条第2项之法律效力(尤其是请求损害赔偿),如欲发挥规范上之功能,必须容许买受人一方面可不解除契约,同时可将该有瑕疵物退还于出卖人,而此退还可透过损害赔偿额度之计算过程之考虑,即将其了解成行使第3条之损害赔偿请求权时,必然发生之损害赔偿计算过程中之一道手续,而非了解成解除契约之意思表示。该见解在德国已成通说,并为其BGH所采(Larenz,Lehrbuch-desSchuldrechts,Bd.Ⅱ,Halbband1,BT,13.Aufl.1986,S.60f.)。

张目标物有瑕疵不愿受领时,其就"瑕疵之存在"负举证责任的明文规定。① 第358 条第 2 项虽以"前项情形"开头,但关于举证责任之分配该项所揭示之意旨,不仅适用于第 358 条第 1 项所规定之案型而已。在所有关于物之瑕疵担保的案型该意旨皆有适用,例如第 356 条第 2 项、第 3 项。所以买受人依物之瑕疵担保责任有关之规定,对出卖人行使权利时,对"系争物有瑕疵存在",始终负有举证责任。因第 358 条第 2 项以买受人不即依相当方法证明其瑕疵之存在,为其推定的依据,所以在推定后已无所谓再以反证推翻该推定的余地。

(二)变卖义务

"民法"第 358 条第 3 项规定:"送到之物易于败坏者,买受人经依相当方法之证明,得照市价变卖之。如为出卖人之利益,有必要时,并有变卖之义务。"本项为在物有瑕疵时,关于瑕疵物之保管,通常需要之规定。俾当事人在给付物易于败坏的情形,经由变卖防止损害之发生或扩大。

(三)"民法"第 358 条之法律性质

"民法"第 358 条分别就买受人之保管和变卖义务为规定,对于此种义务,其规范上之性质为何? 可能有两种说法:一为无因管理;一为法定寄托。兹分述之。

1.无因管理

基于当事人间因买卖而有特别的法律关系,而要求当事人之一方(即买受人)应负"民法"第 358 条第 1 项之保管义务、第 358 条第 3 项之变卖义务及第358 条第 4 项之通知义务。虽然此等义务并非对他义务,但买受人若违反该义务,仍会受到某些法律上之不利益。是故,这些规定对买受人而言,仍然具备间

---

① "民法"第 358 条第 2 项之适用以双方已有买卖契约存在,且出卖人为履行该契约债务而为买卖目标物之给付,而该目标物有瑕疵为前提。此与"消费者保护法"第 20 条所规定者,以双方无契约关系存在为前提,从而不须证明送来之物有瑕疵,不同。该条规定:"未经消费者要约而对之邮寄或投递之商品,消费者不负保管义务。(第 1 项)前项物品之寄送人,经消费者定相当期限通知取回而逾期未取回或无法通知者,视为抛弃其寄投之商品。虽未经通知,但在寄送后逾一个月未经消费者表示承诺,而仍不取回其商品者,亦同。(第 2 项)消费者得请求偿还因寄送物所受之损害,及处理寄送物所支出之必要费用。(第 3 项)"又同法第 19条规定:"邮购或访问买卖之消费者,对所收受之商品不愿买受时,得于收受商品后七日内,退回商品或以书面通知企业经营者解除买卖契约,无须说明理由及负担任何费用或价款。"该法第 19 条所规定之退回不以目标物有瑕疵为必要,且其意旨为以拒绝受领表示解除契约。这与"民法"第 358 条第 2 项所定之拒绝受领以目标物有瑕疵为要件,以及其是否已具解除之意思尚待解释者,亦不相同。

接强制的特征,带有义务性质(对己义务)。基于此了解,买受人保管出卖人送达之瑕疵物,并不该当于"民法"第 172 条以下关于无因管理之规定。盖依第 172 条,无因管理以"未受委任,并无义务,而为他人管理义务"为要件。在此,买受人虽然未受委任管理出卖人送达之有瑕疵物,但依第 358 条之规定已可认为其在法律上有"义务"管理出卖人所送达之物,因此第 358 条所规范之生活类型,尚不宜归类于无因管理之案型。

2.法定寄托

"民法"第 358 条之法律性质,既不属于无因管理,则其较适当之该当类型应属"法定寄托"。盖买受人在这里所负者为物之保管义务,这正是寄托的类型特征。所以在具体情形,第 358 条之规定,若不够详细,以致无法适当规范当事人间之法律关系时,应可类推适用第 589 条以下关于寄托之规定处理之。①

3."民法"第 358 条与"民法"第 650 条之竞合

在"民法"第 358 条所规定的情形,出卖人常常委请运送人为其将买卖目标物送交买受人。而"民法"第 650 条规定:"受货人所在不明或对运送物受领迟延或有其他交付上之障碍时,运送人应即通知托运人,并请求其指示。(第 1 项)如托运人未即为指示,或其指示事实上不能实行,或运送人不能继续保管运送物时,运送人得以托运人之费用,寄存运送物于仓库。(第 2 项)运送物如有不能寄存于仓库之情形,或有易于腐坏之性质或显见其价值不足抵偿运费及其他费用时,运送人得拍卖之。(第 3 项)运送人于可能之范围内,应将寄存仓库或拍卖之事情,通知托运人及受货人。(第 4 项)"买受人拒绝受领不论是否构成受领迟延,显可该当于第 650 条第 1 项所定其他交付上之障碍之事由。从而买受人之拒绝受领可以启动运送人之保管、寄存或拍卖的义务。于是引起该两条规定之竞合。然究竟哪一个规定应优先适用?如果运送人可以被定性为出卖人在受领地之代理人,则依第 358 条第 1 项买受人无暂为保管之责。这应采肯定的见解。从第 650 条之适用原则上应优先于第 358 条。

另在送交买卖,目标物在由出卖人交付于为运送之人或承揽运送人时起,其危险便已由买受人负担("民法"第 374 条)。换言之,在送交买卖于目标物交付于为运送之人或承揽运送人时即论为已交付于买受人("民法"第 373 条)。是则买受人恐已来不及拒绝受领。这时候买受人若要摆脱该有瑕疵之目标物,必须经由物之瑕疵担保请求权的行使,特别是经由解除契约来达到返还的目的。

---

① 寄托就类似第 358 条变卖之案型并未加以规范。其理由可能是:寄托之功能本在保管物品,故当不至于有变卖所保管之物品的需要。唯世事多变化,事后发展的结果,倘真有此需要便要借助于类推适用了。

在送交买卖,于出卖人将目标物交付于为运送之人或承揽运送人时,虽经定性为买受人已受领,但事实上于送到之时目标物还在为运送之人的占有中,所以,认定目标物在送到时是否有瑕疵对于买受人并不因为危险负担已移转而毫无意义。盖瑕疵如发生于运送中,出卖人虽仍得向买受人请求全部价金之给付,但买受人就其因此所受之损害原则上可向为运送之人请求赔偿("民法"第 668 条)。

第三节　买卖之危险负担

一、危险负担之意义

在债务关系通常所谓危险指两种情形:一种是价金的危险,另一种是给付的危险。所谓给付危险,其法律上之意义为负担此危险者,有义务使约定的给付,无论如何成为可能。且当该给付变为不可能时,无论其不能是否可归责于该负有给付危险之当事人,他皆应负债务不履行的责任。举例以言之,在他人之物买卖的案型,当出卖人负有"获取义务",特别是就其能自该他人取得目标物表示愿负担保责任时,[1]该出卖人即负担给付危险。在此种情形,出卖人若嗣后不能为目标物之给付,则不论其就不能是否有故意、过失,皆因其担保而可归责,从而为之皆应负给付利益之赔偿责任。在种类的买卖,因种类在集中为特定物之前无给付不能的风险,因此,出卖人应负给付危险。

然"民法"第 373 条所规范之危险负担,其危险指价金危险而言。换言之,其所谓危险负担,乃指因不可归责于双方当事人之事由,致目标物毁损灭失时,其价金之危险,由谁负担而言。在买卖之情形,当买卖契约成立时,出卖人尚占有目标物,此时该目标物仍由出卖人使用收益,故出卖人负担价金危险。然则依法律之规定(如"民法"第 373 条、第 374 条),或依当事人之约定,何时价金危险将移转给买受人? 此即危险负担之何时移转[2]的问题。

---

[1]　参见本章第一节有关出卖人之获取义务的论述。

[2]　这里谈到危险负担移转之时点,适用于买卖的生活类型,不可毫不保留地适用到其他如承揽、租赁的案型。我们现在所谈之危险负担,就其意义而言,当然在各个契约类型是一样的,但就其决定危险负担移转之时点而言,在买卖、租赁、承揽并不必然相同。

二、危险负担问题之发生

　　讨论危险负担之发生,亦即讨论:在何种情形,始有讨论危险负担之必要？按债务一经清偿(此之清偿,包括提存、抵销、免除、混同等),其债权便受满足(但债的关系并未消灭,其所消灭的仅指请求权而言),[①]此时该债权所表彰之利益,在法律上已彻头彻尾地移转到债权人身上,故其危险负担,当然转归债权人。有疑问者为,在债权发生后(契约生效后),经满足前,此段期间,到底应以哪一时点,作为危险负担之移转的适当时点？此为价金危险之讨论上,所要探讨的问题。

三、危险负担之在何时移转

　　论危险负担之移转必须先探讨危险原先依法由谁负担。"民法"第 225 条规定:"因不可归责于债务人之事由,致给付不能者,债务人免给付义务。"再依"民法"第 226 条:"因不可归责于双方当事人之事由,致一方之给付全部不能者,他方免为对待给付之义务,如仅一部不能者,应按其比例减少对待给付。"归纳之,债务因不可归责于双方当事人之事由而给付不能(危险事故因不可归责于双方当事人而发生)者,在双务契约,双方当事人皆同免给付义务。其结果,给付陷于不能之一方,当然也就丧失其对相对人本来享有之价金或报偿请求权。亦即,价金(或报偿)之危险,将归属于给付不能之一方(在买卖即是出卖人)来负担。此为价金危险之负担的原始归属。然因买卖是让与之债,其目标物在履行后将归属于买受人,因此,该目标物之利益与危险究竟应在何时移转于买受人成为一个重要的问题。

　　关于物的买卖,由于"民法"第 348 条第 1 项规定:"物之出卖人,负交付其物于买受人,并使其取得该物所有权之义务。"而物之现实交付与所有权之移转不一定同时发生。于是,引起究竟应以物之现实交付时、所有权移转时或应以二者皆实现时为其移转时点的问题。在(买受人)往取或(出卖人)赴交买卖,"民法"

---

　　①　这里所消灭的关系,系指对该给付之请求权而言,而非指包含该请求权或该请求权所由发生之债的关系。盖不仅就当事人间依"民法"第 148 条所互负之忠实义务而论,且就该债之关系,构成以其为基础所做之财产的移转之法律上原因而论,债之关系皆不应因其被履行而归于消灭。因为其若消灭,在履行后,当事人将不得再据该债之关系向对方请求不干扰其享受契约上利益(如不为不正竞业),并于必要时请求提供适当之指导(如在复杂机器之买卖上的使用指导义务)。尤有进者,该债之关系的继续存在亦正是其相对人嗣后不得依不当得利之规定向其请求返还受领之利益的法律上原因。详请参见 Esser,Schuldrecht,2.Aufl.S.302.77ff.。

第 373 条规定以交付时为其移转时点。在买受人请求将目标物送交清偿地以外之处所之送交买卖,"民法"第 374 条规定,自出卖人交付其目标物于为运送之人或承揽运送人时起,目标物之危险,由买受人负担。要之,皆以交付时为价金危险之移转时点。

反之,在可归责之案型,则不发生价金危险由谁负担之问题。盖"当事人之一方(债务人),因可归责于他方(债权人)之事由,致不能给付者,得请求对待给付"("民法"第 267 条第 1 项)。亦即出卖人因可归责于买受人之事由,而致给付不能者,仍可请求买受人支付价金。相反地,若因可归责于出卖人自己(债务人)之事由,而致给付不能,则买受人债权人可依其选择:或依"民法"第 256 条解除契约后免为价金之给付义务,或依"民法"第 226 条请求损害赔偿。①

由上述可知,危险负担所讨论者,首先指不可归责于双方当事人致给付不能之案型而言。然因不可归责于双方当事人之事由,有时固使目标物灭失,然有时仅生毁损而已,前者属于给付不能,后者属于物之瑕疵。故危险负担所规范者,从而也可包括"给付不能"与"瑕疵"两种,然由于有关瑕疵之部分,已于"民法"第 354 条至第 366 条各条中详为规范,是故其实际上真正规范者,乃限于因给付不能所引起之价金危险的负担的问题,②只是在瑕疵的情形,买受人解除契约或请

---

①　依"民法"第 226 条:"因不可归责于双方当事人之事由,致一方之给付全部不能者,他方免为对待给付之义务。"如此则举轻以明重,今既可归责于出卖人之事由而致给付不能,则买受人更无庸支付价金(参见《德国民法典》第 325 条、第 323 条)。唯买受人若欲依"民法"第 226 条,请求不履行损害赔偿(给付利益),则买受人仍须负对待给付,即负给付价金之义务。只是赔偿之方法若为金钱,且价金若亦全以金钱为给付内容,则因抵销的结果,可能只有出卖人对买受人为金钱之给付。前述买受人对待给付义务之继续存在的意义,在买受人之对待给付不全以金钱为内容时,将更明显,由之延伸,在可归责于债务人之事由致给付不能的情形,债权人若不行使"民法"第 256 条之解除权,则必须在依"民法"第 226 条主张免为对待给付,但不享损害赔偿请求权与依"民法"第 226 条第 1 项以继续负对待给付之义务为代价,请求以给付利益为范围之损害赔偿间进行选择。若其行使第 256 条之解除权者,则其即可免对待给付且可请求以信赖利益为范围之损害赔偿("民法"第 260 条)。

②　关于危险负担之移转这种案型,它所处理的是那种因不可归责于双方当事人之事由,致给付不能的这种案型。换句话说,如果给付尚属可能,那就不带上这里所称之危险负担的问题。在此了解下,这里所处理者不是物之瑕疵之问题。如前所述,因不可归责于双方当事人之事由而致物有瑕疵者,它将依物之瑕疵担保规定处理:发生在交付前者由出卖人,发生在交付后者由买受人负担。这从归纳第 356 条、第 358 条两条规定自明。唯须注意,在种类之债,原则上无给付不能,但当它依"民法"第 200 条第 2 项被特定到一特定物上后,目标物由于已被特定化,因此同样地就该债务人所负之给付而言,亦有陷于给付不能之可能。关于危险负担,《德国民法典》第 446 条规定:"意外灭失或意外毁损之危险随买卖目标物之交付而移转于买受人。自交付时起,目标物之用益及危险由买受人享受或负担。"亦即其将物之毁损亦包括在其中。值得参考。

求减少价金的结果,与危险负担移转的结果,并无两样。

四、危险负担移转时点之决定

(一)原则:利益之所在,危险之所归

"民法"第373条规定:"买卖目标物之利益及危险自交付时起,均由买受人承受负担。"为使利益与危险负担之移转时点同一,"民法"原则上采交付主义。其理由在于:买卖目标物,必须先入于一个人之事实管领下,他才可能对之使用收益。而谁来用益,就由谁来负担危险,属于自明的道理。此外,亦唯有该物已入于某人之事实管领下,他才有可能对该物所可能发生的一切不测事件,采取必要的防护措施,以免发生损害(管领说)。因此,关于危险负担移转时点之决定,乃确立一个原则,即:利益之所在,即危险之所归。

(二)清偿地对危险负担移转时点之意义

债之清偿,应依债务本旨为之(参见"民法"第309条),包括在清偿时,原则上于约定或法定清偿地为给付。是故,清偿地之约定,首先会决定买卖目标物之应交付地点,而后影响危险负担之移转时点。

债因清偿地之不同,可区分为三种。以债权人住所、营业所或其指定地点为清偿地之债务,称为赴交债务;以债务人之住所或营业所为清偿地者,称为往取债务;至于送交债务则指债务人依债权人之请求将目标物送至清偿地以外之处所为清偿的情形。"民法"第373条所规定者为前两种情形,在这两种情形,交付地与清偿地相同;第374条所规定者为第三种情形,在这种情形,交付地与清偿地不同。

(三)"民法"第373条之案型

1.交付不限于现实交付

"民法"第373条规定"买卖目标物之利益及危险,自交付时起,均由买受人承担"。亦即其以交付之时点作为危险负担移转的时点;而所谓"交付",依第761条之规定有现实交付、简易交付、占有改定及指示交付等态样,无论是何种态样之交付,通过交付之行为都使买受人取得直接或间接之占有。由于"民法"原则上对第761条所规定之各种交付的态样不作区别待遇,或者具体说,在"买卖法"中第373条对第761条之各种交付态样并未加以区别,所以实务多认为只要在买受人与出卖人之间就买卖目标物"做了第761条之交付",则就该买卖目标物而言,就有第373条所称之交付,从而,该买卖目标物之危险负担,自"交付

之时点"起移转于买受人。① 但这种观点衡诸"民法"关于危险负担之移转所采"交付主义"之基本论点,并不尽当。亦即必须斟酌双方是否有以"指示交付"或"占有改定"代"现实交付"之合意,以及买受人是否因该合意而依"指示交付"或"占有改定"开始享有买卖目标物的"利益"而定。前者要在指明出卖人不得擅自片面地以"指示交付"或"占有改定"代"现实交付",来履行其依"民法"第348条所负之交付买卖目标物的义务,后者则在贯彻利益之所在,即"危险之所归"与"管领说"的危险归属观。

2.所有权移转与交付不同时之案型

目标物所有权之移转,与其交付同时为之者,其危险负担随同移转固无问题,然若两者不同时为之,则当如何?兹分述之。

(1)已交付而未移转所有权者

买卖目标物已交付,而未移转所有权者,依"民法"第373条其利益与危险均应归买受人承受。盖目标物既实际上已入于买受人之管领下,则所有权纵未移转,亦仅属该物之归属问题而已。今买受人既已承受该物之利益,自不宜让出卖人负担危险。如此之见解,亦为台湾地区实务界所采。②

目标物交付后,买受人尚未取得所有权者,虽有使用收益权,③然仍无处分

---

① 参见"最高法院"1955年台上字第828号:"买卖目标物之利益及危险,自交付时起由买受人负担,固为'民法'第373条所明定。但该条所谓交付,并非以现实交付为限,亦可准照同法第946条第2项、第761条第2项规定,让与返还请求权以代交付。"

② 参见(1)最高法院1942年上字第1040号判例:"民法第373条规定买卖目标物之利益及危险,自交付时起均由买受人承受负担,是买卖目标物苟已交付,虽所有权尚未移转,其危险亦由买受人负担。本件被上诉人向某甲买受之船,已由某甲交付被上诉人收受,如被上诉人与某甲并无民法第373条但书所称之特别订定,该船之危险,即由被上诉人负担,某甲自得向被上诉人请求支付价金,而上诉人代被上诉人向某甲支付价金后,要非被上诉人所得请求返还。原判决谓民法第373条所谓交付,系指所有权已移转者而言,该船尚未立契交易,即不能适用该条之规定,即使上诉人将价金交付某甲,被上诉人亦得请求返还,遂为上诉人败诉之判决,于法殊有未合。"(2)"最高法院"1958年台上字第1655号判例:"'民法'第373条所称之危险负担,除契约另有订定外,概自目标物交付时起移转于买受人,至买受人已否取得物之所有权,在所不问。"

③ 参见最高法院1942年11月19日民刑庭总会决议:"不动产买卖契约成立后,其收益权属于何方,依民法第373条之规定,应以目标物是否交付为断。所有权虽已移转,而目标物未交付者,买受人仍无收益权,所有权虽未移转,而目标物已交付者,买受人亦有收益权,依民法第765条之规定,所有人虽得自由使用收益处分其所有物,但依所有人与他人所订契约之效力,使该他人有收益权,与民法第765条之规定,并无抵触。"

权,盖物之处分权,仅所有人于法令限制范围内始得享有。① 所有权人以外之人,非经其授权或依法律之规定取得处分上的代理权,不得径为处分,否则,以自己名义为之者构成无权处分,以所有权人名义为之者构成无权代理。

(2)已移转所有权而未交付者

目标物所有权已移转,而尚未交付者,其危险负担是否已移转? 学者与实务见解不同。郑玉波先生谓:"所有权既已移转,目标物纵未交付,危险亦应由买受人负担,盖买受人既已取得所有权,则依'天灾归所有人负担'之法谚,理应如是。"② 亦有以为:通过所谓"举轻以明重"之见解,主张既然交付时依交付主义之原则,已经足够来充分危险负担移转之构成要件,则今所有权既已移转,自更不待言。此一逻辑对于危险负担之移转并不成立。

按占有与所有之间从权利之完整程度论,固有轻重之别,但从目标物之维护,以防止其毁损或灭失的可能性而言,占有反而强过于所有。而危险负担中所称之危险指与目标物之存续有关的安危,是故,与之相干者当是目标物之占有,而非所有。盖非现实占有以事实上管领目标物,不能在必要时对于目标物采取其需要之维护的措施,以防止其毁损或灭失。

在以上的了解下,目标物尚未交付者,不得以所有权已经移转为理由认为危

---

① 参见(1)"最高法院"1977年台上字第2623号:"对于物之处分,唯所有人于法令限制之范围内为享有之,本件房屋未移转登记为买受人即上诉人所有,为原审所认定之事实,当不能依所有规定命上诉人拆除房屋,原审以出卖人林维璇已将房屋交付上诉人使用,上诉人即有拆除房屋之权利,并未表明适用何法规,自属欠合,出卖人林维璇有无将房屋处分权授予上诉人,应予查明。"(2)"最高法院"1955年台上字第266号判例:"土地所有权移转登记,与土地之交付,系属两事。前者为所有权生效要件,后者为收益权行使要件。行使土地之收益权,以先经交付为前提,并不限于有偿之买卖契约,即无偿之赠与契约,亦包括在内。"

② 参见郑玉波:《民法债编各论》(上册),第73页。

险负担亦已移转。如此的见解,亦为台湾地区实务界所采。[①]唯必须注意,依"民法"第761条,虽移转动产所有权,而未现实交付的情形仅会发生在以"指示交付"或"占有改定"代替"现实交付",以移转所有权的情形,而不会发生根本未交付的问题。此际,其危险负担是否移转,视双方关于交付之约定是否含收益权之归属的划分而定。同理,在不动产所有权之移转的情形,也应以使用收益权是否移转决定其危险负担的归属。

3.租赁物买卖之案型

在此所要讨论者,非"民法"第425条之案型,而系出租人将租赁物卖与承租人时,其租赁契约是否立即终止? 又其危险负担之移转时点为何? 从而导出"出卖人至何时仍得以出租人的地位请求租金"?

(1)租赁契约不当然终止

(2)出卖人于危险负担移转前仍可请求租金

笔者以为,在此案型,租赁契约不因买卖契约之缔结而当然立即终止。盖根据"民法"第348条:"物之出卖人,负交付其物于买受人并使其取得该物所有权之义务。"本条之交付,固能以简易交付为之,然简易交付亦须有让与之合意,始

---

① 参见(1)最高法院1944年上字第604号:"不动产买卖契约成立后,其收益权属于何方,依民法第373条之规定,应以目标物已否交付为断。所有权虽已移转而目标物未交付者,买受人仍无收益权,虽未移转而已交付者,买受人亦有收益权。"(同样的判决见"最高法院"1961年台上字第1438号)(2)"最高法院"1953年台上字第1312号:"不动产买卖契约成立后,其收益权属于何方,依'民法'第373条之规定,应以目标物已否交付为断。被上诉人于1951年间尚未将上诉人所承耕之土地交付与吴春江,仍可另行请求返还。"(3)"司法行政部"1975年10月8日台函民字第03909号函:"法律问题:不动产买卖契约成立后,其收益权属于何方? 讨论意见,甲说:按不动产买卖有先交付而后移转所有权者,亦有先移转所有权而后交付者,其先交付而后移转所有权者,自应适用'民法'第373条规定,自交付时起目标物之利益归买受人承受。因目标物既实际入于买受人之支配之范围,则所有权之未移转,仅程序之问题而已,故买受人形式上虽未取得所有权,亦应承受目标物之利益。至先移转所有权后交付者,则买受人既已取得所有权,其买卖目的已达,自应以所有人之资格,行使权利。乙说:不动产买卖契约成立后,其收益权依'民法'第373条之规定,应以目标物已否交付为断,所有权虽已移转,而目标物未交付者,买受人仍无收益权,虽未移转而已交付者,买受人亦有收益权(最高法院1944年上字第604号判例参照)。结论:采乙说。研究结果:同意。"

生效力。① 本案买受人虽以承租人之地位,占有该目标物,然在出卖人为让与之意思表示前,该目标物亦难谓已完成"民法"第 373 条之交付,是故其危险负担亦尚未移转,危险负担既尚未移转,则买受人即无法取得使用收益之权利,从而其仍须以承租人之地位支付租金。"最高法院"之见解则反是,略谓:系争房屋于双方订立买卖契约之前,既由被上诉人本于租赁关系而占有,则依"民法"第 946 条准用同法第 761 条第 1 项但书之规定,被上诉人就系争房屋自买卖契约成立之日起,即已接受上诉人之交付,依同法第 373 条,该屋之利益由此当然归属被上诉人。乃上诉人犹谓原有租赁关系并未消灭,基于出租人地位,请求被上诉人支付租金显非正当("最高法院"1957 年台上字第 64 号)。此种见解,殊值商榷也。盖买卖契约的合意属于债权性,不当然包括其履行行为:所有权的移转与物之交付的合意。所以在这种买卖目标物在买卖契约缔结时已基于其他法律关系现实交付于买受人之案型,当事人为清楚其间关于危险负担之移转的法律关系,就简易交付宜为容易被事后验证的表示。例如:"基于×年×月×日双方就某物所缔结之买卖契约,双方合意自×年×月×日,依简易交付之方式将之交付于买受人,从此由其享受利益,负担危险。"债权行为与履行行为间存有时差,在实务上屡见不鲜。所以"最高法院"在 1957 年台上字第 64 号之判决所持见解便可能与事实不符,例如出租人与承租人在租赁届满前就租赁物缔结买卖契约时,他们拟就残余租期、租金如何处理,实不能一概而论。是故其危险负担的移转也应尊重其合意。当然,双方若未为明示,则以预收租金是否应退还,或向将来残余租期是否尚有租金义务作为参酌之依据。盖有租金义务,则利益之享有便未移转,从而危险负担也未移转。问题是如果,租金一直未续付,出卖人(出租人)也未催讨,而在原租期中,租赁物雷击烧毁或在事后出卖人方始要租,则危险负担谁属,租金义务是否存在,有无后约废止前约之意思,便成棘手的解释问题。关于本案型"最高法院"1966 年台上字第 1645 号之判决对其见解已略有修正,谓:本件房屋买卖契约,虽于 1953 年 6 月间即已成立,但邱彭莲妹(笔者按:为原承租人)既

---

① 占有非权利,其现实交付本来因只涉及事实状态之变更,不需要双方之法律行为,唯现实交付之目的如在于移转所有权则还是需要双方之合意,如在于履行债务至少需要清偿人指定其交付所要清偿之债务("民法"第 321 条以下)。简易交付为现实交付之替代,双方有无以简易交付替代现实交付之意思,应以合意定之。当事人一方,特别是买受人并不得片面为之。至于在这种情形,买受人或出卖人就目标物,利用抵销的方法使生以简易交付替代现实交付之结果者,属于另一个问题。这时仅为抵销之一方以单方行为行使其权利。例如甲乙双方先就目标物缔结有租赁契约,而后才就同一目标物缔结买卖契约。这时为租赁物之返还请求权及买卖目标物之交付请求权的行使,当事人双方皆可能以抵销的方法清偿其债务,或行使其债权。

未缴付价金,而仍继续交付租金,且主张原订有期限之租约,已变为不定期,是其占有使用系争房屋迄今,仍基于租赁关系,并非基于买卖目标物之交付。邱彭莲妹对于付租至 1962 年 3 月份止,以后未付租金之事实,既无争执,"国有财产局"请求自 1962 年 4 月 1 日起,至 1965 年 12 月底止,按公产历次调整之租额计付,为有理由。唯 1966 年 1 月 1 日以后之租金,"国有财产局"请求按一年一度调整,每月支付,既未确定数额,且就尚未到期之租金为请求,即非有理。

(四)"民法"第 374 条之案型

1.送交之危险负担的移转时点

"民法"第 374 条:"买受人请求将目标物送交清偿地以外之处所者,自出卖人交付其目标物于为运送之人或承揽运送人时起,目标物之危险,由买受人负担。"本条所规定者,乃为"送交债务"之危险负担的移转问题。所谓送交债务,乃相对于往取债务和赴交债务而言。按债务之清偿,不管为法定或约定,皆有其原定之清偿地,依契约原则,买受人虽不得任意变更清偿地,但买受人仍得请求出卖人将买卖目标物送至清偿地以外之地点交付之。买受人如有送交之指示,原则上出卖人即应依从。若其交付于清偿地为之,则危险负担移转之时点当为交付之时("民法"第 373 条);反之,如因买受人之请求将目标物送至清偿地以外之处所交付之,则在送交过程中危险因属于外加之危险,自应由买受人负担,是故,"民法"第 374 条将其危险负担的移转时点自将目标物交付于买受人时,向前挪到交付于为运送之人或承揽运送人时。亦即只要出卖人依送交之指示,将目标物交付于为运送之人或承揽运送人,就可使"民法"第 373 条所称之危险,移转于买受人,而不必等到买卖目标物入于买受人之直接占有,甚至连入于买受人之间接占有之下也不必。① 于是引起目标物如果在运送中毁损或灭失时,其不利益在买受人与为运送之人或承揽运送人间之归属的问题。

2.在运送中目标物毁损灭失

在"民法"第 374 条,危险负担所指者,乃"因不可归责于双方当事人之事由,所引起之价金危险"而言。在送交途中目标物若因不可归责或可归责之事由而毁损或灭失,本来托运人对于运送人虽得依第 634 条、第 638 条请求损害赔偿,然因该条规定危险负担自出卖人交付其目标物于为运送之人或承揽运送人时起,便由买受人负担。于是,可能引起下述利益冲突。

(1)利益之冲突

第一,若出卖人向运送人依运送契约请求赔偿,此时运送人可能提出下述抗辩:依"民法"第 374 条之规定,目标物危险负担已于出卖人将目标物交付于为运送之人或承揽运送人时移转于买受人,从而出卖人不因目标物在运送中毁损或灭失而受到损害。既无损害,即无赔偿之可言。

第二,若买受人向运送人请求赔偿,则运送人可能以其间并无法律关系(契约关系)为抗辩,运送人非买受人之债务人,而拒绝赔偿。

第三,若买受人向出卖人请求赔偿,出卖人可能依"民法"第 374 条,以危险负担已移转为抗辩。

以上三种情形,将使买受人蒙亏,运送人受利(出卖人则无利与不利)。依"民法"第 374 条,出卖人向买受人请求价金时,买受人既不得拒绝给付,又不能

① 此时,此一运送人究竟是为出卖人之直接占有人或是为买受人之直接占有人,在法律上尚有疑问。个人认为把它了解成出卖人之直接占有人要比把它了解成买受人之直接占有人适当得多。理由是:在这个地方,只有出卖人和该运送人,才有使该占有人于运送人之直接占有下的契约关系。因此运送人所做的占有是为出卖人而为占有,而不是为买受人而为占有。亦即在这里直接占有人应该是运送人,而间接占有人应该是出卖人。唯当运送人将货物交付于买受人后,买受人便取得为自己之直接占有人地位,而出卖人则因运送人丧失其直接占有,而丧失其间接占有人的地位。至于在交付提单或载货证券的情形,出卖人因将请求交付托运物之请求权通过提单或载货证券的交付移转于买受人,而将间接占有人地位移转于买受人。关于运送物之权利在托运人与受货人间之承接"民法"第 644 条规定:"运送物达到目的地,并经受货人请求交付后,受货人取得托运人因运送契约所生之权利。"该条基本上是第 269 条规定之重申。另第 642 条第 1 项还规定:"运送人未将运送物之达到通知受货人前,或受货人于运送物达到后,尚未请求交付运送物前,托运人对于运送人,如已填发提单者,其持有人对于运送人,得请求中止运送,返还运送物,或为其他之处置。"该项明白规定如未填发提单,对于运送物之权利还是属于托运人。这等于是将有受货人之约定的运送契约基本上定性为单纯之向第三人给付的契约,而非利益第三人契约。这与第 374 条关于危险负担之移转时点的规定虽看似不恰,其实不然。盖依第 634 条该危险事实上已改由运送人负担,除应负担之人有所改变外,在实质上,买受人的利益并未受到影响。

自运送人处获得赔偿,此种不公平之状态,于现行法上似乎颇难有圆满之处理,只好委诸学说。

（2）学说

①债权让与说

此说乃拟制出卖人将其对于运送人之债权让与买受人。此时买受人与运送人间即直接搭上契约关系,而买受人又是受有损害之人,于是有请求赔偿之资格。唯该说借助于拟制,不尽妥当。盖让与为一契约,应有让与之约定事实为其依据。设若让与契约果真存在,则此拟制为多余;设若事实上让与契约根本就不存在,则其拟制仅是表明执法上之规范立场,老问题仍未被解决。如真要如是规范,该立场应由立法者利用契约的拟制或法定移转的方式规定之。由此可见债权让与说之不妥。

②第三人利益契约说

此说假设该运送契约之缔结,以买受人为受益人（即为买受人之利益而缔结）,买受人可依据运送契约请求运送人赔偿。（参见"民法"第 269 条第 1 项:"以契约订定向第三人为给付者……其第三人对于债务人亦有直接请求给付之权。"）唯第三人利益契约除了向第三人为给付外,尚须有"利益第三人"之意思存在,且根据"民法"第 269 条第 2 项,第三人更须为"受利益之意思表示",该契约之效力始能确定。（参见"民法"第 269 条第 2 项:"第三人对于前项契约,未表示享受其利益之意思前,当事人得变更其契约或撤销之。"第 3 项:"第三人对于当事人之一方表示不欲享受其契约之利益者,视为自始未取得其权利。"）在此观点下,虽然在"民法"第 374 条之情形,如此处理,对买受人有百利而无一害,但从理论的观点来看,到底出卖人与运送人间有无利益第三人（买受人）之意思? 以及第三人（买受人）有无受利益之意思表示? 皆不得而知,是故此一理论之缺点,与前说相同（涉及拟制）而不足采。

③运送人为出卖人之辅助人说

此一理论把运送人看成是出卖人之履行辅助人,从而对因契约义务之违反所发生之损害赔偿之债而言,该运送人之故意或者过失的存在,也同时被评定为属于一种可归责于出卖人的事由。（参见"民法"第 224 条:"债务人之代理人或使用人,关于债之履行有故意或过失时,债务人应与自己之故意或过失,负同一责任。"）依此说,则买受人即可对出卖人请求损害赔偿,然后再由出卖人对运送人请求损害赔偿。① 该见解固能使在本案型之利益冲突状态获得调整，但仍有"为迁就让买受人能获得赔偿而太过于把出卖人超过程度地卷入其中"之嫌，且该说见解之贯彻，与"民法"第 374 条之规范意旨亦不一致。盖"民法"第 374 条已明白规定，在送交买卖的情形，于出卖人将目标物交付于运送人时，其危险负担已经移转。若将运送事务看成是出卖人依契约所负的义务，然后又把运送人看成是出卖人的履行辅助人，其延伸出的法律效果与"民法"第 374 条所规范的法律效果显已互相矛盾。盖不可能一方面规定危险负担已经移转，而另一方面又规定要出卖人负损害赔偿责任。

④第三人损害赔偿说

按损害赔偿制度的意旨在于填补损害，所以，其建制原则上应依循"无损害即无赔偿"的原则。在"民法"第 374 条所定情形，出卖人既无损害，本来自无权请求赔偿。为解开该理论上的僵局，有学者发展出第三人损害赔偿说。该说建立在一个前提下，即"允许当事人之一方（出卖人）把第三人（买受人）因该（运送）契约事故所生的损害当成自己之损害而对于依法应对于出卖人负损害赔偿责任者（运送人）请求赔偿"。这当中出卖人所扮演者为承转的角色，其请求乃系为买受人之利益而请求。是故，后来尚应将请求所得之利益移转给买受人。于是，为使第三人损害赔偿说依其目的更为利落地运转，该说还进一步认为，买受人可请求出卖人将该损害赔偿请求权让与买受人。此即债务人免给付义务时，债权人对于债务人之代价请求权。

关于代价请求权，"民法"第 225 条规定："因不可归责于债务人之事由，致给付不能者，债务人免给付义务。（第 1 项）债务人因前项给付不能之事由，对第三人有损害赔偿请求权者，债权人得向债务人请求让与其损害赔偿请求权，或交付其所受领之赔偿物。（第 2 项）"此为在给付不能时，债权人得选择以原来给付之代位物替代原来给付作为债之内容，而不依"民法"第 226 条选择免为对待给付的明文规定。在"民法"第 374 条所定危险负担已经移转的情形，因买受人不再得依"民法"第 226 条选择免为对待给付，所以，买受人只得依"民法"第 225 条第 2 项行使其代价请求权。然为何出卖人得将买受人之损害当成自己之损害，用以满足其对于运送人之损害赔偿请求权的要件事实？ 其道理在于：买卖目标物

---

① 如采辅助人说，依"民法"第 224 条，出卖人就该运送人关于债之履行有故意或过失时，应与自己之故意或过失负同一之责任。倘出卖人与运送人未曾为"民法"第 224 条但书所定之免责约定，则依该说，就能够使出卖人，因为买受人之请求，而陷入在法律上可以认为是受有损害的状态。亦即出卖人可以对运送人主张："就运送人在运送事务上之故意或过失引起之损害，买受人依'民法'第 224 条及第 226 条得对出卖人请求损害赔偿。因此，出卖人也可以对运送人请求损害赔偿。"

（托运物）毁损或灭失时，出卖人所以不因此而受有损害，乃因危险负担于交付于为运送之人或承揽运送人时已移转于买受人，而该危险负担之移转规定的意旨应仅在于公平调整送交买卖之危险负担的移转时点，而不在于无故减轻运送人依运送契约对于出卖人（托运人）本来应负之责任。① 另买受人也能不请求让与该损害赔偿请求权，而主张代位出卖人对于运送人请求赔偿。其中代位行使应受"民法"第242条之要件的限制，而请求代偿则受制于出卖人之同意让与之表示。然倘因出卖人之不配合而致买受人遭到损害，出卖人对于买受人仍应负积极侵害债权的损害赔偿责任。

⑤契约对第三人之保护效力说

此说乃假设运送契约有保护买受人的效力，则买受人虽为第三人，仍可引用该契约对运送人请求所受之损害的赔偿。申言之，有些契约案型，其所保护之人，依该契约之性质，自始就不宜限于该契约之当事人。若有足够之理由，可认定某人应受该契约之保护，则纵其非为契约当事人，仍得在其所受保护之限度内，依据该契约直接对违反义务者请求损害赔偿。此种主张，相对于"第三人损害赔偿说"，更为直截了当。盖后者必须以出卖人为"触媒"，首先认定损害赔偿请求权属于出卖人，而后才由出卖人代替买受人请求，再将请求所得之利益移转于买受人；或是通过"代位权"之处理，容许买受人代位行使出卖人之权利，或是依"代偿请求权"请求让与损害赔偿请求权后，直接向运送人请求。"第三人损害赔偿说"所扩张者是请求权之物的范围，而"契约对第三人之保护效力说"所扩张者是契约请求权之人的范围。

在物之范围的扩张，其所扩张保护之客体与系争法律原来所要保护之客体间应有事务上之关联；反之，在主体范围之扩张，其所扩张保护之主体与系争法律原来所要保护之主体间亦应有事务上之关联。如是，其扩张在实质上才没有超越原来之规范意旨而扩大义务人之责任的情事。唯这两者皆非以当事人之合意为其扩张之依据。另物之范围的扩张的情形，既允许就自己及第三人之损害

---

① 关于运送人之责任，"民法"第634条首先规定："运送人对于运送物之丧失、毁损或迟到，应负责任。但运送人能证明其丧失、毁损或迟到，系因不可抗力或因运送物之性质或因托运人或受货人之过失而致者，不在此限。"而后于"民法"第638条规定："运送物有丧失、毁损或迟到者，其损害赔偿额，应依其应交付时目的地之价值计算之。（第1项）运费及其他费用，因运送物之丧失、毁损无须支付者，应由前项赔偿额中扣除之。（第2项）运送物之丧失、毁损或迟到，系因运送人之故意或重大过失所致者，如有其他损害，托运人并得请求赔偿。（第3项）"归纳该两条规定，于运送物之丧失、毁损或迟到因运送人之故意或重大过失所致者，托运人始得请求运送物在应交付时目的地之价值以外之其他损害的赔偿。此为法律关于损害赔偿之范围的限制规定。

请求赔偿,则在适用该理论以为请求时,请求人到底系为自己或第三人之损害而为请求,应予清楚表示。

3.何谓为运送之人

"民法"第 374 条规定:"买受人请求将目标物送交清偿地以外之处所者,自出卖人交付其目标物于为运送之人或承揽运送人时起,目标物之危险,由买受人负担。"其中承揽运送人,依"民法"第 660 条因必须是"以自己之名义,为他人之计算,使运送人运送物品而受报酬为营业之人"。所以通常是出卖人以外之第三人。至于为运送之人则除以运送物品或旅客为营业而受运费之运送人外("民法"第 622 条),还可包括任何实际担负目标物之运送工作者,含运送人、承揽人、出卖人自己或其代理人、使用人或雇用人。当其为第三人,原则上出卖人交付目标物之地点是该第三人之营业所;当其为出卖人自己或其代理人、使用人或雇用人,则该地点可能是出卖人自己之营业所,从而其决定危险负担之移转的交付时点早于交由第三人运送的情形。这是否意味着交由自己人运送对于出卖人比较有利? 应无差异。盖为运送之人,其为运送人者依"民法"第 634 条,其为非运送人者准用该条规定,对于运送物之丧失、毁损或迟到,除系因不可抗力而致者外,原则上就按其应交付时目的地之价值计算之损害,应负无过失责任("民法"第 638 条)。物价在缔约后如无升降,该赔偿责任之范围与负价金危险时应负担之价金损失大致相当。要之,所谓依"民法"第 374 条规定,价金危险提前移转之真相其实是该段期间之危险改由为运送之人负担。为运送之人所以愿意负担之对价为运费。出卖人自己为运送者,在他与买受人间,等于在买卖契约之外,增加了同向混合之运送契约。

在送交买卖于危险负担移转后,目标物在运送中如有毁损或灭失的情形,由于买受人之损害原则上将由为运送之人负责,所以,在有关运送事务之安排,出卖人除应注意"民法"第 376 条之规定,如无紧急原因,关于目标物之送交方法,勿违买受人之特别指示外,如无买受人之同意,亦切勿擅为免责的约定。

第四章

特种买卖

  各种之债中所称特种买卖包括试验买卖、货样买卖、分期付款买卖及拍卖四种。其中试验买卖与货样买卖所特别于一般买卖者主要为关于物之质量方面的约定,影响所及为物之瑕疵担保的问题。分期付款买卖主要为出卖人对于买受人之授信,因此其规范重点注重于买受人给付迟延时,其特别之债务不履行的效力规定。至于拍卖则主要为其契约之缔结方式及其债务不履行的责任问题。

第一节　买回

一、定义

  "民法"称买回者,指出卖人于买卖契约保留买回之权利。买回权之保留构成买卖契约内容之一部分。唯由于在此,出卖人系因保留而享有买回权,故出卖人并无买回义务。① 是故买回之行使纵附有期限,依"民法"第380条,其期限之意义为:出卖人如不于该期限内行使其买回权,其买回权因而消灭,不属于债务不履行的问题。此种期限之效力特征类似于规范形成权之除斥期间。现行"民

---

① 在此意义下,买回权之保留所构成的法律关系与选择权(Optionsrecht)之取得类似。

法"中与之最为类似者为出典人之回赎权。[①]

二、买回之期限

关于买回之期限的约定,除"民法"第 380 条所定关于存续期限之态样外,还有买回权之停止行使的期限(此与"民法"第 912 条、第 923 条、第 924 条规定之典权的期限相当[②])。在买回,当事人可以约定买回权之存续期限,也可以约定买回权停止行使之期限,也可以同时就两者约定之。其中停止行使之期限应为存续期限所包含。对存续期限无约定者,其存续期限应解释为五年(参见"民法"第 924 条),约定超过五年者,缩短为五年(参见"民法"第 380 条),未约定停止行使之期限者,出卖人得随时行使买回权(参见"民法"第 924 条)。存续期限自保留买回时起算(参见《德国民法典》第 503 条),而非自停止行使之期限届满时起算。虽然保留非不得于买卖契约成立后,再为追加约定,但那已涉及原买卖内容之变更。

三、买回关系之发展

在买回,出卖人虽保留有买回权,但当事人间关于买卖之权利义务与一般买卖并无不同,特别是买卖目标物之危险与利益原则上同样是在交付于买受人时,由买受人承受负担。出卖人也一样负瑕疵担保义务,买受人也一样负价金之给付义务。只是后来出卖人如行使其保留之买回权,双方互负返还义务。就此而

---

　　①　关于典物之回赎,"民法"就定期典权之回赎规定"典权定有期限者,于期限届满后,出典人得以原典价回赎典物(第 1 项)。出典人于典期届满后,经过两年,不以原典价回赎者,典权人即取得典物所有权(第 2 项)"("民法"第 923 条);就不定期典权之回赎规定"典权未定期限者,出典人得随时以原典价回赎典物,但自出典后经过三十年不回赎者,典权人即取得典物所有权"("民法"第 924 条)。但"出典人之回赎,如典物为耕作地者,应于收益季节后,次期作业开始前为之;如为其他不动产者,应于六个月前,先行通知典权人"("民法"第 925 条)。"民法"第 923 条第 1 项所定者为典权之存续期间,在其存续期间,出典人与典权人分别皆享有期限利益。同条第 2 项及"民法"第 924 条所定者相当于形成权之除斥期间。"民法"第 925 条前段为关于回赎之时期的限制,后段为关于法定应附始期的规定。其规范对象不同。如要排列前后段之适用顺位,前段优于后段。盖后段以各种不动产,而前段限以耕作地为规范对象。

　　②　关于典权之期限,"民法"第 920 条规定:"典权约定期限,不得逾三十年;逾三十年者,缩短为三十年。"而"典权定有期限者,于期限届满后,出典人得以原典价回赎典物"("民法"第 923 条第 1 项),"典权未定期限者,出典人得随时以原典价回赎典物"("民法"第 924 条前段规定)。由是观之,"民法"第 912 条所定之期限当为回赎权之停止行使的期限,相当于始期的作用。

论,买回权之行使与解除权之行使类似,但仍不相同。解除权之行使,在于回复就像没有缔结该买卖契约一样的利益状态;而买回权的行使,原则上只在于使出卖人再取得买卖目标物,买受人再取得原支付之价金。至于双方分别就目标物及价金取得之利益,原则上视为互相抵销("民法"第 379 条第 3 项),互无"民法"第 259 条所定之回复原状的义务。这亦可解释为:双方在买回前就目标物与价金分别取得之利益互为对价。但买回之价金,双方仍得以特约另定之(同条第 2 项)。

唯因在认识上,认为在买回双方主要在于交换买回前就目标物与价金分别可取得之利益,故"买受人为改良目标物所支出之费用及其他有益费用,而增加价值者,买回人应偿还之,但以现存之增价额为限"(参见"民法"第 382 条)。此为对他人之物支出"有益费用"之返还的标准规定模式(参见"民法"第 431 条第 1 项)。

买回之保留,赋予出卖人以买回之形成权,所以是否行使系于出卖人之意思,属于权利,而非义务。一经行使买受人即对于"买回人负交付目标物及其附属物之义务"。其因可归责于买受人之事由,致不能交付目标物,①或目标物显有变更者,买受人应赔偿出卖人因此所生之损害("民法"第 383 条第 2 项);②至于出卖人方,因其所负返还给付之内容为金钱,无给付不能,而仅有支付不能的问题。

保留买回权利之买卖,经买回的结果,该买卖之安排,主要系为出卖人之利益,故不但"买回之费用,由买回人负担",而且"买卖费用,由买受人支出者,买回人应与买回价金连同偿还之"("民法"第 381 条)。

---

①　因可归责于买受人之事由,致不能交付目标物,除使之毁损、灭失外,尚有将其权利处分给第三人造成主观不能的情形。在这种情形,"民法"第 383 条第 2 项规定买受人应赔偿因此所生之损害,而未如《德国民法典》第 499 条规定买受人应除去第三人因此享有之权利。如果以本来之回复原状的方法赔偿"民法"第 383 条第 2 项所定之损害,则该项规定与《德国民法典》相当之规定的效力没有重大出入。反之,如以主观不能为理由,容许以金钱赔偿的方法赔偿,则该两种规定方式在效力上有重大差异。

②　就买卖目标物因不可归责于买受人之事由,致不能交付目标物,或致目标物显有变更的情形,"民法"并无明文规定。在这种情形,出卖人固不得请求损害赔偿,但在目标物显有变更的情形,出卖人于买回时,是否得请求减少价金非无疑问。从买卖目标物在交付于买受人后,其危险负担移转于买受人的观点立论,可采肯定的看法;从该变更应论为正当使用之结果立论,可采否定的看法。就此,《德国民法典》第 498 条第 2 项后段规定:"目标物非因可归责于买受人之事由而减损或其改变仅是轻微者,买回人不得请求减少价金。"鉴于在这种情形,出卖人还可以选择不买回,来避免对于自己不利之结果,当以参见《德国民法典》前述规定,采否定说较为妥当。

四、买回约定的作用

由以上的说明可见,买回在发展上,从买卖价金之利用观之,买回具有回赎之意义。所以买回之保留与出典极为类似。所不同者主要为,买回权之保障为债权的,不能对抗一般人;而出典人之回赎保障是物权的,可对抗一般人。

由于在保留买回之买卖,目标物之所有权首先也移转给买受人,且买回权附有行使或存续期限,故买回与出典一样,不但具有授予用益权及担保的功能,而且在买回人(出卖人)不及时买回时,还会引起"流质"的结果。这些特性,显然违反了"物权法"禁止流质的原则("民法"第893条第2项)。今其所以被准许,乃在于买卖本为法律所许,且当事人间已有真为买卖的意思,同意出卖人事后可以买回,属于提供资金(价金)这一方的让步,此与流质约款属于提供担保物这一方的让步不同。在这种情形提供资金这方比较无因财务状况之急迫,而为不利于自己之约定的疑虑,双方对该交易之利弊得失,可像从事一般买卖一样,细为权冲。

在买卖保留买回权的结果,使出卖人取得在买卖契约履行后,得在一定期限内,经由单方行为,亦即对买受人为买回之意思表示,买回原已出卖予买受人之买卖目标物。[①] 至其买回价金,原则上以原受领之价金数额为准。所以自结果论,保留买回权,与保留解除权之效力极为接近,所不同者为因买回的目的除取回目标物外,原无将当事人双方之利益回复至像无契约之缔结那般的意思,故不适用"民法"第259条关于回复原状之规定。所以在买回,其目标物之移转目的较不明显,而以其用益或担保目的较为重要。当其利用为担保目的,主要在代替让与担保或规避最高利息的限制。不过让与担保与买回之功能仍然不同,让与担保之需要来自规避动产担保之占有要求的拘束,以满足与"非占有质"相当的需要。然则为避免将买回滥用为规避"流质"或"利息限制"的工具,对买回价金的特约应该给以限制:原则上不准高于原约定之价金。盖出卖人已自目标物之使用取得利益。[②]

---

① 买回权在此意义下固具有形成权的性质,但其行使仍只是使双方互负返还买卖目标物及价金的义务,但不使出卖人因买回权之行使即取回买卖目标物之所有权。该所有权之取回尚待于一个以该所有权之移转为内容的物权行为。

② 关于买回的性质,及其与类似制度之间的问题,详请参见 Soergel-Huber, Kommentar zum BGB, 11. Aufl., 1986, Vorbemerkungen §497。

五、买回权之行使为要物行为

买回权之行使为形成权之行使,应以意思表示为之。因"民法"第 379 条第
1 项规定"出卖人于买卖契约保留买回之权利者,得返还其所受领之价金,而买
回其目标物",而引起一个疑问:即买回权之行使是否为要物行为? 对此"最高法
院"1964 年台上字第 3009 号民事判决采肯定的见解,认为:"称买回者,系指出
卖人于买卖契约保留买回之权利,得返还其所受领之价金而买回其目标物之契
约,此观'民法'第 379 条第 1 项之规定至明。是买回人未返还其所受领之价金,
尚难谓买卖契约所附之停止条件已经成就,而生买回之效力。"唯该号判决以停
止条件定性该要物的要件。如是解释的结果等于认为在买回关系,买回人应负
先行给付的义务。[①] 鉴于附买回条件之买卖还算是一个标准的双务契约,并不
必然是一个纯由买受人方施惠于出卖人的契约。是故,在其买回权之行使,当还
是以解释为单纯之形成权的行使为妥。于出卖人行使买回权时,双方即互负返
还的义务,不以出卖人在买回时便返还所受领之价金为要件,以便买回权人因买
回所享有之请求权仍然可以获得同时履行抗辩权的保障。

---

①　关于这个问题《德国民法典》第 497 条第 1 项有不同的规定方式可供参考:"出卖人
在买卖契约中保留买回之权利者,则买回在出卖人对于买受人表示行使其买回权时发生。该
表示不须为该买卖契约所定之方式。"另"买回权为数人共同所有者,其行使应由全体为之。
权利人中有人之买回权消灭或不行使其买回权者,则得由其余买回权人全体行使之"(《德国
民法典》第 502 条)。换言之,买回权消灭或弃权者之权利由其余权利人代位取得。像《德国
民法典》第 502 条这种规定的道理在于:在数人共有一个不可分之权利的情形,其行使固当由
全体共同为之,但即使其中有一人或一部分人弃权,只要其余共有人之行使权利,不使弃权者
负担义务,该弃权即不应构成其余共有人行使该权利的障碍事由。关于被征收之土地之照原
征收价额收回,在仅共有人之一申请者,"内政部"1995 年 3 月 25 日台(1995)内地字第
8404127 号函采不必共同为之的见解:"查'土地法'第 219 条规定,'私有土地经征收后,有左
列情形之一者,原土地所有权人得于征收补偿完竣届满一年之次日起五年内,向该管市、县地
政机关声请照征收价额收回其土地……'。"本案土地为林许彩娥君与刘杉君等十一人所有,
依法被征收后既仅共有人林许彩娥君申请依原征收价额收回其被征收之土地,并经贵府
1994 年 9 月 3 日府地二字第 160925 号函释:"……本案应符合'都市计划法'第 38 条第 2 项
原土地所有权人得照原征收价额收回土地之要件。……自系指林许彩娥君得依法收回其所
有持分之土地。"这是正确的看法。

第二节　试验买卖

一、定义

"试验买卖,为以买受人之承认目标物为停止条件,而订立之契约。"此为"民法"第 384 条对试验买卖所下之定义。所谓"承认目标物"指买受人承认目标物之质量合于契约意旨之谓。就此而论,其承认的功能与"民法"第 356 条所定之承认相同。不过,在试验买卖中之"承认"尚有使试验买卖契约因停止条件成就,而发生效力的意义。依"民法"第 384 条之规定,试验买卖虽待买受人之承认,才因停止条件成就,而生效力,但在承认前,该试验买卖的约定,已具有使"试验买卖之出卖人,负许买受人试验其目标物之义务"的意义("民法"第 385 条)。由买受人方对于目标物质量的承认构成之停止条件,具有随意条件的特征。所以,"民法"第 384 条可谓为关于随意条件的例外规定。如无该特别规定,契约附以系于债务人喜好之随意条件者原则上应论为尚未成立。[1] 因之,买受人后来如不承认经其试验之买卖目标物的质量,并不需要具备任何理由。其不承认亦无所谓因不具正当理由,而违反诚信原则。[2]

二、试验目标物之承认

试验买卖契约在成立后,尚待买受人承认目标物,始生效力,已如前述。至其承认的方法,除与一般意思表示一样,得以明示或默示之方法为之外,尚有其"沉默"应解释(或论)为"承认"或"拒绝"的问题。"民法"就此分别按目标物是否因试验而已交付规定为:

1. 目标物经试验而未交付者,买受人于约定期限内未就目标物为承认之表示,视为拒绝;其无约定期限,而于出卖人所定之相当期限内,未为承认之表示者,亦同("民法"第 386 条)。

---

[1] 该条件之随意性,《德国民法典》第 495 条第 1 项著有更为清楚之明文规定:"在待试验或待检视之买卖,买卖目标物之承认系于买受人之喜好。有疑义时该买卖契约应认定为系在承认之停止条件下所缔结。"

[2] 参见 Soergel-Huber, aaO. § 495 Rz.6。

2.目标物因试验已交付于买受人,而买受人不交还其物,或于约定期限或出卖人所定之相当期限内,不为拒绝之表示者,视为承认。买受人已支付价金之全部或一部,或就目标物为非试验所必要之行为者,视为承认("民法"第387条)。试验买卖之承认在意思表示上之特色为,于目标物因试验而交付于买受人的情形,买受人不交还其物,或于约定期限或出卖人所定之相当期限内不为拒绝之表示者,其"沉默"视为"承认"("民法"第387条第1项)。此与"民法"第161条所规定之"意思实现"相似,但仍有不同。意思实现虽无须为承诺之通知,但仍须在相当期间内,有可认为承诺之事实。反之,在前述试验买卖之情形,则不要求有可认为承诺之事实。唯"民法"第387条第2项所定情形"买受人已支付价金之全部或一部,或就目标物为非试验所必要之行为",则具有意思实现之特征。在此该条项所定情形,可认为系"民法"第161条第1项之具体的明文案型。不过,买受人并无承认之义务。①

三、试验买卖之危险负担

在试验买卖,出卖人纵为试验买卖而将目标物交付于买受人,买卖目标物之利益及危险仍直至买受人承认目标物时,方始移转于买受人。②

四、试验买卖之物的瑕疵担保

试验买卖以"买受人之承认目标物为停止条件",而其承认具有推定买受人知悉目标物之质量状态,并认其符合契约本旨的意义。故在试验买卖,除非出卖人就买受人因重大过失而不知之瑕疵另有保证质量之表示,或有故意不告知瑕疵之情形,③不会有物之瑕疵担保责任发生。④

---

① 参见 Soergel-Huber, aaO. §495 Rz.6。
② 参见 Soergel-Huber, aaO. §495 Rz.10。
③ 例如在号称包开之西瓜的买卖,出卖人于切开西瓜后,从中挖出一小片供买受人品尝,并于品尝后经买受人承认而成交者,即为一种典型之试验买卖。其承认具有推定买受人知悉目标物之质量状态,并认其符合契约本旨的意义。除非出卖人在西瓜刀或拭刀抹布上沾有糖精另做手脚,诈欺买受人,否则,在这种情形该西瓜之质量应认定为无瑕疵。
④ 参见 Soergel-Huber, aaO. §495 Rz.11。

五、试验买卖与货样买卖

试验买卖与货样买卖两者,因在货样买卖也常有试样,而容易混淆。其区别在,在试验买卖,其目标物可能即为供试验之目标物,[①]此为特定物之买卖;反之,在货样买卖,纵供货样试验或留为比较,所供货样原则上非即为买卖目标物。关于买卖之物,在此仅以货样指定其"种类"及"质量",故货样买卖,为种类之买卖,出卖人不但仍负物之瑕疵担保责任,而且应担保其交付之目标物,与货样有同一质量("民法"第388条、第200条)。该担保具有"民法"第354条第2项保证质量之意义。不过,货品之质量如低于目标物通常之质量,出卖人对之亦不负担保责任。[②]

第三节　货样买卖

法律对于货样买卖之瑕疵担保规定的内容明确,有疑问的是一个具体的买卖契约是否为货样买卖之认定,以及就该货样买卖当事人是否另有物之瑕疵担保方面的补充约定。

一、货样买卖之缔结

称"货样买卖"者,必以当事人将按照货样而定目标物质量之内涵,约定为构成买卖契约内容之要素(必要之点),并达意思合致,始得谓为货样买卖。此与于买卖契约成立前,仅提示货样作为要约之引诱,而未于买卖磋商及订约之过程提示或交付货样,或将该货样列为买卖契约内容必要之点,尚不当然成为"货样买卖"之情形有别("最高法院"2010年台上字第170号民事判决)。

---

① 供试验之物是否即为买卖目标物,不可一概而论。在汽车之试车,通常不以供试之汽车作为买卖目标物;在试吃的情形往往亦然。唯在这种情形,与其将之定性为试验买卖,不如定性为货样买卖。

② 参见 Soergel-Huber, aaO. § 494 Rz.6f.。

二、货样买卖之瑕疵担保

（一）出卖人应担保交付之物与货样有同一之质量

货样买卖,视为出卖人担保交付之目标物具有与货样同一之质量。货样买卖应受买卖契约有关规定之适用。

按货样买卖,视为出卖人担保其交付之目标物与货样（有）同一之质量,应适用"民法"第 388 条、第 354 条第 2 项及其他有关瑕疵担保之规定。如目标物不具备货样之质量时,买受人得拒绝受领。于危险移转后,买受人并得依"民法"第 359 条、第 360 条之规定,行使其权利（"最高法院"1983 年台上字第 942 号民事判决）。

"按货样约定买卖者,视为出卖人担保其交付之目标物与货样有同一之质量,为'民法'第 388 条所明定。货样买卖适用第 354 条第 2 项及其他有关瑕疵担保之规定。如目标物不具备货样之质量时,买受人固得依'民法'第 360 条之规定,行使其权利,唯若交付之目标物质量符合货样之质量,纵令与一般期待质量有落差,亦不能谓质量有瑕疵。"（"最高法院"2012 年台上字第 1953 号民事判决）

货样约定买卖者,视为出卖人担保其交付之目标物与货样有同一之质量,为"民法"第 388 条所明定。货样买卖适用第 354 条第 2 项及其他有关瑕疵担保之规定。如目标物不具备货样之质量时,买受人得依"民法"第 360 条之规定,行使其权利（"最高法院"2010 年台上字第 1640 号民事判决）。

（二）当事人得另行约定瑕疵担保

瑕疵担保与危险负担系属两事。货样买卖,当事人得另行约定瑕疵担保之条件。

本件上诉人主张,伊于 1973 年间向被上诉人购买蟹肉罐头 2000 箱,约定每箱美金 1750 元,保证质量通过加拿大渔业部检验,否则被上诉人应返还价金与伊及赔偿伊所支出之各项费用,讵货到温哥华后,果经加拿大渔业部检验为不合格,除部分由伊转售美国、联邦德国外,计算损失,包括未转售之 1000 箱在内,共为美金 56702220 元等情,求为命被上诉人如数赔偿之判决,被上诉人则以伊系照前寄货样发货,依货样买卖之规定,并无不合债务本旨情形,况加拿大渔业部检验报告指蟹肉腐败变色,亦属错误等词,资为抗辩。原审维持第一审不利于上诉人之判决,无非以上开罐头与被上诉人前寄货样质量完全一致,并经台湾地区"经济部商品检验局"检验合格,况经上诉人转售他国均已获准进口,被上诉人以之交付上诉人并无不合债务本旨情形,而被上诉人仅曾声明所发货物,如有不合前寄货样标准,愿于加拿大渔业部不予通过而拒绝入境时,偿还货款及各项费用,所谓不予通过而拒绝入境,只系危险负担之一种,属于买卖契约非必要之点,兹被上诉人既将合于前寄货样之上开罐头交付上诉人,则此项危险之发生,即应由上诉人负担,不得请求被上诉人赔偿,为其裁判基础。

第查货样买卖,虽系按货样而定目标物之质量之买卖,但并非不得另行约定瑕疵担保之条件,而瑕疵担保与买卖目标物因不可归责于双方当事人之事由而毁损或灭失,应由何方负担其损失之危险负担,绝不相侔。本件被上诉人既有上开愿于加拿大渔业部不予通过而拒绝入境时,偿还货款及各项费用之声明,则其性质究为瑕疵担保之特别约定,抑系危险负担之问题,即应就双方订约时之原意,及所用字句,详加究明,以为适用法律之依据,乃原审不遑注及,遽以被上诉人交付上诉人之货物系与前寄货样质量完全一致,并无不合债务本旨情形,即谓被上诉人此项声明仅为所生危险应由何人负担之约定,要嫌率断,而对被上诉人究在何时交付货物,犹未调查认定,遽命上诉人负担危险,亦有不合,上诉论旨执以指摘,声明废弃原判决,不能谓无理由("最高法院"1975 年台上字第 1245 号民事判决)。

第四节　分期付款买卖

一、定义

买卖当事人约定买受人就价金之给付,在目标物交付后分期为之者,为分期付款买卖。在此种契约出卖人对买受人有授信之意义,所以应注意依当事人之真意,该价金债务是否已转为消费借贷之债。依"民法"第 389 条以下之规定意旨观之,倾向于解释为未转化为消费借贷。是故买受人迟延给付应分期付款之价金者,出卖人仍得依"民法"第 254 条解除契约。反之,如已转为消费借贷,则因价金当解释为已给付,故不得以消费借贷之债迟延给付为理由,解除契约。

二、分期付款之债务不履行

买受人迟延给付分期付款债务者,出卖人除得依一般规定("民法"第 254 条)解除契约外,并得约定使买受人丧失分期给付之期限利益。关于解除后当事人双方法定之回复原状的义务,"民法"第 259 条仍有其适用。在此基础上"民法"第 390 条之规定的意义,论其实际为"民法"第 259 条第 3 款、第 4 款及第 6 款之规定的重申,并使该条款等之规定对分期付款买卖成为"强制规定":"分期付款之买卖,如约定出卖人于解除契约时,得扣留其所受领价金者,其扣留之数额,不得超过目标物使用之代价,及目标物受有损害时之赔偿额。"于是进一步引起一个问题,在分期付款买卖,可否约定惩罚性违约金?"民法"第390条规定似乎尚无排除"民法"第250条第2款但书之意义。唯此际法院如认有约定之违约金额过高的情形,得将之减至相当之数额。鉴于"民法"第390条之强行规定,法院在分期付款买卖应依"民法"第252条从严酌约定之违约金金额是否过高的问题。关于期限利益丧失的特约,"民法"第389条原规定:"分期付价之买卖,如约定买受人有迟延时,出卖人得即请求支付全部价金者,除买受人有连续两期给付之迟延,而其迟付之价额,已达全部价金五分之一外,出卖人仍不得请求支付全部价金。"新修正为:"分期付价之买卖,如约定买受人有迟延时,出卖人得即请求支付全部价金者,除买受人迟付之价额已达全部价金五分之一外,出卖人仍不得请求支付全部价金。"其修正重点为仅以迟延给付之价额的总数,而不再并以"连续两期给付之迟延"为加速条款之限制要件。

关于在债务人给付迟延或有其他危及债权之事由存在时,债权人即得请求未到期之给付的约定,银行实务上称之为"加速条款"。其作用甚于"民法"第265条所定之不安抗辩。"民法"第389条为关于加速条款的限制规定。

三、附条件买卖对于分期付款买卖之特别规定

对以上的规定,"动产担保交易法"中就附条件买卖有一些不同的规定。这些规定对民法上的规定,处于特别法的地位,优先受适用。

"动产担保交易法"称"附条件买卖"指:"买受人先占有动产目标物,约定至支付一部或全部价金,或完成特定条件时,始取得目标物所有权之交易。"("动产担保交易法"第26条)依同法第28条第1项第1款,买受人不依约定偿还价款者,出卖人得于三日前通知后,取回占有目标物("动产担保交易法"第30条、第18条第1项)。取回首先并不生解除契约的效力,同法第29条第1项实际上甚至对出卖人之解除权加以限制。该条项规定"买受人得于出卖人取回占有目标物后一日内,以书面请求出卖人将目标物再行出卖。出卖人纵无买受人之请求,亦得于取回占有目标物后三十日内将目标物再行出卖"。双方以再行出卖之结果进行找补("动产担保交易法"第30条、第20条)。唯出卖人拟主动于三十日内将目标物再行出卖者,依"动产担保交易法"第30条准用"动产担保交易法"第19条规定,除目标物有前条第3项但书情形外(亦即:出卖物有败坏之虞,或其价值有显著减少,足以妨害出卖人之权利,或其保管费用过巨者,出卖人于占有后,得立即出卖),应于占有后三十日内,经五日以上之揭示公告,就地公开拍卖

之,并应于拍卖十日前,以书面通知债务人或第三人。

在再行出卖前,买受人得"回赎"目标物("动产担保交易法"第 30 条、第 18 条第 2 项)。出卖人取回占有目标物,未受买受人前项再行出卖之请求,或于前项三十日之期间内,未再行出卖目标物者,出卖人无偿还买受人已付价金之义务,所订附条件买卖契约失其效力。亦即"取回"至此生解除契约之效力,但买卖当事人双方解除后之回复原状的义务,亦径以"出卖人无偿还买受人已付价金之义务"("动产担保交易法"第 29 条第 2 项),交换"买受人对买卖目标物减少之价值,不负赔偿责任"(参见"动产担保交易法"第 28 条第 2 项)的方式一笔勾销。后者固无明文规定,但应为规定前者之当然结果。

此外,第三人善意取得动产担保物者,不受"民法"关于善意取得制度之保护,只能向债务人(买受人)或受款人请求损害赔偿("动产担保交易法"第 30 条准用"动产担保交易法"第 17 条第 3 项)。由以上说明可知"动产担保交易法"对"民法"之一般规定有很大的调整。

因此一般之分期付款买卖与附条件买卖之区别在实务上有重大意义。"动产担保交易法"第 5 条规定"动产担保交易法,应以书面订立契约。非经登记,不得对抗善意第三人"。依此规定"书面"为动产担保契约之法定方式(成立要件),而"登记"则为对善意第三人之"对抗要件"。所以在当事人,关于动产担保,例如附条件买卖之约定,只要具备书面之方式,纵未经登记,当仍有效。

四、"消费者保护法"对于分期付款买卖之特别规定

关于分期付款买卖,"消费者保护法"第 2 条第 10 款将之定义为"指买卖契约约定消费者支付头期款,余款分期支付,而企业经营者于收受头期款时,交付目标物予消费者之交易型态"。这里所称交付,指占有而非所有权之移转。出卖人先交付买卖目标物,使买受人在给付全部价金前即得就目标物为使用收益,为分期付款买卖之主要类型特征。在买卖契约,出卖人所以愿意负先为给付之义务,乃为通过扩大买受人之信用,增加需求,以提高销售量。至于因先为给付所产生之价金收入的展延损失,在出卖人资金充裕时,由买受人支付利息补偿之;在出卖人资金短缺时,则由银行介入或者对于出卖人或者对于买受人提供融资。因此,在分期付款买卖,利息可谓扮演一个重要的因素。是故,"消费者保护法"第 21 条规定:"企业经营者与消费者分期付款买卖契约应以书面为之。(第 1 项)前项契约书应载明下列事项:一、头期款。二、各期价款与其他附加费用合计之总价款与现金交易价格之差额。三、利率。(第 2 项)企业经营者未依前项规定记载利率者,其利率按现金交易价格周年利率百分之五计算之。(第 3 项)企

业经营者违反第 2 项第 1 款、第 2 款之规定者,消费者不负现金交易价格以外价款之给付义务。""消费者保护法施行细则"第 22 条:"本法第 11 条第 2 项第 2 款所称各期价款,指含利息之各期价款。(第 1 项)分期付款买卖契约书所载利率,应载明其计算方法及依此计算方法而得之利息数额。(第 2 项)分期付款买卖之附加费用,不得并入各期价款计算利息。其经企业经营者同意延期清偿或分期给付者,亦同。(第 3 项)"

基于以上的认识,在分期付款买卖,应不容许有所谓零利率的主张。除非该企业经营者就系争商品根本不从事现金交易。鉴于"消费者保护法"第 21 条第 3 项规定:"企业经营者未依前项规定记载利率者,其利率按现金交易价格周年利率百分之五计算之。"本诸该条规范意旨,在出卖人宣称以零利率分期付款销售其商品的情形,应解释为容许买受人按周年利率百分之五计算出卖人所要约之价金的现值,并以该现值作为该商品之现金价。

第五节 拍卖

一、拍卖之定义

拍卖系指为将拍卖物卖给出价最高者,而对多数竞买人为要约诱引,以应买人之出价为要约,由拍卖人以拍板或其他惯用之方法对出价最高者为卖定(承诺)之表示的买卖(契约)。

二、变卖与拍卖

在货币经济下所谓变卖,指将财产权转变为金钱之交易行为。在转变中系争权利之主体的归属发生改变,原来的权利人丧失其权利,而改由相对人取得。[①] 拍卖为其中之重要态样之一。拍卖之交易方式的主要机能在于利用买方

---

① 因物权行为而发生之权利的移转或设定,只能移转或设定给相对人。盖物权行为与债权行为不同,无所谓有向第三人给付或利益第三人之物权契约的态样。

之竞买,①获得或确保一个公正之市场价格,以消除可能由于卖方不熟悉市场行情②或担心其代理人不尽责,③而引起之市场失效的疑虑。

拍卖通常不是由所有人亲自,而是由意定或法定④之受任人为之。无论是意定的或法定之拍卖,除其所依据之法律另有规定外,其拍卖关系原则上皆适用债编买卖节中关于拍卖之规定。

拍卖时拍卖人原则上应以所有权人之费用,为所有权人之计算为之。拍卖

----

① 利用卖方之竞卖,以取得有利之买入价格的交易方式,称为招标。此外,也有利用集中交易市场协助交易双方取得合理价格之交易机会者。例如经由证券、期货交易所集中撮合之交易。

② “农产品市场交易法”第 25 条:“农产品批发市场之交易以拍卖、议价、标价或投标方式为之。供应人得指定最低成交价格。”

③ 关于财团财产变价之方法,“破产法”第 138 条:“破产财团之财产有变价之必要者,应依拍卖方法为之。但债权人会议另有决议指示者,不在此限。”

④ 法定之拍卖的原因归纳之,通常为占有人为保管之目的或债权人为取偿之目的。在物之保管的情形,如果后来发生急迫情事,不适当继续保管时,法律通常规定保管人得变卖或拍卖。规定得变卖者例如,关于异地送到之物,“易于败坏者,买受人经依相当方法之证明,得照市价变卖。如为出卖人之利益,有必要时,并有变卖之义务”(“民法”第 358 条第 3 项)。唯“买受人依前项规定为变卖者,应即通知出卖人。如怠于通知,应负损害赔偿之责”(同条第 4 项)。规定得拍卖者例如,关于以提存为清偿方法,而“给付物不适于提存,或有毁损灭失之虞,或提存需费过巨者,清偿人得声请清偿地之法院拍卖,而提存其价金”(“民法”第 331 条)。关于买入行纪,“委托人拒绝受领行纪人依其指示所买之物时,行纪人得定相当期限,催告委托人受领,逾期不受领者,行纪人得拍卖其物,并得就其对于委托人因委托关系所生债权之数额,于拍卖价金中取偿之,如有剩余并得提存。(第 1 项)如为易于败坏之物,行纪人得不为前项之催告(第 2 项)”(“民法”第 585 条)。在仓库契约,关于寄托人或仓单持有人拒绝或不能移去寄托物时之处置,“民法”第 621 条规定:“仓库契约终止后,寄托人或仓单持有人,拒绝或不能移去寄托物者,仓库营业人得定相当期限,请求于期限内移去寄托物。逾期不移去者,仓库营业人得拍卖寄托物,由拍卖代价中扣去拍卖费用及保管费用,并应以其余额交付于应得之人。”又“运送物如有不能寄存于仓库之情形,或有易于腐坏之性质或显见其价值不足抵偿运费及其他费用时,运送人得拍卖之。(第 3 项)运送人于可能之范围内,应将寄存仓库或拍卖之事情,通知托运人及受货人(第 4 项)”(“民法”第 650 条)。“旅客于行李到达后一个月内不取回行李时,运送人得定相当期间催告旅客取回,逾期不取回者,运送人得拍卖之。旅客所在不明者,得不经催告径予拍卖。(第 1 项)行李有易于腐坏之性质者,运送人得于到达后,经过二十四小时,拍卖之(第 2 项)。”(“民法”第 656 条)以上规定多为债权人受领迟延时,债务人得采取之应变措施,以终止其保管义务,故为终止保管义务的手段。所以,“最高法院”1986 年台上字第 840 号民事判决要旨称“‘民法’第 621 条规定,仓库契约终止后,寄托人拒绝移去寄托物者,仓库营业人得定相当期限,请求于期限内移去寄托物,逾期不移去者,仓库营业人得拍卖寄托物。依此规定,仓库契约终止后,仓库营业人并不实时免去保管寄托物之义务”(《“最高法院”刑事裁判选辑》第 7 卷第 1 期,第 205 页)。

固为买卖之一种,但拍卖人与委托人间之关系为委任,而非买卖。除非拍卖系以委托人之名义为之,①否则,拍卖之买卖关系仅存于拍卖人与应买人间。至于应如何拍卖,"民法债编施行法"第28条规定:"'民法'债编所定之拍卖,在'拍卖法'未公布施行前,得照市价变卖,但应经公证人、警察机关、商业团体或自治机关之证明。"而"非讼事件法"第68条则规定:"民法债编施行法"第14条(即修正后之第28条)所定之证明,由应变卖地法院公证人、警察机关、商业会或自治机关为之。②

———————————

① 在强制拍卖,其拍卖虽非出于债务人或担保人之自由意思,但其拍卖关系仍以债务人或担保人为拍卖当事人,执行法院在拍卖中的地位犹如其法定代理人。从而"执行法院于有价证券拍卖后,得代债务人为背书或变更名义与买受人之必要行为,并载明其意旨"("强制执行法"第68条之一)。此为处分行为之代理。

② 关于如何拍卖,"最高法院"1993年台抗字第379号民事裁定称"'民法'第331条固规定给付物不适于提存,或有毁损灭失之虞,或提存需费过巨者,债权人得声请清偿地之初级法院拍卖,而提存其价金。唯'民法债编施行法'第14条规定:民法债编所定之拍卖,在拍卖法未公布施行前,得照市价变卖,但应经法院公证人、警察官署、商会或自治机关之证明。而'非讼事件法'第68条则规定:'民法债编施行法'第14条所定之证明,由应变卖地法院公证人、警察机关、商业会或自治机关为之。综上以观,在"拍卖法"未公布施行前,债权人就不适于提存,或有毁损灭失之虞,或提存需费过巨之提存物,得经由应变卖地法院公证人、警察机关、商业会或自治机关为之证明市价若干,变卖之,尚无从声请该管法院拍卖给付物"(《"司法院"公报》第36卷第3期,第72页)。

三、法定之拍卖事由与方法

法定之拍卖事由有由于不适保管者,①有由于债权人受领迟延者,②有为实

---

① 例如在提存,因"给付物不适于提存,或有毁损灭失之虞,或提存需费过巨者,清偿人得声请清偿地之法院拍卖,而提存其价金"("民法"第331条)。"提存物提存后,有毁损、灭失或减少价值之情形时,提存物保管人得报经该管法院许可拍卖提存物;其有市价者,照市价出卖,扣除拍卖、出卖及其他费用后,将其余额交由当地代理'国库'之银行保管。"("提存法"第14条)在运送,"受货人所在不明或对运送物受领迟延或有其他交付上之障碍时,运送人应即通知托运人,并请求其指示。(第1项)如托运人未即为指示,或其指示事实上不能实行,或运送人不能继续保管运送物时,运送人得以托运人之费用,寄存运送物于仓库。(第2项)运送物如有不能寄存于仓库之情形,或有易于腐坏之性质或显见其价值不足抵偿运费及其他费用时,运送人得拍卖之。(第3项)运送人于可能之范围内,应将寄存仓库或拍卖之事情,通知托运人及受货人(第4项)"("民法"第650条)。关于拾得物之拍卖,"民法"第806条规定"如拾得物有易于腐坏之性质,或其保管需费过巨者,警署或自治机关得拍卖之,而存其价金"。关于遗产之管理,"非讼事件法"第79条规定:"继承人因故不能管理遗产,或未委任遗产管理人,被继承人亦无遗嘱指定者,得由利害关系人声请法院选任遗产管理人。(第1项)前条第2项之规定,于前项选任遗产管理人准用之。(第2项)第1项遗产管理人,应于六个月内清偿债权,并交付遗赠物,如有剩余,应提存之;其性质不适于提存者,得于拍卖后提存价金。(第3项)"

② 例如在买入行纪,"委托人拒绝受领行纪人依其指示所买之物时,行纪人得定相当期限,催告委托人受领,逾期不受领者,行纪人得拍卖其物,并得就其对于委托人因委托关系所生债权之数额,于拍卖价金中取偿之,如有剩余并得提存。(第1项)如为易于败坏之物,行纪人得不为前项之催告(第2项)"("民法"第585条)。在仓库关系,于"仓库契约终止后,寄托人或仓单持有人,拒绝或不能移去寄托物者,仓库营业人得定相当期限,请求于期限内移去寄托物。逾期不移去者,仓库营业人得拍卖寄托物,由拍卖代价中扣去拍卖费用及保管费用,并应以其余额交付于应得之人"("民法"第621条)。"旅客于行李到达后一个月内不取回行李时,运送人得定相当期间催告旅客取回,逾期不取回者,运送人得拍卖之。旅客所在不明者,得不经催告径予拍卖。(第1项)行李有易于腐坏之性质者,运送人得于到达后,经过二十四小时,拍卖之。(第2项)第652条之规定,于前二项情形准用之(第3项)。"("民法"第656条)

行担保物权者,①有为确保担保物之价值者,②有因强制执行者。至其拍卖方法,其与强制执行有关者,应依"强制执行法"之规定。在强制执行,查封物之变卖原则上固应公开拍卖之,"但有左列情形之一者,执行法院得不经拍卖程序,将查封物变卖之:一、债权人及债务人申请或对于查封物之价格为协议者。二、有易于腐坏之性质者。三、有减少价值之虞者。四、为金银物品或有市价之物品者。五、保管困难或需费过巨者。(第 1 项)第 71 条之规定,于前项变卖准用之(第 2 项)"("强制执行法"第 60 条)。此外,"查封之有价证券,执行法院认为适当时,得不经拍卖程序,准用第 115 条至第 117 条之规定处理之"(同法第 60 条之一)。与之类似者为,"拍卖动产,(原则上固)由执行法官命书记官督同执达员于执行法院或动产所在地行之。(第 1 项)(但)前项拍卖,执行法院认为必要时,得委托拍卖行或适当之人行之。但应派员监督(第 2 项)"(同法第 61 条)。

四、当事人

在拍卖关系中进行拍卖者,为拍卖人,对拍卖人出价者为应买人。但拍卖人不一定为拍卖物之所有人。此际拍卖人究为出卖人,或只是代理人,视拍卖人是否表明代理意旨而定。当其表明代理意旨,拍卖人即非出卖人,其委任人方始为出卖人。反之,如未表明代理意旨,拍卖人即为出卖人。为使拍卖人自任为出卖人时,能对于应买人履行"民法"第 348 条所定之义务,委托人必须先将其对于买

---

①　例如关于抵押权之实行,"民法"第 873 条第 1 项规定:"抵押权人于债权已届清偿期而未受清偿者,得声请法院拍卖抵押物,就其卖得价金而受清偿。"关于质权之实行,"民法"第 893 条第 1 项规定:"质权人于债权已届清偿期而未受清偿者,得拍卖质物,就其卖得价金而受清偿。"关于留置权之实行,"民法"第 936 条规定:"债权人于其债权已届清偿期而未受清偿者,得定六个月以上之相当期限,通知债务人,声明如不于其期限内为清偿时,即就其留置物取偿。(第 1 项)债务人不于前项期限内为清偿者,债权人得依关于实行质权之规定,拍卖留置物或取得其所有权。(第 2 项)不能为第 1 项之通知者,于债权清偿期届满后,经过二年仍未受清偿时,债权人亦得行使前项所定之权利。(第 3 项)"关于动产抵押物之实行,"动产担保交易法"第 19 条"抵押权人出卖占有抵押物,除前条第 3 项但书情形外,应于占有后三十日内,经五日以上之揭示公告,就地公开拍卖之,并应于拍卖十日前,以书面通知债务人或第三人。(第 1 项)抵押物为可分割者,于拍卖得价足以清偿债务及费用时,应即停止。债权人本人或其家属亦得参加拍卖,买受抵押物(第 2 项)"。

②　例如关于质物,"民法"第 892 条谓:"因质物有败坏之虞,或其价值显有减少,足以害及质权人之权利者,质权人得拍卖质物,以其卖得价金,代充质物。"

卖目标(物)之权利移转给拍卖人。① 本节所规定者主要为拍卖人与买受人间，而非其与拍卖委托人间之关系。

五、拍卖之成立

拍卖通常于拍卖人陈明拍卖规则，展示拍卖物，声明开始出价后开始，其开始出价之声明的意义为"要约诱引"。应买人以出价为要约。其要约因有出价更高之应买而被拒绝，从而失其拘束力("民法"第155条、第395条)，最后于拍卖人对出价最高之应买(要约)以拍板或其他惯用之方法，为卖定之表示(承诺)而成立。但拍卖人原则上并无拍定之义务，其认为出价不足者，仍得撤回拍卖物("民法"第394条)，其结果，应买人之应买表示，亦因经拒绝，而失其拘束力("民法"第395条)。

六、契约之履行

拍卖之买受人应于拍卖成立时或拍卖公告内所定之时，以现金支付买价("民法"第396条)。该条仅规定价金之清偿期，而未及于目标物，唯原则上买受人之同时履行抗辩权应不因此而受影响。所以"买卖目标物与其价金之交付，除法律另有规定或契约另有订定或另有习惯外，应同时为之"("民法"第369条)。又"民法"第370条虽规定"目标物交付定有期限者，其期限，推定其为价金交付之期限"，但该规定之意旨当亦适用于仅就价金交付定有期限的情形。亦即在这种情形，"其期限，推定其为目标物交付之期限"。

七、价金之债务不履行

"民法"第397条规定买受人不按"民法"第396条所定时间支付价金者，"拍

---

① 拍卖人与拍卖委任人间之关系原则上为委任关系。唯为方便拍卖人直接对于买受人履行债务，委任人可能先将委托拍卖之物的所有权移转于拍卖人。于是，使该契约转为信托契约。在拍卖，拍卖人如自居为代理人，以委任人的名义为拍卖，拍卖人与委任人之关系应属委任。反之，如以拍卖人自己之名义为之，则拍卖人与委任人的关系有可能是信托关系或转为经销关系。这应视其具体约定之情形如何而定。其中信托关系为一种特别的委任关系。信托关系之特征在于：为委任之目的，委任人将其对于拍卖目标之权利移转于受托人。亦即在以物为信托财产的情形，为财产管理或处分之目的，而将对于该物之所有权移转于受托人。另如其为经销关系，则拍卖人与拍卖委任人间应适用买卖之规定。

卖人得解除契约,将其物再行拍卖;再行拍卖所得之利益,如少于原拍卖之价金及费用者,原买受人应负赔偿其差额之责任"。"民法"第 397 条在此特别规定,以解除契约的方法解决,并于解除后,再赋予请求前后拍卖之损失的权利,似乎不妥。适当的规定应是,拍卖人可以选择(1)不解除契约,而以第一次拍卖之买受人为委托人进行第二次拍卖,并将第二次拍卖结果之利益或损失归属第一次拍卖之买受人(法定委任说),或(2)解除契约,对第一次拍卖之买受人请求第一次拍卖之费用(信赖利益)的赔偿,在此限度内,拍卖人享有不受"民法"第 254 条规定之拘束的利益:不须先经催告给付价金,即得解除契约(解约说)。盖非如是,其解除后的法律效力与契约经解除时,一般应具之效力不符:仅得请求信赖利益之赔偿。唯今"民法"第 397 条既为如此之规定:解除契约,则其"履行利益"之赔偿的请求,自当从其特别规定。唯仍须注意,如此规定之内容与契约解除时,其本来应有之效力内容(仅得请求信赖利益之赔偿)是不一贯的。①

该条特别规定之内容,对于拍卖人提供之保护,在损害赔偿方面有两点值得提出来加以说明:(1)有履行利益上之损害,始有赔偿之义务,此为"损害赔偿法"上自明之道理。由于在解除契约后,关于当事人间之利益的调整,以损害之填补出发,故倘因再拍卖的结果,对于拍卖人不但未造成损害,反而使之受有利益,则拍卖人只可因契约业经解除,而自享再行拍卖所得之利益,而不得对原买受人请

---

① 契约解除的主要效力有二:契约因解除而溯及订约时失其效力及其损害赔偿。关于契约因解除而溯及订约时失其效力,实务上虽亦有一些理解上之问题存在,但基本上就其应溯及订约时失其效力并无疑义:"契约经解除者,溯及订约时失其效力,与自始未订契约同。此与契约之终止,仅使契约嗣后失其效力者迥异。"(最高法院1934年上字第3968号判例)故"契约一经解除,与契约自始不成立生同一之结果……因契约所生之债权债务,溯及当初全然消灭,其已由他方所受领之给付物,依同法第259条第1款之规定,自应返还"("最高法院"1951年台上字第1020号判例)。"除依法得为损害赔偿之请求外,不得更依契约行使其请求权。"("最高法院"1964年台上字第513号民事判决)"准此,如认双方所立之承揽契约已依法解除,则该契约即溯及订约时失其效力,与自始未订契约相同,被上诉人自不得仍本于该契约之约定,请求给付承揽报酬。"("最高法院"1997年11月27日1997年台上字第3545号民事判决)然因"契约解除之效果,仅……使债之关系溯及订约时失其效力,(所以)未履行之债务,可不再履行,已履行者,即发生回复原状之义务。(其结果)……物权契约,因物权行为有独立性及无因性……不因(债权契约)解除而失其效力。基此,契约之解除,只发生回复原状之义务,亦即债权人只得请求移转经给付之物权,而不得请求涂销原已办理之登记行为。……关于迁让返还房屋部分:买卖契约解除时,依'民法'第259条规定,买受人不过负有返还目标物于出卖人之义务,非谓买卖目标物一经解除,买卖目标物当然复归出卖人所有,出卖人自不得本于物权而为请求"("最高法院"1990年11月16日1990年台上字第2415号判例)。至于契约解除后,解除权人依"民法"第260条得向相对人请求赔偿之损害为何,在理论上与实务上的认识则有一些差距。自理论言,契约既因解除而溯及订约时失其效力,以该契约之效力为依据之请求权,包括请求履行及请求债务不履行之损害赔偿的权利,皆当因之丧失其规范基础。从而在契约解除后,原则上自当只得请求信赖利益的赔偿。亦即只得请求缔约费用、准备履行契约之费用及准备受领给付之费用,因契约解除而落空后所构成之损害的赔偿,以将解除权人之利益状态,通过信赖利益的赔偿,回复至缔约时的水平。但实务上"最高法院"却认为依该条规定,解除权人得请求赔偿者系专指因债务不履行(包括给付迟延、给付不能及瑕疵给付),在契约解除前所已发生之损害的赔偿而言("最高法院"1966年台上字第2727号判例、"最高法院"1981年台上字第1778号民事判决、"最高法院"1991年10月23日1991年台上字第2337号判决、"最高法院"1999年6月4日1999年台上字第1219号民事判决、"最高法院"1951年台上字第184号民事判决、"最高法院"1983年台上字第4917号民事判决)。考诸在契约有解除事由时,债权人依"民法"第226条、"民法"第232条,事实上尚可不解除契约,而请求赔偿因不履行而生之损害(履行利益)的赔偿。由是观之,主张解除权人依"民法"第260条得请求履行利益之赔偿并无意义,只是因此混淆了债权人决定是否解除契约时,与之相随,应赔偿之损害的选择意义。

求信赖利益(第一次买卖之费用)之赔偿。在此意义下"民法"第397条之规定对于拍卖人并非绝对有利。在此认识底下,是否容许在拍卖目标物行情看涨的情形,容许拍卖人在解除契约后,自由选择请求信赖利益或履行利益之赔偿,值得探讨。自"民法"第397条的规范意旨在于保护拍卖人而论,应采肯定的看法。(2)在拍卖人请求履行利益之赔偿时,原买受人所负之损害赔偿义务的范围"应"依何标准计算之。就该标准"民法"第397条第2项规定其计算标准为:"再行拍卖所得利益"与"原拍卖之价金及费用"间之差额。亦即以该差额作为拍卖人之履行利益上的损害。然则该差额是否即为拍卖人之履行利益上之损害额?此外,该标准中所称"再行拍卖所得之利益"和"费用"所指者究竟为何,亦不明确。所称"再行拍卖所得之利益"究竟系指再行拍卖所得之价金,减去第一次及第二次之拍卖费用后之差额呢,还是指仅减去第二次拍卖费用后之差额?所称"费用"究指第一次费用呢?还是第二次费用?这些概念"应该从""也必须从"经济的观点加以澄清。如是,解释之结果,其"当为的要求"始与该拍卖关系之经济面的"存在基础"相符。自经济的观点观察前后的拍卖关系,两次拍卖可得之利益为:

$$Pa = A - a \cdots\cdots \leftarrow$$
$$Pb = B - a - b \cdots\cdots \uparrow$$

A为第一次拍卖价金, B为第二次拍定价金,
a为第一次拍卖费用, b为第二次拍卖费用,
Pa为第一次拍卖可得之利益,Pb为第二次拍卖可得之利益。

拍卖人在第二次拍卖所得之利益如果小于其在第一次拍卖所得之利益,该两次拍卖所得利益的差额,便是拍卖人因原买受人不按时支付价金,解除契约时,所受之"履行利益"上的损害。所以该履行利益上之损害的计算。公式应为:

$$Pb \leqslant Pa \cdots\cdots \rightarrow$$

将←、↑两式代入→式得:

$$B - a - b \leqslant A - a \cdots\cdots \downarrow$$

删去↓式两边一a项得:

$$B - b \leqslant A \cdots\cdots$$

将b移至右边得

$$B \leqslant A + b \cdots\cdots \pm$$

±式得以文字描述为:

再行拍卖所得价金(B)小于原拍卖之价金(A)及再行拍卖之费用(b)其间之差额即为拍卖人在此所受前述之履行利益上的损害。

根据以上的了解,可以避免引用"再行拍卖所得之利益"这种容易引起疑义

的概念,而单纯以前后两次拍卖之价金及第二次拍卖之费用,将"民法"第397条第2项修正为"再行拍卖所得之价金,如少于原拍卖之价金及再行拍卖之费用者,原买受人应负赔偿其差额之责任"。倘该条不利用解除后再行拍卖的方法,而用迟延后构成"法定委任"再行拍卖的方法,处理原买受人不按时支付价金的问题,则该公式之文字说明也可以从"抵销"的观点获得印证:拍卖人行使其法定委任之再行拍卖权后,再行拍卖所得之价金属于原买受人,盖价金属于因处理委任事务所收取之金钱("民法"第541条第1项),为拍卖人对原买受人所负之债务。反之,原拍卖之价金为原买受人对拍卖人依第一次拍卖契约原来所负之债务,再行拍卖之费用为原买受人因法定委任对拍卖人所负之费用偿还义务("民法"第546条第1项),两者合属原买受人对拍卖人所负之债务。于是,前后两次拍卖之结果,原买受人与拍卖人互负债务,且其给付种类相同,并皆届清偿期,处于抵销适状("民法"第334条)。经行使抵销权,抵销后之差额与前述计得之履行利益的数额相同。当然,再行拍卖所得价金如大于原拍卖之价金及再行拍卖之费用,拍卖人便无损害。唯"民法"第397条第1项规定之补救方法为:拍卖人得于解除契约后,而非受"法定委任"后,将其物再行拍卖,故纵使再行拍卖的结果,不但未受损害,反有利益,拍卖人也无返还该差额利益给原买受人的义务。此为该条采"解除说",而不采"法定委任说"在效力上之差异所在。至少在此限度内该条对原买受人已有较一般买卖不利的意义。此外,该条以"再行拍卖所得之利益",而非以所得之"价金"为比较基准,亦使原买受人比其致拍卖人所受之履行利益上的损害多负担一份"再行拍卖之费用"的"赔偿"义务。除非该条规定意旨有惩罚性赔偿的目的,否则规定加倍"赔偿""再行拍卖之费用",就超出之一份"再行拍卖之费用"的给付,已无可赔偿之"损害"可言,应从无损害,即无赔偿的观点,目的性地限缩该条所定应赔偿之范围。

本次债编修正中将"民法"第397条第2项自"再行拍卖所得之利益,如少于原拍卖之价金及费用者,原买受人应负赔偿其差额之责任",修正为"再行拍卖所得之价金,如少于原拍卖之价金及再行拍卖之费用者,原买受人应负赔偿其差额之责任"后,前述关于契约解除后,拍卖人得对买受人请求赔偿之范围的疑义,除信赖利益与履行利益间之选择问题外,已获得厘清。

八、拍卖人非为出卖人者,其权限

(一)缔约权

拍卖人将拍卖物拍给出价最高之应买人,其地位属委托人在委任关系或信托关系之受任人,有缔约权。但究以委托人或拍卖人之名义缔约,应视拍卖人与委托人之具体约定而定。

(二)自行应买之禁止

"民法"第 392 条规定:拍卖人对其所经管之拍卖不得应买,亦不得使他人为其应买(参见"民法"第 587 条行纪人之介入权)。

九、拍卖之瑕疵担保

拍卖之"价金",由应买人出价(要约),而后经拍卖人拍定(承诺)之,而非由拍卖人提议,所以原则上认为在拍卖之情形,出卖人不负物之瑕疵担保责任。唯在拍卖人(1)保证质量,(2)故意不告知瑕疵,或(3)吹嘘事实上不存在之质量的情形,出卖人仍应负物之瑕疵担保责任。另在拍卖时,拍卖人提供样品供应买人试验、检视者,仍应论为按照货样约定买卖,"视为出卖人担保其交付之目标物,与货样有同一之品质"。此时,系争买卖兼具"拍卖"及"货样买卖"之性质。

第五章

论赠与之债

第一节 赠与契约之概念

"称赠与者,谓当事人约定,一方以自己之财产无偿给予他方,他方允受之契约。"("民法"第 406 条)此为赠与之立法解释。依该规定,赠与是一种要物的债务契约,亦即以债务之履行为契约之成立要件的契约。这与该条修正前将赠与规定为诺成契约(原"民法"第 406 条:赠与,因当事人一方以自己之财产,为无偿给予他方之意思表示,经他方允受而生效力),[①]但以其履行为生效要件(原第 407 条:适用于非经登记不得移转之财产的赠与),[②]或以履行为撤销权之失权事由者(第 408 条:适用于以交付的方法移转权利之财产的赠与),不同。赠与之修正前后之规定皆有不尽妥适之处。修正前之第 406 条既然规定,赠与在经他方允受时即生效力,则已不再有在原第 407 条为下述规定的余地:以非经登记不得移转之财产为赠与者,在未为移转登记前,其赠与不生效力。盖如要将之规定为

---

① 单纯从 2000 年 4 月 26 日修正前,原"民法"第 406 条规定之文字观之,赠与契约之诺成性格其实不是很明显。唯如与原第 407 条及第 408 条一起观察,则第 406 条所定之赠与自当论为诺成契约。盖非如是,不但无经移转登记即可生效之已成立的赠与,而且在赠与物交付前,亦无可供撤销之有效的赠与契约。

② 依"民法"修正前第 407 条规定,不动产赠与契约在未经登记前,不生效力。这究为赠与契约之特别成立要件,抑或特别生效要件,以及修正前第 407 条与第 408 条之关系如何的讨论,参见王泽鉴:《不动产赠与契约特别生效要件之补正义务》,载《民法学说与判例研究》(第 1 册),1978 年第 4 版,第 437~438 页。相关讨论参见陈荣传:《债编修正后"民法"第 407条、第 208 条的适用问题》,载《月旦法学杂志》1999 年 12 月第 55 期,第 50~63 页;谢铭洋:《不动产赠与契约与民法债编修正》,载《财产法实例研习》,2000 年版,第 71~80 页。

要物契约,在赠与之定义,只适合就其成立要件加以规定;① 如要将之规定为诺成契约,就赠与之效力,其悔约权的规定方式,不适合再利用要物规定,而只可借助于撤销权。此为原第 408 条关于以交付的方法移转权利之财产的赠与,所采取的规定方式。不过,该方式以在成立要件将赠与定义作诺成契约为前提。如要像修正后之第 406 条,在成立要件将赠与定义为要物契约,则嗣后再于第 408 条第 1 项规定:"赠与物之权利未移转前,赠与人得撤销其赠与。其一部已移转者,得就其未移转之部分撤销之。"显然多余。盖既以其履行为赠与之成立要件,则在赠与物之权利未移转前,该赠与契约本即无效,没有利用撤销才能使其复归于无效的余地。②

无论将债务之履行规定为契约之成立要件或生效要件,依其定义,皆会引起单纯之赠与的许诺(das Schenkungsversprechen)是否有拘束力的问题。实务上

---

①　法律规定以债务人履行债务为债务契约之成立要件或生效要件者,该契约为要物契约。又"此项要件究为成立要件抑或为生效要件,尚有争论。……自理论以言,物之交付应属成立要件,(若)法律明订为生效要件,或可认为在于缓和其要物性。唯就法律效果言,则无不同,盖无论其为不成立或不生效,于物之交付前,当事人均不能主张契约上的权利"(王泽鉴:《债法原理》(一),1999 年增订版,第 136 页)。

②　立法者所以认为有第 408 条第 1 项之规定需要,可能受"最高法院"1951 年台上字第 1496 号判例之见解影响:"赠与契约之成立,以当事人以自己之财产,为无偿给予于他方之意思表示,经他方允受为要件。此项成立要件,不因其赠与目标之为动产或不动产而有差异。唯以动产为赠与目标者,其成立要件具备时,即生效力。以不动产为赠与目标者,除成立要件具备外,并须登记始生效力。此就'民法'第 406 条,与第 407 条之各规定对照观之甚明。故'民法'第 407 条关于登记之规定,属于不动产赠与之特别生效要件,而非成立要件,其赠与契约,苟具备上开成立要件时,除其一般生效要件尚有欠缺外,赠与人应即受其契约之拘束,就赠与之不动产,负为补正移转物权登记之义务,受赠人自有此项请求权。"该判例业经"最高法院"2001 年 4 月 17 日 2001 年度第四次民事庭会议决议删除。关于该判决之评释,参见王泽鉴:《不动产赠与契约特别生效要件之补正义务》,载《民法学说与判例研究》(第一册),1978 年第 4 版,第 435 页以下。

向采肯定之见解。① 不过,按理,在将赠与契约之履行规定为其成立要件时,单纯之赠与的许诺必须另有法律明文规定其替代的成立要件,才有成立的可能性。该替代的成立要件通常为要式的要求。亦即以要式替代要物。② 就此,"民法"第 408 条第 2 项规定,"前项规定,于经公证之赠与,或为履行道德上之义务而为赠与者,不适用之"。③ 这里所谓不适用前项规定的意义为:赠与人无前项规定的悔约权。由于第 408 条第 2 项并没有适当凸显单纯之赠与的许诺与赠与间在类型上的差异,而简单将赠与的许诺之要式要求当成否定赠与人之悔约权的要件加以规定,导致赠与本身之要物性格趋于模糊。《德国民法典》第 516 条第 1 项规定赠与的概念,将之定性为要物契约后,又在第 518 条对于赠与的许诺方式

---

① "财政部"1992 年台财税字第 811685321 号函:"依'民法'第 420 条规定:'赠与之撤销权,因受赠人之死亡而消灭。'又依同法第 1148 条规定:'继承人自继承开始时,除本法另有规定外,承受被继承人财产上之一切权利义务。'本案赠与房屋事件,于赠与契约订立并依法报缴契税后尚未移转登记前,受赠人死亡,依前揭规定及参照'最高法院'1962 年台上字第 2664 号判例之'被继承人生前固有将其所有财产为赠与之权,第以非经登记不得移转之不动产为赠与者,如被继承人与受赠人成立契约后,尚未为移转登记,而被继承人即已死亡,则被继承人就该不动产仍有所有之权利,并负为移转登记使受赠人取得所有权,俾赠与发生效力之义务,而被继承人此项财产上之权利义务,于继承开始时应由继承人承受'之意旨,赠与人不得撤销赠与,而受赠人之继承人则可请求就该赠与房屋办理移转登记。故本案如经赠与人与受赠人之继承人双方合意,共同申请撤销赠与契税申报,尚无不可;唯如仅由赠与人单独申请,即有未合,应不予受理。"另请参见"最高法院"1951 年台上字第 1496 号判例。

② 现行法亦有以履行(要物)替代(补正)法定方式欠缺的规定。例如"民法"第 166 条之一规定:"契约以负担不动产物权之移转、设定或变更之义务为目标者,应由公证人作成公证书。(第 1 项)未依前项规定公证之契约,如当事人已合意为不动产物权之移转、设定或变更而完成登记者,仍为有效。(第 2 项)"唯"民法债编施行法"第 36 条但书规定:"'民法'第 166 条之一施行日期,由'行政院'会同'司法院'另定之。"而迄今"行政院"尚未会同"司法院"定该条之施行日期。

③ "民法"第 408 条第 2 项于 2000 年 4 月 26 日修正前规定:"前项规定,于立有字据之赠与,或为履行道德上之义务而为赠与者,不适用之。"于是有何谓"立有字据"的问题。对此,"最高法院"1996 年台上字第 1147 号民事判决认为:"按立有字据之赠与,纵赠与物未交付前,赠与人亦不得撤销,'民法'第 408 条第 2 项固订有明文。此之'字据',系指当事人订立赠与契约之书面及用以证明赠与之文书凭据而言。查双方系夫妻,于代书罗壹相处就系争土地订立土地买卖所有权移转契约书,上诉人将印章交由该代书于该契约书上盖章,持向地政事务所办理所有权移转登记等情为原审所认定之事实。而配偶间财产之买卖,课征赠与税,为'遗产及赠与税法'第 5 条第 6 款所明定,衡此情形,上诉人所出具之赠与税申报书(见原审卷 53～55 页)乃因课税之必要,上诉人向政府机关申报之文件,既非双方订立赠与契约之书面,亦非双方用以证明有赠与行为作成之文书。准此而言,原审认定双方就系争土地已有赠与之合意,即令无讹,能否凭以谓双方所订立之赠与为立有字据之赠与,上诉人不得援引'民法'第 408 条第 1 项规定撤销,自非无斟酌之余地。"

(Form des Schenkungsversprechens)要求加以规定的规范模式,适当彰显单纯之赠与的许诺之独立类型的法律地位,并维持赠与概念之先前的定性。① 从而也没有必要另为未履行之赠与规划悔约撤销权的规定。

生前赠与不是继承。因此,纵使各法定继承人在被继承人为生前赠与时,分别所受赠之财产少于如无该生前赠与时,按其应继分或甚至特留分所得继承之数额,该法定继承人不但在继承事故发生前,而且在其后,皆不得异议。②

他益信托之信托人为自然人者,论为赠与。至于自益信托本来固无赠与的问题,但就其信托财产之移转方法的约定如果不够清楚,就可能引起究竟是自益信托或赠与的疑问。所谓不够清楚指:非由信托人移转给受托人,而约定由信托人出资购买,但以受托人为买受人,直接由出卖人移转给受托人的情形。问题是:即便如此,价金之代付亦不当然可认定为赠与。要认定为赠与,还需双方有就该款项为赠与之一致的意思表示。③ 是故,在此种争议,极其量应当只是信托关系或不当得利关系之二选一的关系,不至于产生赠与关系:以买卖目标物为信托财产之信托关系,或以意思表示不一致为理由,关于该价金之不当得利关系。

---

① 《德国民法典》第518条规定:"以赠与的方式许诺一个给付之契约者,于该许诺经公证时,该契约始生效力。以赠与的方式表示第780条、第781条规定之债务许诺(das Schuldversprechen)或债务承认(das Schuldanerkenntnis)者,其许诺或承认的表示,亦同。(第1项)方式之欠缺因许诺之给付的实现而补正。(第2项)"给付的实现所以能够补正方式的欠缺乃因方式之主要功能(警示及存证)在履行后,已成多余。个案上有疑问的是:何时可认为赠与人已为给付。Esser/Weyers认为,《德国民法典》第518条关于第780条、第781条的规定明白显示,单纯之履行上的许诺或债务的承认,尚不足论为已履行。另在以继续性的给付为内容之赠与,其给付所补正之方式的欠缺应限于已给付的部分,而不及于将来(Esser/Weyers,Schuldrecht Band Ⅱ,Besonderer Teil,Teilband 1,8.,Aufl.,Heidelberg,1998,§ 12 Ⅱ 1)。

② 最高法院1933年上字第1595号判例:"父在生前以其所有财产分给诸子,系属赠与性质,诸子间受赠财产之多寡父得自由定之。此与继承开始后,诸子按其应继分继承遗产者不同,故赠与诸子财产之数量纵有不均,受赠较少之子亦不得请求其父均分。"

③ "最高法院"1983年台上字第3697号民事判决采不同的见解:"查讼争房屋系以被上诉人名义购买,有买卖合约书可证,并经出卖人吴某证明属实。纵其价金为上诉人所提供,亦属赠与性质。此与上诉人向他人买受指定被上诉人为登记权利人,或由上诉人将所有不动产移转登记与被上诉人,使其成为权利人,以达双方间一定目的之信托行为有所不同。"

无偿或以显著不相当之代价,免除①或承担债务,或出资为他人购置财产是否构成赠与?在"遗产及赠与税法"采肯定的见解。②该疑问所涉之赠与的构成要件要素是:无偿给予之目标。亦即何种无偿给予堪称为"以自己之财产无偿给予他方"("民法"第406条)。无论是无偿提供人的劳务或物的用益,"民法"已分

---

①　参见 Esser/Weyers,Schuldrecht Band Ⅱ,Besonderer Teil,Teilband 1,8.,Aufl.,Heidelberg,1998,§12 I 2.债务之免除虽与赠与一样,具有增益他人之财产的效果,但"民法"第343条就债务之免除给予不同的规定。该条规定:"债权人向债务人表示免除其债务之意思者,债之关系消灭。"依该条规定,债务之免除为一个单方行为,此与赠与是一个契约行为者不同。另无偿为他人清偿债务或承担他人之债务则具有赠与的意义。至于仅为他人之债务提供物上担保或人的保证,则尚未发展至是否为赠与的阶段。必须待物上担保人或人的保证人为债务人清偿债务时或其后,并对于债务人表示不对其求偿时,始具有无偿给予的实质。唯这时其放弃求偿的表示应解释为债务之免除。盖保证人向债权人为清偿后,于其清偿之限度内,承受债权人对于主债务人之债权("民法"第749条)。为债务人设定抵押权之第三人,代为清偿债务,或因抵押权人实行抵押权致失抵押物之所有权时,依关于保证之规定,对于债务人有求偿权("民法"第879条)。亦即在清偿后,保证人或抵押权人已法定地取得其清偿的债权。因此,是否论为赠与,视关于免除之定性而定。利害关系人代为清偿债务者,法定受让其所清偿之债权的一般规定为"民法"第312条:"就债之履行有利害关系之第三人为清偿者,于其清偿之限度内承受债权人之权利,但不得有害于债权人之利益。"此与无利害关系之第三人为清偿时,所清偿之债务消灭,应视情形:在适法("民法"第176条)、不适法而表示承认("民法"第178条)、虽不表示承认但表示享受管理利益("民法"第177条)的情形,应依无因管理,或在不适法且不表示承认或享受管理利益,而事实上本人因管理而受有利益者("民法"第179条),应依不当得利的规定处理清偿人与债务人之关系者不同。

②　"遗产及赠与税法"第5条有关于赠与之拟制的规定:"财产之移动,具有左列各款情形之一者,以赠与论……:一、在请求权时效内无偿免除或承担债务者,其免除或承担之债务。二、以显著不相当之代价,让与财产、免除或承担债务者,其差额部分。三、以自己之资金,无偿为他人购置财产者,其资金。但该财产为不动产者,其不动产。四、因显著不相当之代价,出资为他人购置财产者,其出资与代价之差额部分。五、限制行为能力人或无行为能力人所购置之财产,视为法定代理人或监护人之赠与。但能证明支付之款项属于购买人所有者,不在此限。六、二亲等以内亲属间财产之买卖。但能提出已支付价款之确实证明,且该已支付之价款非由出卖人贷与或提供担保向他人借得者,不在此限。"该6款规定中,第5款与第6款规定以赠与论的情形,因为容许举证推翻,所以属于法律上之事实推定,不是赠与的拟制。至于第1款至第4款在形式上固与拟制规定相同,但究其内容,本具有无偿给予之实质。尚有疑问者仅为:无偿或以显著不相当之代价,免除或承担债务,或出资为他人购置财产者,是否与"民法"第406条所定,"以自己之财产无偿给予他方"的典型要件相符?如有疑问,拟制不失为杜绝争议的适当方法。Esser 认为无偿免除或代为清偿债务皆是赠与(Esser,Schuldrecht,2.,Aufl.,Karlsruhe 1960,S.512f.)。

别以委任及使用借贷规范之,是故,也皆不论为赠与。①

以使他人获得利益的意思,消极地不取得财产之不作为不论为赠与。例如抛弃继承、不接受遗赠,②不论为对于其他法定继承人之赠与;③抛弃依法或依约可取得之权利,亦同。例如依"民法"第426条之二第1项有优先承买权之人于受行使优先承买权之通知达到后,十日内未以书面表示承买者,视为放弃;取得优先议约权者,抛弃其议约权,由次优者递补。④ 此外,为显然有利于他人之要

---

① 不是一切以无偿给予为其给付义务之特征者都是赠与。例如无偿授予用益权是使用借贷,而非赠与。盖用益权之授与固使被授权人取得对于贷与物之使用收益权,但这是由贷与人对于该物之使用收益权导出的权利。在用益之债的履行,贷与人并不是利用将其对于借用物之使用收益权移转给借用人的方法,而是利用授权的方法。参见 Larenz, Lehrbuch-desSchuldrechtsBand Ⅱ·halbband1,BesondererTeil,13.,Aufl.,München,§47I.

② 遗赠本身亦非赠与。赠与人生前以其死亡为停止条件之赠与,为死因赠与。死因赠与虽以赠为称之,但究诸实际与遗赠无异。所以同样不论为赠与。对此,"最高法院"1999年1月15日1999年台上字第91号民事判决认为:"关于死因赠与,台湾地区'民法'虽无特别规定,然就无偿给予财产为内容而言,与一般赠与相同,且死因赠与,除系以契约之方式为之,与遗赠系以遗嘱之方式为之者有所不同外,就系于赠与人生前所为,但于赠与人死亡时始发生效力言之,实与遗赠无异,同为死后处分,其赠与之目标物,于赠与人生前均尚未给付。故基于同一法理,其效力应类推适用'民法'第1201条规定受赠人于死因赠与契约生效(即赠与人死亡)前死亡,其赠与不生效力。"在以缔约人死亡为停止条件之利益第三人契约,如第三人之被指定为受益人并无对价,则应论为真正的赠与。在时间的归属上,该赠与应认定为发生在赠与人死亡前一秒钟或同时发生。是故,该赠与财产不计入遗产,无特留分之限制的适用("民法"第1225条)。例如"保险金额约定于被保险人死亡时给付于其所指定之受益人者,其金额不得作为被保险人之遗产"("保险法"第112条)。"死亡保险契约未指定受益人者,其保险金额作为被保险人遗产。"("保险法"第113条)该财产的移转虽因此不课征遗产税,但仍应课征赠与税。对该保险金额不课征遗产税,而课征赠与税,除在赠与税税基的计算上,可增加"遗产及赠与税法"第21条及第22条所定之扣除额外("保险法"第19条),尚可因与其他遗产分别课征遗产税及赠与税,而得到分散税基,降低有效税率的好处。人寿保险因此成为税捐规划之重要项目。这是造成遗产税税基流失之重要的漏洞。此外,利益第三人契约也是"继承法"中关于特留分之规定的重要规避工具。参见 Esser, Schuldrecht, 2., Aufl., Karlsruhe 1960, S.519.

③ 参见 Esser/Weyers, Schuldrecht Band Ⅱ, Besonderer Teil, Teilband 1, 8., Aufl., Heidelberg, 1998, § 12 Ⅰ 2。

④ Larenz, Lehrbuch des Schuldrechts Band Ⅱ·halbband 1, Besonderer Teil, 13., Aufl., München, § 47 Ⅰ.

约时,不论为要约人对于他人;①拒绝承诺对自己显然有利之要约时,不论为受要约人对于要约人之赠与。②

给予之给付如果是一个有偿契约之对待给付,或在于履行债务,则纵使所履行者是原因不法、③时效已完成、债务人得拒绝给付("民法"第744条、第745条),或依法债权人无请求权之其他债务,④皆不构成赠与。另履行道德上之义务亦不得请求返还。其理由:不因其为赠与,也不因道德上之义务是法律上原

---

① 要约原则上虽使受要约人无偿取得财产上之利益,然不但不论为赠与,而且为缔约机制之启动上的必要,"民法"第154条第1项前段规定:"契约之要约人,因要约而受拘束。"不过,该规定不是强行规定。不但依该项后段明文规定,要约人就该拘束力得给予限制性之保留,而且要约人还可能与受要约人约定,受要约人应为该拘束力给付约定之对价。有该约定者即是实务上所称之选择权的买卖。受要约人对于要约人支付一定之对价,取得在一定期间有拘束力之要约。在该期间内,受要约人得自由决定是否按预定之价格承诺要约,而要约人则不得任意撤回该尚未承诺之要约。

② Larenz, Lehrbuch des Schuldrechts Band Ⅱ·halbband 1, Besonderer Teil, 13., Aufl., München,§ 47 Ⅰ.

③ 有配偶之人与他人为婚姻外之同居通奸……如因之约定以金钱交付与他方配偶,取得他方配偶同意其继续维持不正常关系(者)……(该约定如以字据为之),立约人事后得否任意撤销?"高等法院""认本件赠与系立有字据之赠与,依'民法'第408条(第2项)之规定,自不得撤销",而"最高法院"1998年台上字第886号民事判决认为,原审"所持之法律见解……未洽"。这涉及该契约是否为赠与契约,以及是否因违反善良风俗而无效?如因违反善良风俗而无效则无撤销的问题。其次,此种契约是否为赠与契约亦非无疑问。论诸实际,双方所约定者虽然违反善良风俗,但仍具有对价结构。属于不法原因的给付("民法"第180条第4款)。

④ 司法院1945年2月24日院字第2826号解释"约定利率高于民法第203条之法定利率者,依民法第233条第1项之规定,迟延利息,仍依其约定利率计算,原呈谓迟延利息为周年百分之五,超过部分,债权人对之无请求权,显系错误,至约定利率,超过周年百分之二十者,无论款项之贷与人为国立或地方银行,抑为其他商人,依民法第205条之规定,对于超过部分之利息,皆无请求权,唯借用人就超过部分之利息,任意给付,经贷与人受领后,不得谓系不当得利,请求返还。"最高法院1940年上字第1306号判例同此见解。此即所谓自然债务(dieNaturalobligation)之清偿效力[Esser/Weyers, Schuldrecht Band Ⅱ, Besonderer Teil, Teilband 1, 8., Aufl., Heidelberg, 1998,§ 12 I 2(S.121)]。该清偿效力不以债务人在清偿时知其为自然债务为要件。此与非债清偿,以债务人于给付时明知无给付之义务者,始不得请求返还,不同("民法"第180条第3款)。"该条款所谓明知无给付之义务,系指原无债务而直接及确定之故意认为有债务而为给付者而言。至于原无债务而误以为有债务者,纵其误认系出于过失或重大过失,亦非明知而非债清偿,仍无该条款之适用。"("最高法院"2005年台上字第897号民事判决)非债清偿不得请求返还虽有"民法"第180条第3款为其依据,但其给付是否即非赠与,仍值得检讨。有疑义时,将之论为现实赠与应当还是最接近于当事人之意思。解释为赠与的意义为:有忘恩撤销权规定之适用。

因,而是基于"民法"第 180 条第 1 款之明文规定,其给付者不得请求返还。有些给付之性质徘徊在示惠或恩赏的给付、赠与或对待给付之间。例如雇主在节庆对于劳工之犒赏,或客人对于服务人员之小费。①

　　配偶间之无偿给予是否应论为赠与,或应仅论为双方基于夫妻财产制所做之内部的调整?② 现行"民法"③及"税捐法"("遗产及赠与税法"第 15 条、第 20 条第 1 项第 6 款)皆肯认配偶间能够为真正之赠与。认定配偶间之无偿给予为赠与的意义为:有忘恩撤销权之规定的适用。认定其为夫妻财产制之适用结果

---

　　① 参见 Larenz,Lehrbuch des Schuldrechts Band Ⅱ·halbband 1,Besonderer Teil,13.,Aufl.,München,§ 47 Ⅰ(S.199).

　　② "民法"亲属编第 1030 条之一第 1 项第 1 款规定配偶无偿取得之财产不计入夫妻剩余财产差额的计算中。该款规定倘适用于配偶间的赠与,则显现该赠与对于夫妻财产制之分配结果的调节意义。

　　③ "最高法院"1991 年台上字第 1520 号民事判决:"'民法'第 407 条规定,以非经登记不得移转之财产为赠与者,在未为移转登记前,其赠与不生效力。本件房地暨系'民法'亲属篇修正前,于被上诉人与汤长成婚姻关系存续中所购买,而登记为被上诉人名义,依当时有效修正前'民法'第 1016 条及第 1017 条第 2 项规定,其所有权属于汤长成。虽汤长成于与被上诉人办理夫妻分别财产制登记时,将上开房地所有权赠与于被上诉人,在未经更名登记为汤长成名义,再由汤长成以赠与为原因,移转登记与被上诉人以前,揆诸上开说明,其赠与尚不生效力。"该判决所持见解过度重视形式,而忽视实质。双方事实上如有可解释为赠与之合意存在,其履行部分,应如"民法"第 761 条第 1 项,其前段虽然规定"动产物权之让与,非将动产交付,不生效力",但紧接着在但书即针对受让人已占有动产者规定:"但受让人已占有动产者,于让与合意时,即生效力。"

的阶段调整,则无忘恩撤销权的适用。^① 德国学者有谓,在配偶间之内部关系应不论为赠与,从而无关于赠与之规定的适用;至其外部关系,仍应有关于债权人之保护规定的适用("民法"第 244 条、"破产法"第 78 条)。^②

---

　① 2002 年 6 月 26 日修正公布修正之"民法"亲属编第 1030 条之一第 1 项规定:"法定财产制(联合财产关系)关系消灭时,夫或妻现存之婚后财产,扣除婚姻关系存续中所负债务后,如有剩余,其双方剩余财产之差额,应平均分配。但左列财产不在此限:一、因继承或其他无偿取得之财产。二、慰抚金。"此即夫妻剩余财产差额分配请求权。为保障该请求权,不但增订"民法"第 1020 条之一类似于诈害债权之撤销权的规定,而且还增订第 1030 条之三规定:"夫或妻为减少他方对于剩余财产之分配,而于法定财产制关系消灭前五年内处分其婚后财产者,应将该财产追加计算,视为现存之婚后财产。但为履行道德上义务所为之相当赠与,不在此限。(第 1 项)前项情形,分配权利人于义务人不足清偿其应得之分配额时,得就其不足额,对受领之第三人于其所受利益内请求返还。但受领为有偿者,以显不相当对价取得者为限。(第 2 项)"第 1020 条之一与第 1030 条之三在外在体系上虽分离规定,但事实上应有内在体系上的实质关联。假设第 1030 条之三所定情形不具备第 1020 条之一所定之诈害夫妻剩余财产差额分配请求权的情事,则单纯以配偶之一方"于法定财产制关系消灭前五年内处分其婚后财产"为要件,即规定分配权利人得穿透该配偶,对受领之第三人于其所受利益内请求返还,便显然不妥。盖这对于有婚姻关系者之处分行为的安定性有极为深入的介入。唯自第 1030 条之三第 2 项但书观之,该但书所定情形,显已该当于第 1020 条之一所定之诈害债权的要件。由以上关于夫妻剩余财产差额分配请求权之保障的紧张关系观之,显示夫妻法定财产制适用结果之阶段调整的必要性。该调整应可进一步引为有无诈害夫妻剩余财产差额分配请求权之阶段厘清的依据。

　② Esser/Weyers,Schuldrecht Band Ⅱ,BesondererTeil,Teilband1,8.,Aufl.,Heidelberg,1998,§12I2b:"配偶(订婚者,无婚姻关系之伴侣间的共同生活)间互为给予者,习惯上无对价之约定。纵使如此,并不因此认为其间有第 516 条以下之意义下之赠与意思,盖其给予之背景并非以增益他方之财产,而是以伴侣的命运共同性为目标。在该共同性中,双方之全部财产不问其个别之法律上之归属,皆是用于共同生活计划的实现。这使司法判决,在配偶间之给予,以其欠缺赠与性质为理由,就是在离婚后,原则上全部不容许依第 530 条请求返还。"其意义为:就配偶间之无偿给予,给予者无忘恩撤销权。Larenz,LehrbuchdesSchuldrechtsBand Ⅱ·halbband1,BesondererTeil,13.,Aufl.,München,§47Ⅱc3:"联邦法院(BGH)确是正确地不将配偶间之一切无偿给予置于赠与法之下。配偶共同取得一栋房屋或一户公寓,并各有其持分二分之一,以便共同生活于其中者,纵使单独赚钱养家之夫支付全部所需的款项,亦不存在夫对于妻之赠与,而只有夫对于共同生活费用之贡献。该贡献有妻以家务劳动的型态所做之等值的贡献与之相对应。事后如因妻离夫而去,致双方离婚,则财产的增加(derZugewinn)应依剩余财产差额之分配的规定(现行法定于《德国民法典》第 1372 条至第 1390 条)找补;夫不得依第 530 条第 1 项及第 531 条第 2 项请求妻返还其二分之一的持分。"夫妻剩余财产差额分配请求权是否排除契约基础丧失原则地适用,德国联邦法院(BGH)认为原则上固会压缩其适用范围,但只要系争法律事实不在剩余财产差额之分配的规定范围内,契约基础丧失原则之适用性还是不会被排除(Larenz,aaO.,S.206Anm.30)。

扶养义务人对于扶养权利人之无偿给予,其属于"扶养义务人为受扶养人支付之生活费、教育费及医药费",或父母于子女婚嫁时所赠与之财物,且总金额不超过一百万元者,不计入赠与总额课征赠与税("遗产及赠与税法"第 20 条)。[1] 前者,属于为履行本来意义之扶养义务所做之给付,不是赠与固不待言;后者,论为扶养义务人自愿增加之扶养给付,亦不论为赠与。唯该无偿给予之不属于赠与的部分,仍以不超出适当程度者为当。该见解可为民事法认定上之参考。[2] 其实益在于:不论为赠与,即无忘恩撤销权之适用。

混合的赠与契约。赠与契约是否能与其他有偿契约同向混合?[3] 其最单纯的类型是以显然偏低的价格成交,[4]其次是买卖与赠与(买房屋送家具),或租赁与赠与同向混合(例如租通信服务送手机)。有时在契约履行后,当事人之一方会出于善意在原来约定之报酬之外,增加给付,以为奖赏或补偿相对人之损失。这与小费、年节奖金一样,原则上不适合论为赠与。唯"最高法院"将定作人出自善意补偿承揽人因工程之意外遭受之损失,论为赠与。[5] 因为其所涉情节,正是定做人应依情事变更原则调整对价,补偿承揽人的项目,所以,事实上并不适当论为赠与。在上述情形,当认为赠与契约真正时,将演变出与一般混合契约相同

---

① "财政部"1996 年台财税字第 850161844 号函:"父母于子女婚嫁时,父母各自赠与该子女价值在新台币 100 万元以下之财物,依'遗产及赠与税法'第 20 条第 7 款规定,应不计入赠与总额。"由该条规定可推出,在"遗产及赠与税法",父母是个别的申报单位。

② 参见 Larenz, Lehrbuch des Schuldrechts Band Ⅱ·halbband 1, Besonderer Teil, 13., Aufl., München, § 47 Ⅰ (S.199)。

③ 赠与契约原则上不能与其他有偿契约对向混合。盖其对向混合,构成有偿,已不再是无偿契约,不具赠与之关键要素。

④ 以显著不相当之代价,让与财产,其差额部分,"遗产及赠与税法"第 5 条之二规定以赠与论,应依该法规定,课征赠与税。此为事实的拟制。类似的问题,"营业税法"第 17 条规定:"营业人以较时价显著偏低之价格销售货物或劳务而无正当理由者,主管稽征机关得依时价认定其销售额。""所得税法"第 43 条之一规定:"营利事业与岛内外其他营利事业具有从属关系,或直接间接为另一事业所有或控制,其相互间有关收益、成本、费用与损益之摊计,如有以不合营业常规之安排,规避或减少纳税义务者,稽征机关为正确计算该事业之所得额,得报经'财政部'核准按营业常规予以调整。"因为法律上认为不具血肉之躯的法人或事业不能对于他人为赠与性之无偿给予,所以其具备无偿给予形式之给付后来皆应视其与受领人之关系(交易相对人;消费者;股东、劳工;政党、公职候选人:关系企业)核实论为折让、广告赠品、所得、捐赠,或不合营业常规之支付,依相关规定处理。

⑤ "最高法院"1963 年台上字第 3820 号民事判决:"台风过境,被上诉人大达营造厂所领水泥毁损 350 包,业经上诉人补赔其 35 万元,此项损失之补贴,在工程合约上固无明定,上诉人既出善意帮助,弥补工程之意外损失所为之任意行为,属于无偿赠与之性质,自不应事后翻悔使之返还。"

的形势:构成该混合契约之分子契约究竟应分别或一体对待。这不能脱离具体情形,一概而论,而应视当事人的意思及具体的情况认定之。这当中像缔约基础丧失的情形一样,技术上分离的可能性及诚信原则是重要的考虑依据。①

第二节　赠与之类型特征

赠与之类型特征为无偿的让与之债。其当为之规定内容尽由此导出。兹分述之。

一、让与之债

让与之债指以财产权之移转为其给付义务之内容的债务,其有偿者为买卖,无偿者为赠与。自让与之债导出的规范内容为危险负担之移转及瑕疵担保。然因赠与之无偿性,使价金之危险负担的移转问题不存在,使瑕疵担保之规范的重要性下降。

二、债权契约

"民法"在建制上区分"债法"上之负担行为(das schuldrechtliche Verpflichtungsgeschäft)及"物权法"上之处分行为(das sachenrechtliche Verfügungsgeschäft)。赠与是负担行为,其履行行为是处分行为。负担行为中属于债法所定之契约者称为债权契约。赠与即其中的一种。因为赠与仅是债权契约,所以其缔结固使受赠人取得债权,但在履行前仍未取得赠与财产之权利。② 受赠人如在受领前预为

---

① 关于混合契约之准据规定的决定,有分离说(die Trennungs theorie)及统一说(die Einheits-theorie)的论点。这不能一概而论。参见 Esser, Schuldrecht, 2., Aufl., Karlsruhe 1960, S.514; Esser/Weyers, Schuldrecht Band Ⅱ, Besonderer Teil, Teilband 1, 8., Aufl., Heidelberg, 1998, § 12 I 3; Larenz/Canaris, Lehrbuch des Schuldrechts Band Ⅱ · halbband 2, Besonderer Teil, 13., Aufl., München, § 63 Ⅲ 1;邱聪智:《新订债法各论》(上),2002年初版,第 201 页。

② "最高法院"1961 年台上字第 472 号民事判决:"依'民法'第 407 条规定,以非经登记不得移转之财产为赠与者,在未为移转登记前,其赠与不生效力,则被上诉人自不能仅凭一纸同意放弃书,遂谓已因受赠而取得该部分系争土地之所有权。"不论是否认为,赠与人有义务为移转登记,在移转登记前,受赠人皆未取得赠与土地之所有权。

赠与财产之处分,该处分仍属于无权处分,须待其后来受赠与财产之移转时,始依"民法"第 180 条第 2 项发生效力。[①]

　　然在现实赠与(die Handschenkung),与在现实买卖(der Handkauf)一样,因其"债法"上的负担行为(原因)与"物权法"上的处分行为在时间上重合在一起,没有先后,所以在外观上或甚至在规定的形式上,显现不出其债之特征:因债权契约之缔结,使债务人对于债权人负给付义务。例如"民法"第 406 条规定,"称赠与者,谓当事人约定,一方以自己之财产无偿给予他方,他方允受之契约"。该定义因以现实赠与为蓝本,所以与一般之债权契约的定义应当依循的模式不同。[②] 即便如此,在概念上仍必须将赠与中之债权的与物权的约定加以区分。否则,将不能体会赠与之许诺的规范结构。另有效的处分行为固使受让人取得对其移转之利益,但原因的存在,则是受领财产利益者所以得永久保有该利益的法律上原因。要无该原因,受领利益者应依不当得利的规定返还该利益。

三、无偿契约

　　在赠与,因无对待给付,所以称为无偿契约。[③] 其法律上原因存在于赠与人愿将赠与之给付给予受赠人的意思表示中。此即赠与原因(donandi causa)。由

---

　　① 最高法院 1928 年上字第 1046 号判例要旨称:"赠与行为一经成立,苟非附有限制,受赠人有自由处分之权。"按赠与为债权契约,须经履行,受赠人始能取得赠与物之所有权,从而得为处分赠与物。是故,该判例要旨所称之处分的客体如为受赠人因赠与契约取得之债权,固有理由,但如为赠与物,则不尽妥。

　　② 事实上在"民法"债编关于各种有名债权契约的定义中,皆没有适当将其债之特征表现出来。例如"民法"第 345 条第 1 项规定:"称买卖者,谓当事人约定一方移转财产权于他方,他方支付价金之契约。"该定义的内容,除因将财产权的移转及价金之交付的约定并列,而稍具有偿的特征外,其约定内容与物权契约没有大异。以买卖为例,清楚之债权契约的标准定义是:"透过买卖契约,物之出卖人负有义务,将该物交付买受人,并使其取得对于该物之所有权。出卖人应使买受人取得无物或权利的瑕疵之物。(第 1 项)买受人负有义务,将约定之价金给付出卖人并受领买卖目标物。(第 2 项)"其中关于出卖人或买受人负义务的规范内容即是债之关系的类型特征。该义务即是债务,待于履行,债权人始能实现其债权。不具该义务因素的约定,让与行为之效力为处分的或物权的效力,即刻因该契约之缔结而引起权利之归属的移转结果。

　　③ 在区分负担行为与处分行为,或债权行为与物权行为的制度,处分行为与物权行为基于其无因性,无所谓有偿与无偿。与之有关之有偿和无偿的问题存在于其原因行为中。处分行为因此成为使受让人纯获法律上利益之行为。是故,在无权处分,无给予受让人定相当期限,催告真正权利人确答是否承认该无权处分(参见"民法"第 170 条),或在真正权利人承认前,主动撤回该无权处分(参见"民法"第 171 条)等权利的必要。

于赠与原无对待给付,所以其法律保障较诸有偿的原因为弱:不但在其履行前,原则上赠与人有悔约权,得任意撤销赠与("民法"第 408 条)以达到拒绝履行之目的,[①]或主张穷困抗辩,拒绝履行("民法"第 418 条),而且在履行后,赠与人得以受赠人有忘恩行为为理由,撤销赠与("民法"第 416 条),请求返还赠与物。此外,赠与人之债务不履行的责任在要件及范围,亦获得一定程度的减轻。[②] 唯关于债务不履行之责任的减轻应仅限于给付义务之违反所构成之瑕疵给付、给付迟延或给付不能有关的部分,不及于保护义务之违反(有害给付)所构成之积极侵害债权或侵权行为。[③] 可将其思路之发展过程简约表示如下:

赠与—无偿契约—悔约权(撤销—拒绝履行)及减轻责任(忘恩撤销权、穷困抗辩;瑕疵给付、给付迟延或给付不能)。

第三节　赠与契约之缔结

赠与关系虽然仅使一方,亦即赠与人负担债务,但其发生依然以契约,而非单方行为为依据。归纳"民法"第 406 条关于赠与之定义及第 408 条第 2 项关于赠与之悔约撤销权的规定,可谓赠与是要式契约。如不满足其法定要式要件,则赠与人得任意拒绝履行。该欠缺法定方式之赠与即是学说上所称之赠与的许诺。唯赠与人若履行不具法定方式之赠与契约,则该赠与契约之方式的欠缺,将因履行而获得补正,无碍其履行之效力的维持。亦即履行后,赠与人不得以其原因行为有方式之欠缺,而主张其无有效之法律上原因,构成不当得利。从要式规定规划无偿行为的规范设计,不是从悔约权的赋予出发,而是从法律行为对于表意人之重要性出发,利用法定方式一方面警示表意人谨慎决定是否为该意思表示,另一方面为一旦从事之意思表示保存其事后可以确切证明的证据方法。此

---

①　就未经公证,或为履行道德上之义务而为之赠与,虽然"民法"第 406 条把赠与人将财产无偿给予他方之履行行为规定为赠与契约之成立要件,但因第 408 条第 1 项规定:"赠与物之权利未移转前,赠与人得撤销其赠与。其一部已移转者,得就其未移转之部分撤销之。"所以,赠与人在受赠人请求给付时,还是必须积极撤销其赠与,才能免其给付之义务。这种问题与在信托关系,于"信托关系终止前,信托人不得请求受托人返还信托财产"("最高法院"1990 年台上字第 1246 号民事判决)的规范逻辑相似。在信托关系,信托人不先终止信托契约,而即起诉请求受托人返还信托财产时,如果法院不将其起诉请求返还信托财产的行为,解释为包含其应前置之终止信托契约的意思表示,则会莫明其妙地遭致败诉的结果。

②　相关问题之讨论,参见邱聪智:《新订债法各论》(上),2002 年初版,第 265～266 页。

③　Larenz, Lehrbuch des Schuldrechts Band Ⅱ · halbband 1, Besonderer Teil, 13., Aufl., München, § 47 Ⅱ a.

即书面之警示与存证的功能①。不过,由于"民法"第 406 条及第 408 条之规范方式的安排,使赠与契约之要式及要物的特征间充满矛盾及不一贯性。盖如规定为要物契约,并以之为成立要件,则无悔约撤销权之规范必要;如规定为要式契约,则应将其履行规定为补正要式欠缺的方法,而非与悔约撤销权处在同一水平之择一的效力要件。有疑问者为:在金钱之赠与,赠与人仅交付支票、汇票或提供担保者,是否已履行其契约? 在赠与人自己或其授权之付款人尚未对于受赠人兑现该票据,以给付赠与之金钱,或在付款人承兑负付款之责前("票据法"第 52 条第 1 项),应采尚未履行的见解。然赠与人对于受赠人以外之持票人所负之发票人的票据责任仍应不受影响。②

第四节　悔约权及责任要件与范围的减轻

基于赠与是无偿契约的特征,导出赠与人之悔约权及责任要件与范围的减轻。

一、悔约权及其规范模式

关于悔约权,③有多种不同之规范设计的可能性:(1)以其履行为成立要件或生效要件;(2)将赠与规定为要式行为;(3)规定在履行前,赠与人得任意撤销其赠与。其中以将其履行规定为成立要件或生效要件对于赠与人的保护最为周到。盖以之为成立要件时,在履行前,赠与契约尚未成立,根本不生效力。是故,赠与人如果在为赠之表示后反悔,得简单透过置之不理,达到悔约之目的。如以之为生效要件,则赠与契约在履行前虽未生效,但已成立。因为对于债务人而

---

① 对于无偿赠与的许诺,所以要求其应具备一定之法定方式,以防止轻率,乃因"赠与之牺牲尚未透过给予清楚于赠与人"(Esser,Schuldrecht,2.,Aufl.,Karlsruhe 1960,S.512)。

② Esser,Schuldrecht,2.,Aufl.,Karlsruhe 1960,S.515.

③ 参见廖家宏:《论赠与人的悔约权与责任》,中正大学 2004 年法律学研究所硕士论文。

言,以履行为生效要件时,该要件具有随意条件[①]的特性,所以,以之为成立要件或生效要件之发展阶段上的区别,在结果上没有重要的差异。将赠与规定为要式行为,论诸实际,对于赠与人仅具有警示及存证,而无赋予悔约权的意义。在这种情形,赠与人仅有忘恩撤销权及穷困抗辩对其提供有限的保护。利用规定在履行前,赠与人得任意撤销其赠与的方法给予悔约的机会,与规定以履行为生效要件的效力,或规定赠与人得拒绝履行相近。[②]

在一个赠与契约,赠与人如无悔约权,则受赠人依赠与契约所受之保护与一般债权契约并无两样。赠与人如有诈害债权之行为,以致减损受赠人之受赠利益,受赠人同样可依"民法"第 244 条声请法院撤销该诈害债权之行为。唯在该

[①]　事务按其与债务之履行的关系可区分为:(1)与履行无关之行为或自然事件;(2)履行的准备行为;(3)债务之履行行为。与履行无关之行为或自然事件,可约定为条件;与履行有关之准备行为或履行行为不得约定为条件,如约定为条件之内容,该契约论为附以"随意条件"而未成立;法定以债务之履行为条件之内容者,该契约论为要物契约,赋予债务人以悔约权。如有随意条件的约定或要物契约的规定,其发展障碍不应纳入债务不履行的规定范畴,应直接依随意条件或要物契约有关规定处理。相关说明参见黄茂荣:《债法总论》(第 1 册),植根法学丛书编辑室 2003 年修订版,第 221 页,注 11。

[②]　将无偿契约规定为"要物契约",或赋予债务人"任意撤销权",虽同样具有让债务人得任意悔约的意义,但不同的是:在规定为要物契约的情形,债务人只要不履行债务,即可达到悔约的目的,不必对于债权人之履行上的请求有任何回应;在规定于履行前,赠与人得任意撤销的情形,立法者或法律适用者容易从形成权之规范模式出发,认为撤销权人之相对人得定相当期限催告撤销权人行使撤销权,撤销权人如不在催告期限内行使撤销权,则该撤销权消灭。该规范模式并不适合于赠与。盖在一般的形成权所涉情形,形成权行使前后之利益状态对于法秩序之规划者而言,并无差异;反之,在赠与或其他无偿契约,因其任意撤销权是一种悔约权,涉及表意人是否愿意发生一个契约关系之意思表示的决定,应让表意人有真正的表示机会,不得透过法律规定,以沉默代之。与待于当事人之一方承认始生效力的法律行为相比,在赠与或其他无偿契约亦无透过效力未定之规范模式,取得私法自治或契约原则之行使效率的迫切性。在 2000 年 4 月 26 日修正"民法"债编时增订下述规定,第 465 条之一:"使用借贷预约成立后,预约贷与人得撤销其约定。但预约借用人已请求履行预约而预约贷与人未实时撤销者,不在此限。"第 475 条之一第 2 项:"消费借贷之预约,其约定之消费借贷为无报偿者,准用第 465 条之一之规定。"该两条规定可谓是按上述形成权之规范模式所做的规定。这与将使用借贷规定为要物契约,以履行为其成立要件("民法"第 464 条)的出发点是矛盾的。相同问题之讨论,参见黄茂荣:《债法总论》(第 1 册),植根法学丛书编辑室 2003 年修订版,第 198 页,注 85。

条增订第 3 项规定后,①受赠人如拟以该条规定为依据,请求约定之给付,②恐有困难。盖该项规定:"债务人之行为非以财产为目标,或仅有害于以给付特定物为目标之债权者,不适用前二项之规定。"在增订该项规定后,债权人原则上仅能请求损害赔偿。

二、责任要件与范围的减轻

关于赠与人之责任的减轻③可分三方面说明之:(1)关于债务不履行;(2)关于瑕疵担保;(3)关于积极侵害债权。

关于债务不履行,"民法"第 410 条规定,"赠与人仅就其故意或重大过失,对于受赠人负给付不能之责任。"依该条之反面解释,债务人不负给付迟延责任。另即便是给付不能之责任,其负责,原则上亦限于经公证之赠与,或为履行道德上之义务而为赠与,不得撤销其赠与的情形(第 408 条第 2 项)。

关于瑕疵担保,第 411 条规定"赠与之物或权利如有瑕疵,赠与人不负担保责任。但赠与人故意不告知其瑕疵或保证其无瑕疵者,对于受赠人因瑕疵所生之损害,负赔偿之义务"。该条规定之内容过于笼统。适宜参考《德国民法典》第

---

① 该项之修正理由:债务人之全部财产为债权人之共同担保,债权人应于债权之共同担保减少致害及全体债权人之利益时,方得行使撤销权。易言之,撤销权之规定,系以保障全体债权人之利益为目的,非为确保特定债权而设。爰于第 3 项增订不得仅为保全特定债权而行使撤销权之规定(参见《日本民法典》第 424 条、第 425 条),参见陈忠五主编:《新学林分科六法——民法》,新学林出版社 2006 年第 6 版,第 214 页。

② "最高法院"1967 年台上字第 1028 号民事判决:"双方之赠与契约,既已成立,上诉人自有订立书面契约,并办理赠与登记,使被上诉人取得讼争土地所有权之义务。讵上诉人竟于赠与契约成立后,复将该土地无偿赠与第三人,自属侵害被上诉人之权利,被上诉人请求撤销其后之赠与契约,并涂销登记,于法并无不合。"这是"民法"第 244 条增订第 3 项、删除第 407 条,及修正第 408 条以前之判决。依上引三个修正或删除的新规定,该判决的意旨皆不可能再获得维持。

③ 相关问题之讨论,参见王泽鉴:《赠与的土地于移转登记前被征收》,载《民法学说与判例研究》(第 8 册),1996 年版,第 187~209 页;约翰逊林:《赠与之给付不能》,载《月旦法学杂志》1999 年第 12 期;廖家宏:《债务不履行与物之瑕疵担保责任于赠与契约法规范之阐释——债编修正之检讨》,载《植根杂志》第 16 卷第 2 期,第 64~81 页;廖家宏:《论赠与人的悔约权与责任》,中正大学 2004 年法律学研究所硕士论文,第 160 页以下;邱聪智:《新订债法各论》(上),2002 年初版,第 271~280 页;林诚二:《民法债编各论》(上),2003 年修订 2 版,第 269~273 页。

524 条,①分别就特定物及种类之物的赠与加以规定:在特定物之赠与,仅就信赖利益;在种类之物的赠与,受赠人得选择请求给付无瑕疵之物或履行利益之赔偿。② 在特定物之赠与,所以只得请求信赖利益的赔偿,其理由为:赠与人仅能给付其仅有之有瑕疵之物。如受赠人不愿意将就于该有瑕疵之物,则赠与人能办到者,仅是回复受赠人之利益状态至像无该赠与契约之缔结的状态。在"附有负担之赠与其赠与之物或权利如有瑕疵,赠与人于受赠人负担之限度内,负与出卖人同一之担保责任"(第 414 条)。至于受赠人方,仅于附有负担之赠与,受赠人始在赠与之价值限度内,有履行其负担之责任(第 413 条)。

关于积极侵害债权,赠与双方不因其为无偿契约而减轻其责任。与之相竞合之侵权责任,亦然。并无慈善行为只按较轻标准负责的一般原则。③

归纳之,关于责任要件的减轻,系指规定"赠与人仅就其故意或重大过失"负责,对于受赠人负给付不能之责任;关于责任范围的减轻,系指赠与人就债务不履行仅对于受赠人负给付不能之责任,而不就给付迟延或瑕疵给付负责("民法"第 410 条、第 411 条)。唯在瑕疵给付,当主观要件升高至赠与人故意不告知其瑕疵或保证其无瑕疵时,"民法"第 411 条但书规定,赠与人对于受赠人因瑕疵所生之损害,负赔偿之义务。该赔偿义务保护之利益应限于信赖利益或给付利益,

---

① 《德国民法典》第 524 条规定:"赠与人恶意不告知赠与物之瑕疵者,应赔偿受赠人因此所受之损害。(第 1 项)赠与人许诺仅以种类指示其将取得之物的给付者,如给付之物有瑕疵,且赠与人在取得该物时知该瑕疵或因重大过失而不知者,受赠人得请求交付无瑕疵之物替代该有瑕疵之物。赠与人恶意不告知瑕疵者,受赠人得不请求无瑕疵之物而请求不履行之损害赔偿。适用于买卖目标物之瑕疵担保的规定准用于这些请求权。(第 2 项)与"民法"第 411 条之规定相较,《德国民法典》前引规定在构成要件的安排,有进一步按特定物及种类之物的赠与加以类型化,并以此为基础,配以针对各该构成要件之具体情况的法律效力。由该比较可以发现,必须有适当之构成要件上的类型化,在规范规划上才能不失之笼统,给予恰如其分的效力。

② Esser/Weyers,Schuldrecht Band Ⅱ, Besonderer Teil, Teilband 1, 8., Aufl., Heidelberg, 1998, § 12 Ⅱ 2; Larenz, Lehrbuch des Schuldrechts Band Ⅱ · halbband 1, Besonderer Teil, 13., Aufl., München, § 47 Ⅱ b; Soergel-Mühl, Kommentar zun BGB, 11., Aufl., Stuggart 1980, § 524 Rz.3..

③ Esser/Weyers,Schuldrecht Band Ⅱ, Besonderer Teil, Teilband 1, 8., Aufl., Heidelberg, 1998, § 12 Ⅱ 2.

而不含固有利益。① 关于固有利益之保护的规范基础应当是积极侵害债权或侵权行为。盖非如是,该条但书之反面解释将导致赠与人如无故意不告知其瑕疵或保证其无瑕疵的情事,赠与人不负积极侵害债权或侵权行为责任。尚有疑问的是:究竟是信赖利益或给付利益?原则上这应系于受赠人之选择。《德国民法典》第524条,分别就特定物及种类之物的赠与加以规定:在特定物之赠与,仅就信赖利益;在种类之物的赠与,受赠人得选择请求给付无瑕疵之物或履行利益之赔偿。

第五节　附负担之赠与

在典型之附负担的行为,该行为通常在履行负担前便已发生效力。② 在附负担之赠与所附之负担,不以有财产价值者为限。例如婚约之聘金亦经解释为一种赠与之负担。③ 赠与不因负有负担,而在受赠人未履行负担前阻止其效力之发生。此为负担与停止条件之不同,又即使受赠人不履行负担,赠与契约亦不

---

① 因物之瑕疵而在给付物之外,导致债权人生命、身体、健康或其他财产受到损害时,该损害即是瑕疵衍生之损害(der Mangelfolgeschaden)(Larenz, Lehrbuch des Schuldrechts Band Ⅱ·halbband 1, Besonderer Teil, 13., Aufl., München, §47 Ⅱ b)。该给付因此称为加害给付。其受害法益即固有利益。"最高法院"2004年台上字第695号民事判决:"按物之出卖人就买卖目标之给付有瑕疵,致买受人之履行利益未能获得满足,而无加害给付(即因给付有瑕疵或不完全,致买受人之固有利益受有损害)之情形,由于'民法'第354条以下已就出卖人所负物之瑕疵担保责任为特别规定,原则上自应优先于'民法'第227条关于债务不履行之一般规定而为适用。倘该瑕疵系于契约成立后始发生,且可归责于出卖人之事由所致者,始例外承认出卖人应同时负不完全给付之债务不履行责任。"

② "最高法院"1961年台上字第2178号民事判决:"赠与契约附有始期及附有负担者,受赠人未履行负担,该赠与契约尚未生效,则受赠人尚未取得赠与物而为使用收益,纵赠与人有出租收益情事,亦非受赠人所得以之代替其负担之给付。"对于法律行为,附负担与附始期,其效力状态不同。通常附负担之法律行为在履行负担前便已发生效力;反之,附始期则必须待始期届至,方始发生效力。是故,该判决要旨中所述效力,适合于附始期,而至少不一定符合附负担的情形。

③ "最高法院"1958年台上字第1469号判例:"婚约之聘金,系负有负担之赠与。上诉人既不愿履行婚约,则依'民法'第412条第1项、第419条第2项,被上诉人自得撤销赠与,请求返还原赠与财产,纵解除婚约之过失责任系在被上诉人,亦仅生赔偿之问题,不能为拒绝返还之论据。""最高法院"1963年台上字第2154号民事判决亦采相同见解。

自动失其效力,此为附负担与附解除条件之差异。①

　　负担之履行仅是一种对己义务。其不履行原则上仅生失权效力,不使负履行负担之义务者负债务不履行的责任。在此所谓之失权效力的发生,与一般对己义务的违反情形一样,还待于相对人之主张。在此即还待于赠与人撤销赠与契约("民法"第412条第1项)。② 因为负担之义务强度不及真正之对待给付的义务,所以认为,附负担之赠与中的负担与赠与财产之给付间并无对价关系,附负担之赠与仍非双务契约。这分别限制了赠与人之瑕疵担保责任"附有负担之赠与其赠与之物或权利如有瑕疵,赠与人于受赠人负担之限度内,负与出卖人同一之担保责任"("民法"第414条),及受赠人不履行其负担之责任:"附有负担之赠与,其赠与不足偿其负担者,受赠人仅于赠与之价值限度内,有履行其负担之责任。"("民法"第413条)③倘赠与人补足履行负担所需费用与赠与价值之差额,受赠人是否有完全履行负担之义务,得否返还受领之赠与拒绝履行负担? 应容许受赠人在履行负担与返还受领之赠与间自由选择。盖如不容许其选择,该赠与契约将与一般的双务契约无异,而这与当初双方关于无偿之约定的本意不符。④

　　"民法"第412条固然规定,"赠与附有负担者,如赠与人已为给付而受赠人不履行其负担时,赠与人得请求受赠人履行其负担,或撤销赠与。⑤ 负担以公益

---

　　① "最高法院"1995年台上字第842号民事判决:"查附条件之赠与与附负担之赠与,并不相同,无论附停止条件或附解除条件之赠与,赠与契约均已成立,仅于条件成就时,使契约发生效力或失其效力而已;而附负担之赠与,乃使受赠人负担应为一定给付之债务,必受赠人,于赠与人已为给付后不履行其负担时,赠与人始得依'民法'第412条第1项之规定撤销赠与。原审认定被上诉人之赠与,系附有受赠人应于1990年7月15日前完成所负担之义务始生效力之条件云云,将负担与条件混淆不分,已有未合。且如系认为附条件之赠与或附负担之赠与,赠与契约应已成立,唯原审竟又认定双方当事人就赠与契约之意思表示并未一致,赠与契约尚未合法成立云云,更属前后矛盾。"

　　② 最高法院1943年上字第2575号判例:"所谓附有负担之赠与,系指赠与契约附有约款,使受赠人负担应为一定给付之债务者而言。必其赠与契约附有此项约款,而受赠人,于赠与人已为给付后不履行其负担时,赠与人始得依民法第412条第1项之规定撤销赠与。"该判例将负担描述为"使受赠人负担应为一定给付之债务",有点超出负担之效力的强度。

　　③ 该责任之范围与限定继承之继承人对于遗产债务所负之责任类似:"继承人得限定以因继承所得之遗产,偿还被继承人之债务。"("民法"第1154条)

　　④ 对此,《德国民法典》第526条规定,在赠与人补足差额前,受赠人得拒绝履行负担。另该条还规定,受赠人如果不知赠与价值不足支应履行负担之费用,而在履行后始发现者,得对于赠与人请求补偿不足之履行负担的费用。

　　⑤ 为加强该负担的约束力,赠与人可能将受赠人未在一定期间内履行负担,约定为解除条件。参见 Esser, Schuldrecht, 2., Aufl., Karlsruhe 1960, S.519.

为目的者,于赠与人死亡后,主管机关或检察官得请求受赠人履行其负担"。但受赠人如不因该履行之请求而为履行,是否负债务不履行责任,值得探究。比较没有疑问者为,在其不履行时,前述得请求其履行之人得撤销该赠与契约,请求受赠人返还所受之赠与物或价额。然是否得请他人代为履行负担后,再向受赠人请求给付代金? 在受赠人所受赠与之价值限度内,应采肯定的见解。赠与所附负担之履行如有因此受益之第三人,则必须就其契约内容认定,第三人是否取得独立的请求权。如属肯定,则该赠与契约同时也是一个利益第三人契约。受赠人不履行负担时之撤销权及撤销后之不当得利返还请求权应归属于第三受益人,以避免赠与人和第三受益人间之权利的交集。①

第六节　赠与人之撤销权

撤销权之典型的用法,本适用于因错误("民法"第 88 条、第 89 条)、被诈欺

---

①　Esser,Schuldrecht,2.,Aufl.,Karlsruhe 1960,S.518.

或胁迫("民法"第 92 条)而为有瑕疵之意思表示的情形。[①] 其行使之效力特征为:"法律行为经撤销者,视为自始无效。"("民法"第 114 条)亦即溯及为法律行为时,失其效力。这与承认之效力恰恰相反:"经承认之法律行为,如无特别订定,溯及为法律行为时,发生效力。"("民法"第 115 条)关于赠与契约之撤销,"民法"有下述特别态样:(1)悔约撤销权;(2)忘恩撤销权;(3)不履行负担之撤销权。

---

① 不过,现行法也将之规定于下述情形:(1)暴利行为之撤销(第 74 条),这类似于因错误或受诈欺而为意思表示的情形。(2)"总会之召集程序或决议方法,违反法令或章程时,社员得于决议后三个月内请求法院撤销其决议。"(第 56 条第 1 项前段)该决议在方法上有瑕疵。(3)诈害债权之行为的撤销("民法"第 244 条),这类似于对侵权结果请求以废止的方法回复原状的权利。(4)债权人拒绝承认债务承担契约者,债务人或承担人得撤销其承担之契约(第 302 条第 2 项)。此为以目的之不达之契约的撤销,属于缔约基础变更的态样。这已是类似于给付不能的履行障碍,适合的手段应是解除。(5)"禁治产之原因消灭时,应撤销其宣告"("民法"第 14 条),"法人违反设立许可之条件者,主管机关得撤销其许可"(第 34 条),限制行为能力人独立营业之允许的撤销(第 85 条第 2 项),以上三者之撤销,只能向将来,而不得溯及地使其自始失其效力。按其事由,应属于缔约基础变更的态样。其适合之手段为终止。(6)赠与履行前之任意撤销(第 408 条第 1 项),使用借贷或无报偿消费借贷之预约贷与人的任意撤销权(第 465 条之一、第 475 条之一第 2 项),第三人未表示享受基于利益第三人契约之利益的意思前,当事人得撤销该契约("民法"第 269 条第 2 项),上述四者属于无偿契约之悔约撤销权。赠与之忘恩撤销权(第 416 条)可归类于准悔约撤销权。(7)赠与附有负担,而受赠人不履行负担者,赠与人得撤销赠与(第 412 条第 1 项)。这是介于典型之悔约撤销权与忘恩撤销权间的撤销权。究诸实际,是受赠人不履行对己义务的失权效力。(8)表见让与之让与通知的撤销。这是一种以错误为理由的撤销。因为其撤销涉及受让人的利益,"民法"第 298 条规定,其撤销应经受让人同意。是否有此必要,值得检讨。盖当规定其撤销应经受让人同意时,债务人在受表见让与之撤销通知时,如果还是向受让人为清偿给付,将使三方的关系益增复杂("最高法院"2000 年台上字第 1824 号、"最高法院"2002 年台上字第 1421 号、"最高法院"2006 年台上字第 713 号民事判决)。然该条既然如此规定,让与人为求自保就必须借助于假扣押或假处分的保全方法,债务人为求自保可能采取以提存作为履行债务的方法。这与在支票之发票人对于付款银行之付款委托的情形,实务上认为发票人不得不具理由撤销或撤回付款委托的见解一样,有过度干预的情事。这在为担保或管理(托收)之目的,而信托让与债权的情形,将倍增困扰。关于支票之止付,"最高法院"1996 年台简上字第 73 号民事判决认为:"支票系有价证券、流通证券及无因证券,支票执票人于法定提示期间内向付款人为付款之提示,或依法为止付之通知,倘发票人之存款或信用契约所约定之数足敷支付支票金额时,付款人即负支付或予以止付之责,此观'票据法'第 143 条及'票据法施行细则'第 5 条之规定自明。故支票执票人丧失支票,经为合法之止付通知,并依法定程序取得除权判决,凭以向付款人请求给付止付之金额,付款人即应给付之,不得以其与发票人间在后所生资金关系之抗辩事由对抗执票人,以保护执票人之权利,助长票据流通。"

一、悔约撤销权

因赠与为无偿契约,所以"民法"第 408 条第 1 项规定:"赠与物之权利未移转前,赠与人得撤销其赠与。其一部已移转者,得就其未移转之部分撤销之。"依该项规定,赠与人于履行前得不附理由撤销赠与契约。此即赠与人之悔约权。[①]唯倘其系经公证之赠与,或为履行道德上之义务而为之赠与,则不得任意撤销(同条第 2 项)。[②] 前述悔约撤销权是否得继承? 应采肯定的见解。此即继承人

---

① 关于悔约权的规定方式,除赋予在履行前之任意撤销权外,还有将赠与契约规定为要物契约的方式。债编修正前"民法"第 407 条的规定即属于利用要物要件赋予赠与人悔约权的规定范例。唯过去"最高法院"在实务上显然没有体会到该条前述之规范意旨。例如"最高法院"1951 年台上字第 1496 号判例认为:"赠与契约之成立,以当事人以自己之财产,为无偿给予于他方之意思表示,经他方允受为要件。此项成立要件,不因其赠与目标之为动产或不动产而有差异。唯以动产为赠与目标者,其成立要件具备时,即生效力。以不动产为赠与目标者,除成立要件具备外,并须登记始生效力。此就'民法'第 406 条与第 407 条之各规定对照观之甚明。故'民法'第 407 条关于登记之规定,属于不动产赠与之特别生效要件,而非成立要件,其赠与契约,苟具备上开成立要件时,除其一般生效要件尚有欠缺外,赠与人应即受其契约之拘束,就赠与之不动产,负为补正移转物权登记之义务,受赠人自有此项请求权。"该判例除了有不理解要物要件之意旨外,对于特别生效要件的运转机制亦有误解。盖契约当事人并无促使,而只有不得以不正当的方法阻止或促使特别生效要件生效的义务。这次债编修正删除第 407 条,修正第 408 条第 1 项,其意旨应在于避开不熟悉之要物要件,而一概改以任意撤销权作为赋予赠与人悔约权的手段。

② "最高法院"1994 年台上字第 1613 号判例:"'民法'第 408 条第 1 项前段规定赠与物未交付前,赠与人得撤销其赠与。同条第 2 项则规定:前项规定,于立有字据之赠与,或为履行道德上之义务而为赠与者,不适用之。此两项规定,不问于动产或不动产之赠与,均有适用。"

之悔约权的问题。①

二、忘恩撤销权

"民法"第 416 条第 1 项规定:"受赠人对于赠与人,有左列情事之一者,赠与人得撤销其赠与:一、对于赠与人、其配偶、直系血亲、三亲等内旁系血亲或二亲等内姻亲,有故意侵害之行为,依刑法有处罚之明文者。二、对于赠与人有扶养义务而不履行者。"此即赠与人之忘恩撤销权,以受赠人有该项所定之忘恩行为,为其理由。忘恩行为中所称对于赠与人、其配偶、直系血亲、三亲等内旁系血亲或二亲等内姻亲,有故意侵害之行为("民法"第 416 条第 1 项第 1 款),"最高法

---

① "最高法院"2004 年台上字第 297 号民事判决:"唯按被继承人生前固有将其所有财产为赠与之权,第以非经登记不得移转之不动产为赠与者,如被继承人与受赠人成立契约后,尚未为移转登记,而被继承人即已死亡,则被继承人就该不动产仍有所有之权利,并负为移转登记使受赠人取得所有权,俾赠与发生效力之义务,而被继承人此项财产上之权利义务,于继承开始时应由继承人承受("最高法院"1962 年台上字第 2664 号判例参照)。又依'民法'第 550 条但书规定,委任关系因委任事务之性质并不因当事人一方死亡而消灭。土地登记之申请行为虽属广义法律行为之一种,唯受任办理土地登记,较诸受任办理登记之原因行为(如买卖、赠与)有较强之继续性,倘受任人系基于委任人生前之授权,代为办理登记,则其登记既与现实之真实状态相符,复未违背委任人之本意,委任关系尚不因委任人于办竣登记前死亡而告消灭,从而受任人代理委任人完成之登记行为即非无权代理。系争房屋既经吕罔于生前赠与张仁良,并签订赠与所有权移转登记契约书,已着手办理所有权移转登记手续,纵于吕罔死后始办妥所有权登记,亦难谓受委任之张仁良系无权代理,该移转登记不生效力。……按赠与为债权契约,于依'民法'第 153 条规定成立时即生效力。赠与之财产如系不动产,赠与人即负有该不动产所有权移转登记予受赠人之义务。又赠与人未将该不动产所有权移转登记予受赠人前死亡,其继承人因继承而负为移转之义务。原审认吕罔生前即将系争房屋赠与张仁良,虽系于吕罔死亡后始办毕所有权移转登记,但其移转登记手续于吕罔生前即已着手进行,由受任人代理完成登记手续,并不违背吕罔之本意。该赠与之房屋于吕罔死亡时,并非继承人得继承之积极财产,实为继承人之消极财产,而张仁良系依赠与取得系争房屋所有权,要无不当得利及侵害上诉人之权利可言。"在本件,赠与人之法定继承人并未在不动产登记完成前,向受赠人为撤销赠与之表示,并设法以向受任人终止办理登记之委任,或向登记机关中止登记程序为方法,阻止登记程序之完成。在赠与未经撤销的前提下,登记程序完成后,赠与人之法定继承人已不再有利用撤销赠与来悔约的可能性。

院"认为限指侵害其人格权之行为,不包含对于财产之侵害。[1]

忘恩撤销权与悔约撤销权不同者为:(1)在要件上需具该项各款所定的事由之一;(2)在效力上,得撤销已履行之赠与。唯忘恩撤销权有除斥期间的规定:自赠与人知有撤销原因之时起,一年内不行使而消灭。反之,在悔约撤销权及不履行负担之撤销权则无除斥期间的规定。[2]此外,因该撤销权以受赠人之忘恩为理由,故赠与人对于受赠人已为宥恕之表示者,亦为忘恩撤销权之消灭原因(同条第2项)。

三、不履行负担之撤销权

在附有负担之赠与,其负担的法律性质应属于非真正之债务,而只是一种权利性的义务,或对己义务。在赠与人已为给付后,债务人如不履行,仅生赠与人得为撤销赠与的效力,而不生债务不履行的责任。该效力类似于失权效力。

在附负担之赠与,负担之确定的不履行为撤销权之发生要件,只要具备,撤销权因而发生,至于撤销权人或其相对人是否应依赠与以外之其他规定负赔偿责任,属于另一个问题。[3]唯以受赠人不履行负担为理由撤销赠与,仍以其不履

---

[1] "最高法院"1984年台上字第3737号民事判决:"赠与人依'民法'第416条第1项第1款规定得撤销其赠与者,以受赠人对于赠与人或其最近亲属,有故意侵害之行为,依'刑法'有处罚之明文者为限,并不包括受赠人单纯对于赠与人之财产,有故意之侵害行为在内。本件土地纵系被上诉人赠与上诉人,然查被上诉人似系主张上诉人对其财产有侵害之行为,如其侵害行为尚不涉及对于被上诉人人格权之侵害,要难认被上诉人得撤销其赠与。"

[2] "最高法院"1980年台上字第245号民事判决:"此项赠与附有上诉人应给付被上诉人按年5000台斤蓬莱稻谷之负担,既未据上诉人履行,被上诉人据而撤销赠与,请求返还上诉人已交付之赠与土地,核于'民法'第412条第1项、第419条第2项规定并无不合。又本件既非依同法第416条第1项规定所为之撤销赠与,自不受该第416条第2项规定一年除斥期间之限制。"

[3] "最高法院"1958年台上字第1469号判例:"婚约之聘金,系负有负担之赠与。上诉人既不愿履行婚约,则依'民法'第412条第1项、第419条第2项,被上诉人自得撤销赠与,请求返还原赠与财产,纵解除婚约之过失责任系在被上诉人,亦仅生赔偿之问题,不能为拒绝返还之论据。"

行系可归责于受赠人为要件。① 倘该负担事后因不可归责于受赠人之事由而给付不能,则因负担与赠与人之给付义务间并无对价关系,所以,仅受赠人因此免给付义务("民法"第 225 条第 1 项),赠与人并不得主张,依"民法"第 266 条免为赠与(对待)给付之义务,或在其已为全部或一部之赠与(对待)给付后,主张依关于不当得利之规定,请求返还其赠与给付。②

四、赠与之撤销及其效力

赠与之撤销为形成权的行使,其行使行为"民法"定性为需要相对人的法律行为。为避免解释上的争议,"民法"明文规定应以意思表示对于一定之相对人为之。在赠与之撤销为:应向受赠人以意思表示为之("民法"第 419 条)。③ 法律行为经撤销后,原则上视为自始无效("民法"第 114 条)。是故,以该法律行为为法律上原因之履行行为即因其法律上原因事后消灭,而构成不当得利("民法"第 179 条)。这是第 419 条第 2 项所以规定:"赠与撤销后,赠与人得依关于不当得利之规定,请求返还赠与物。"该条规定事实上只是重申第 179 条但书的规定。

---

① "("民法"第 412 条)条文所称受赠人不履行负担云者,于请求受赠人履行部分,仅以受赠人尚未给付之事实为已足,殊不必问其可否归责。……于赠与人撤销赠与之部分,应解为债务不履行,亦即可归责于受赠人之事由而致之给付迟延、给付不能或不完全给付者为限,若为不可归责于受赠人之事由所致者,赠与人尚无撤销赠与之权。可归责与否,解释上亦以债之通则相关规定定之,尚不适用'民法'第 409 条、第 410 条之规定。"邱聪智:《新订债法各论》(上),2002 年版,第 294～295 页。

② Larenz, Lehrbuch des Schuldrechts Band Ⅱ · halbband 1, Besonderer Teil, 13., Aufl., München, § 47 Ⅲ (S.210f.).

③ 关于解除权之行使,"民法"第 258 条第 2 项规定,契约当事人之一方有数人者,解除之意思表示,应由其全体或向其全体为之。关于撤销权之行使,"民法"第 116 条仅规定,相对人确定者,撤销之意思表示,应向相对人为之。此外,并无相当于第 258 条第 2 项的规定。鉴于撤销权与解除权同属形成权,第 258 条第 2 项关于解除权之行使的规定应类推适用于撤销权之行使。对此问题,"最高法院"的意见前后不同。该院 1980 年台上字第 2240 号民事判决认为:"'民法'第 92 条规定意思表示之撤销与'民法'第 258 条所定契约之解除系属二事。就契约之解除言,依'民法'第 258 条第 2 项规定,契约当事人之一方有数人者,行使解除权之意思表示,固由其全体或向其全体为之,若因被诈欺而为意思表示者,表意人撤销其意思表示,则无上开规定之适用。"另同院 1983 年台上字第 3666 号民事判决认为:"依'民法'第 419 条第 1 项规定,赠与之撤销,应向受赠人以意思表示为之。此与'民法'第 258 条第 1 项规定,解除权之行使,应向他方当事人以意思表示为之者,具有同一之法律理由,自应类推适用'民法'第 258 条第 2 项之规定。故赠与契约当事人之一方有数人者,撤销赠与之意思表示,亦应由其全体或向其全体为之。"

申言之，债权契约经有效履行后始为撤销者，因赠与物已经有效移转，其返还应依不当得利之规定。如赠与物是土地，则应请求受赠人，为返还赠与物之所有权的移转登记。此与履行行为无效，因此所做之移转登记仅是错误登记的情形，应以请求涂销登记为回复原状之方法者，不同。[①]

"民法"第 408 条第 2 项虽然规定，为履行道德上之义务而为赠与者，无悔约权，赠与人不得以赠与物之权利未移转为理由，任意撤销其赠与。但因关于忘恩撤销权，第 416 条并无赠与原因应非为履行道德上之义务的限制，所以纵使是为履行道德上之义务而为赠与，在履行后赠与人还是得以受赠人有第 416 条所定之忘恩行为为理由，撤销其赠与，并在撤销后依关于不当得利的规定，请求返还赠与物（第 419 条第 2 项）。然因"民法"第 180 条第 1 款规定，给付系履行道德上之义务者，不得依不当得利的规定，请求返还，所以当初赠与人系为履行道德上之义务而为赠与者，便引起赠与人撤销赠与后，是否得依不当得利之规定请求返还的问题。对此，"最高法院"认为忘恩撤销权与不当得利之返还问题应分别对待。[②] 其结果，等于认为：赠与人为履行道德上之义务而赠与者，在忘恩撤销权行使后，不得依不当得利的规定请求返还。按撤销而不得请求返还，与认为不得撤销，无异。这是因为欠缺体系之一贯性认识所持的见解。当为履行道德上之义务而为之给付者，嗣后不得依不当得利的规定请求返还（"民法"第 180 条第 1 款）的规定，与忘恩撤销权（"民法"第 416 条第 1 项）的规定发生冲突时，应采无忘恩撤销权之适用的看法。盖为履行道德上之义务的给付发生在先，而且在其发生时，即自始根本不得依不当得利的规定请求返还该给付。从而在其发展上，不应再有忘恩撤销权之介入的余地。

第七节　穷困抗辩

"民法"第 418 条规定："赠与人于赠与约定后，其经济状况显有变更，如因赠与致其生计有重大之影响，或妨碍其扶养义务之履行者，得拒绝赠与之履行。"此

[①] "最高法院"1983 年台上字第 802 号民事判决："赠与撤销后，赠与人得依关于不当得利之规定，请求返还赠与物，'民法'第 419 条第 2 项定有明文。原审谓上诉人仅得请求涂销登记而不得请求被上诉人为返还赠与物之所有权移转登记，其适用法律亦有违误。"

[②] "最高法院"1961 年台上字第 2197 号民事判决："赠与撤销后，赠与人得依关于不当得利之规定请求返还赠与物。而依不当得利之规定，给付系履行道德上之义务者，不得请求返还，此系就赠与经撤销后而言。至赠与无论是否为履行道德上之义务，如受赠人有'民法'第 416 条第 1 项所列情事之一者，赠与人即得撤销其赠与。"

即赠与人之穷困抗辩（Einrede des Notbedarfs）。因为公司有独立之权利能力，所以穷困抗辩事由中所称之穷困，应限指赠与人自己之经济困境，不含赠与人所投资，其仅负有限责任之公司的营运困难。①

穷困抗辩之效力虽看似与"民法"第144条第1项关于消灭时效完成时之效力相同：赠与人得拒绝赠与之履行。但事实上有根本的差异。时效抗辩是一种永久抗辩，或称灭却抗辩；而穷困抗辩则只是一种一时抗辩，在抗辩事由嗣后消灭时，即不再得为抗辩。② 是故，在穷困抗辩，赠与人并不得撤销赠与契约，一劳永逸摆脱赠与义务。由于依"民法"第408条第1项在赠与物之权利未移转前，赠与人原则上本得任意撤销其赠与；其一部已移转者，得就其未移转之部分撤销之。所以，第418条之适用应是特别针对第408条第2项规定之情形：经公证之赠与，或为履行道德上之义务而为之赠与。③ 另因为穷困抗辩为赠与人，而非受赠人享有之抗辩，所以赠与人在履行前享有之任意撤销权，不因受赠人之穷困而受到影响。④ 此外，只要有穷困之情事，原则上不问赠与人所以穷困的原因，赠

① "最高法院"1998年台上字第869号民事判决："'民法'第418条规定得拒绝赠与之履行，系以赠与约定后，经济状况发生显著变化，因其赠与致对生计发生重大影响或妨碍其扶养义务之履行而言，上诉人上开抗辩纵为属实，亦属公司营运问题，与个人生计及履行扶养义务无涉，且无证据证明与本件赠与有关，上诉人无从持为得拒绝赠与履行之理由。"

② 参见 Esser, Schuldrecht, 2., Aufl., Karlsruhe 1960, S.515; Esser/Weyers, Schuldrecht Band II, Besonderer Teil, Teilband 1, 8., Aufl., Heidelberg, 1998, § 12 II 3.

③ 赠与人因穷困，而不能维持适当的生活，或履行其依法所负之扶养义务者，《德国民法典》除于第519条规定，赠与人得在履行前拒绝履行其许诺外（穷困抗辩），并在第528条规定，赠与人在履行后，得依不当得利之规定，请求受赠人返还其赠与。有先后数个赠与者，其受请求之顺位，后者先于前者。因为《德国民法典》第528条不规定在这种情形，赠与人得撤销赠与，而直接以不当得利之规定为其请求返还之规范基础，所以，Larenz称"该赠与在此限度不再评价为充分的法律上原因"（参见 Larenz, Lehrbuch des Schuldrechts Band II·halbband 1, Besonderer Teil, 13., Aufl., München, § 47 II c 2）。该返还请求权的行使必须权衡受赠人，如为返还是否也有相同的经济困难（《德国民法典》第529条第2项）。此外，赠与人之经济困境如系因其故意或重大过失所引起，或赠与目标之给付已历十年者，亦无该赠与给付之返还请求权（《德国民法典》第529条第1项）。该法规定，不撤销赠与契约，而容许直接以不当得利的规定为事后请求返还的规范基础，造成说明上的困难。然如容许撤销，则会遭遇只容许赠与人，在维持生活及履行扶养义务之所需的限度内，一部撤销的问题。两难相权，仍以先撤销，而后依不当得利的规定请求返还，在体系的建制原则上较为一贯。

④ 最高法院1944年上字第6694号判例："被上诉人为上诉人之直系血亲卑亲属，因上诉人依民法第412条第1项将其赠与撤销，致被上诉人衣食无着，上诉人对之应否负担扶养之义务，系另一问题，不能因此即谓上诉人不得撤销赠与。"

与人皆有穷困抗辩权。[①]

第八节　赠与人之债权人的撤销权 或穿透请求权

基于赠与之无偿性,受赠人依赠与契约取得之债权或受领之给付除受到前述来自赠与人之撤销权或抗辩权的威胁外,赠与人之债权人因该赠与而致其债权之实现受到影响者,视情形得依下述规定办理:(1)债务人所为之无偿行为,有害及债权者,债权人得声请法院撤销之("民法"第244条第1项)。同条第3项规定,"债务人之行为非以财产为目标,或仅有害于以给付特定物为目标之债权者,不适用前二项之规定"。依该项规定,债务人必须有破产原因(无支付能力),始得声请法院撤销诈害债权之行为。该撤销诉权规定之适用虽以赠与人陷于穷困为必要,但其债权人得行使之权利不是赠与人之穷困抗辩,而是自己之撤销诉权。(2)不当得利之受领人,以其所受者,无偿让与第三人,而受领人因此免返还义务者,第三人于其所免返还义务之限度内,负返还责任("民法"第183条)。在此第三人即是赠与关系中之受赠人。赠与人之债权人,即该不当得利之债的返还权利人,依该条规定得穿透赠与人,直接对于受赠人(第三人)请求返还其基于赠与,自赠与人取得之利益。该请求权的特色存在于:①第三人所受领之给付本来有存在于第三人与赠与人间之赠与契约为其法律上原因。②第三人与该不当得利返还请求权人间本无因财产授受所发生之直接的法律关系。这是为何必须利用穿透说,建构该不当得利返还请求权人对于第三人(受赠人)之返还请求权的道理。(3)"夫或妻于婚姻关系存续中就其婚后财产所为之无偿行为,有害及法定财产制关系消灭后他方之剩余财产分配请求权者,他方得声请法院撤销之。但为履行道德上义务所为之相当赠与,不在此限。"("民法"第1020条之一第1项)这是"民法"第244条第1项关于诈害债权规定之法律思想在夫妻剩余财产差额分配请求权的应用。[②] "夫或妻为减少他方对于剩余财产之分配,而于法定财产制关系消灭前五年内处分其婚后财产者,应将该财产追加计算,视为现存之

---

① "最高法院"1952年台上字第4号判例:"赠与人于赠与约定后,其经济状况之变更,除具有恶意之特别情形外,并不问其原因如何,即与其变更之为自致或他致无关,观诸'民法'第418条之立法意旨自明。"

② Larenz, Lehrbuchdes Schuldrechts Band Ⅱ・halbband1, BesondererTeil, 13., Aufl., München, §47Ⅱc6.

婚后财产。但为履行道德上义务所为之相当赠与，不在此限。（第 1 项）前项情形，分配权利人于义务人不足清偿其应得之分配额时，得就其不足额，对受领之第三人于其所受利益内请求返还。但受领为有偿者，以显不相当对价取得者为限。（第 2 项）前项对第三人之请求权，于知悉其分配权利受侵害时起二年间不行使而消灭。自法定财产制关系消灭时起，逾五年者，亦同。（第 3 项）"（"民法"第 1030 条之三）这是"民法"第 183 条关于穿透之法律思想在夫妻剩余财产差额分配请求权之确保的应用。